U0874942

新思维"十二五"全国高职高专系列规划教材

现代物流管理概论

主　编　刘助忠　冯国苓
副主编　李　磊　李国彦
参　编　夏　耘　郝英娥　周　瑾
　　　　卫　颖　汪鼎喜

对外经济贸易大学出版社

图书在版编目（CIP）数据

现代物流管理概论／刘助忠，冯国苓主编．—北京：对外经济贸易大学出版社，2009（2011.10 重印）
（新思维“十二五”全国高职高专系列规划教材）
ISBN 978-7-81134-434-9

Ⅰ．现… Ⅱ．①刘…②冯… Ⅲ．物流－物资管理－高等学校：技术学校－教材 Ⅳ．F252

中国版本图书馆 CIP 数据核字（2009）第 150609 号

ⓒ 2009 年 对外经济贸易大学出版社出版发行

版权所有 翻印必究

现代物流管理概论

刘助忠 冯国苓 **主编**
责任编辑：张志群 谭晓燕

对 外 经 济 贸 易 大 学 出 版 社
北京市朝阳区惠新东街 10 号 邮政编码：100029
邮购电话：010－64492338 发行部电话：010－64492342
网址：http：//www.uibep.com E-mail：uibep@126.com

北京市山华苑印刷有限责任公司印装 新华书店北京发行所发行
成品尺寸：185mm×260mm 17.5 印张 437 千字
2009 年 9 月北京第 1 版 2011 年 10 月第 3 次印刷

ISBN 978-7-81134-434-9
印数：6 001－9 000 册 定价：27.00 元

前　言

随着市场竞争的加剧，物流作为“第三利润的源泉”已得到商界、教育界甚至是政界的广泛关注。2009 年 2 月 25 日，国务院常务会议正式通过了将物流行业纳入中国十大调整振兴规划产业，至此，物流业作为一个重要产业，物流作为其他企业的重要组成部分已得到社会各界的认同。加快发展现代物流业，降低物流成本的一个重要途径是培养现代物流人才。

本书在简要分析我国物流业发展的现状，借鉴国内外先进的物流理念、技术和管理思想的基础上，尽可能详尽地阐述物流的基本功能要素、物流的重点管理领域以及物流的重要分支。

具体内容包括：物流的基本概念、运输、仓储、包装、装卸搬运、流通加工、供应链管理、物流成本管理、物流信息管理、冷链物流、绿色物流、国际物流和第三方物流等方面。其内容与体例的设计，紧紧围绕高职高专培养岗位第一线所需要的高技能专门人才的目标，设置了学习目标、知识内容、本章小结、思考题、案例分析、习题参考答案等模块，为方便教师的教学，每章配备相应的多媒体课件供任课教师参考。本书体现了高等职业教育的应用性、技术性与实用性特色。本教材可供高职高专物流管理、市场营销、经济管理、电子商务、工商管理、国际贸易等专业使用，也可供在职的物流业务及管理人员学习和参考。

本书由刘助忠、冯国苓担任主编，负责全书的框架设计及最后定稿。参加编写的人员分工如下：湖南女子大学刘助忠，第一章、第二章、第七章；湖南对外经济贸易职业学院冯国苓，第八章、第十四章、第十五章；洛阳理工学院李磊，第四章、第五章；济源职业技术学院李国彦，第三章、第六章；黄冈科技职业学院夏耘，第十一章；黄冈科技职业学院郝英娥，第十二章；中州大学周瑾，第十章；河南机电高等专科学校卫颖，第九章；湖南对外经济贸易职业学院汪鼎喜，第十三章。使用本书者可通过 532647723@qq. com 索要教学用 PPT 和每章习题参考答案。

感谢出版社同志的艰辛劳动以及湖南女子大学经济管理系领导的大力支持，在此深表谢意！

由于时间紧迫，书中不免存在许多错误和不妥，请各位同仁批评指正！

编写组

2009 年 8 月

目录

第一章　物流的基本概念

学习目标

1. 理解物流的概念、作用及其价值。
2. 识别物流的分类。
3. 理解物流的特征。
4. 掌握物流合理化的目标。

主要概念

物流，第三方物流，物流“冰山”，物流合理化

第一节　物流的概念、作用与价值

一、物流概念的形成

人类社会由政治、经济、文化等领域构成，其中经济领域的关键是供给与需求之间矛盾的顺利解决。众所周知，随着生产社会化程度和专业化程度的进一步提高，供给量与需求量的矛盾、供给地与需求地的矛盾、供给者和需求者的矛盾、供给时间与需求时间的矛盾等进一步加剧。解决这一系列日趋严重的矛盾要依赖的一个重要手段是商品的流通，伴随商品流通而来的一个重要问题是物的流动问题。人类社会自开始生产与进行商品交换以来，就存在着与生产、消费相适应的流通活动，就存在将物品运至特定地点存储起来以供再生产、交换和消费的活动。在生产力水平低，技术、技能局限性的时代，物流活动处于分散无组织状态。随着生产力水平的提高、工业文明的兴起、社会化生产的出现，生产与消费的分离趋势不断扩大，流通的地位初见端倪，物流活动的发展越来越壮大、活跃。轮船、火车、汽车、飞机等运输工具相继产生，仓储库房的使用，基础设施的建设，这些使得物流活动的功能要素逐渐增多，特别是政府与企业的重视形成了大量条件良好的交通枢纽与物流网络，为物流业的发展提供了良好的物质基础。由此，人们逐渐认识到物流活动基本包括物品的运输、储存、搬运、装卸、分拣、包装、加工等环节。

现代物流作为一门新兴的综合性的学科，源自于军事。第二次世界大战期间，美、英等盟军为保证作战的需要，围绕战争期间军需物资的供应和调配建立了后勤部门，对军用物资的运输、补给、调配等问题进行全面管理，为战争的胜利提供了物资保障。第二次世界大战的胜利，不仅是盟军在军事上的胜利，也是其军用物资物流系统的巨大成功。战后，人们为实现最大限度的经济利益，追求越来越高的生产效率，促进社会生产精细分工，生产专业化程度越来越高，军事管理中的“后勤管理”方法和理念分别被引入工业和商业部门，其范围涉及原材料的流通、分配、采购、运输与库存控制、储存、分销、顾客服务等方面。随着全球化竞争的加剧和信息技术的飞速发展，西方掀起了政府对经济放松管制、传统企业回归主业集中力量于核心业务的呼声。应对市场的这种需要，大量专门从事第三方物流服务的企业产生并发展起来。20 世纪 90 年代兴起的电子商务，更为现代物流的快速发展提供了新的挑战和巨大的发展空间。

物流企业是独立于生产领域之外，专门从事与商品流通有关的各种物流活动的企业。在市场经济条件下，物流企业的基本职能和任务是根据市场的供给和需求，以服务生产为目的，通过有计划的采购、销售、仓储、运输、配送等经济活动，完成商品在生产单位之间及生产单位与消费者之间的转换，以实现商品的价值和使用价值，保证社会生产和再生产的正常进行。具体来讲，物流企业是以物流为主体功能，同时必须伴随着商流、资金流和信息流，涉及仓储业、运输业、批发业、连锁商业和外贸等行业。

物流的理解是多样的，但通俗的理解认为物流就是：适宜的供给者在适宜的时间、适宜的地点，以适宜的条件，将适宜的产品，以适宜的成本，采取适宜的方式提供给适宜的需求者。这些“适宜”是现代物流的重要因素，是合理化物流的重要表现。

由于现代物流产业本身蕴藏着极大的发展潜力，在现代经济的发展过程中起着重要的推动作用。因而今后国际上最有竞争优势的企业一定是具有物流优势的企业，一个具有物流优势的企业才有可能成为具备竞争优势的企业；一个地区只有具备了优秀的物流设施、设备，一流的物流人才和物流企业，这个地区的经济才能得到快速的发展；一个国家没有雄厚物流力量的支撑，也不可能取得持续的发展。正是基于物流产业发展的重要性，在 2009 年 3 月召开的“两会”上，正式将物流产业确定为我们国家十大振兴产业之一。

二、物流的概念

物流活动有几千年的历史，然而，物流作为一门学问或一门学科却是在 20 世纪初才引起人们的关注。物流从字面理解就是“物”的“流动”或“流通”。物流概念中的“物”主要指具有实体形态的物质资料、商品货物等。在商品经济形态下，商品物资的转移是商品交易的表现，也就是说，表面是商品物资的转移，实质是商务的操作过程与资金的转移。因此，“物流”不仅是指实物的物理性的流动，还常伴随相关的商务信息与对应资金的流动，以及包括货物代理和物流网络服务的物流服务。

“流”一般指流动，那么是在哪一个领域流动呢？如果仅仅认为是流通领域，即伴随商品交换而发生的移动，那是不够全面的，因为在生产领域中也存在物料按工艺流程而发生的移动，在消费领域中也有物料按消费者生活需要发生的移动，如商品的分拣、配送、用后回收等。这种流动或者说移动是有规律的，大致是经历供应商、生产商、经销商（分别有批发商、零售商)，然后到消费者及回流的过程。这个一环扣一环的过程也被称为“供应链”。因此，“物流”总的来说就是发生在供应链的物资流与相应的商务信息流和资金流。

物流（Logistics）的英语字面意义从属于军事范畴，即所谓的“后勤”，从这里也可推知物流理论的起源。20 世纪 50 年代从美国传入日本的另一个词语“Physical Distribution”，则被直译成“物的流通”，这个词语关注的主要是流通领域物的流动问题。1979 年 6 月，我国物资工作者代表团赴日本参加第三届国际物流会议，在考察报告中首次正规引用“物流”这一术语。1989 年 4 月在北京召开的第八届国际物流会议结束后，“物流”一词在我国才广泛推广开来。

物流的定义，不同国家有不同的描述。美国物流管理协会（CLM）1962 年对物流作了一个精要的概括，“所谓物流，即以最高效率和最大成本收益，满足顾客需要为目的，从商品的生产地点到消费地点，对包括原材料、在制品、最终成品及其相关信息的流动与储存，进行设计、实施和控制的过程。”① 日本工业标准的定义则是：物流是实物从供给者物理性移动到用户这一过程的活动，一般包括输送、保管、装卸、包装以及与其有关的情报等各种活动。欧洲物流协会的定义为：物流是在一个系统内对人员和商品的运输、安排基于此相关的支持活动进行计划、执行和控制，以达到特定的目的。

我国在 2001 年制定的国家标准中将物流定义为：物流是物品从供应地向接收地的实体流动过程。根据实际需要，将运输、储存、装卸、搬运、包装、流通加工、配送、信息处理等基本功能有机结合。

根据国家标准的物流定义，物流一方面具有自然属性，另一方面也具有社会属性，也就是说，物流具有价值和使用价值二重性。物流包括空间、时间和形态性质三个方面的效用，而这三个方面效用是通过物流的运输、储存、装卸、搬运、包装、流通加工、配送、信息处理等基本功能实现的。

三、物流的作用与价值

（一）物流在经济中的作用

物流系统是经济社会大系统中的一个重要子系统，它与经济社会发展的关系极为密切。物流成为一个独立的经济过程，是经济社会发展的必然结果；反过来物流自身的不断发展也取决于经济社会发展的程度。在社会主义市场经济条件下，经济社会发展离不开物流。市场经济越发达，物流的作用，无论从微观经济还是从宏观经济的运行上，都越重要。

1. 物流在微观经济运行中的作用

企业是国民经济的细胞。在社会主义市场经济下，企业是市场的主体，企业生产经采取资金循环的形式，即由购买（供应）、生产和销售三个阶段构成。在这种经济运行中，物流的作用主要表现在以下几个方面：

（1）物流是企业生产连续进行的前提条件。现代化生产的重要特征之一是连续性。一个企业的生产要连续地、不间断地进行，一方面必须根据生产需要，按质、按量、按时，均

① 资料来源：http：//qiqilc 1314. blog. 163. com/blog/static/48883066220081127 632278401.

衡不断地供给原材料、燃料、工具和设备等；另一方面，又必须及时将产成品销售出去。同时，在生产过程中，各种物质资料也要在各个生产场所和工序之间有序传递，使它们经过一步步的连续加工，成为价值更高、使用价值更大的产品。在现代企业生产经营中，物流紧紧围绕物品使用价值的形态更替和价值的实现转移，贯穿于从生产计划到把产成品送达顾客手中的整个循环过程之中。企业生产经营的全部职能都要通过物流得以实现，企业生产经营管理活动无一不伴随着物流的开发与运行。不论是采购物流、生产物流、销售物流还是公司内部物流、退货物流，如果出现阻塞，企业整个生产经营系统的运行就必然要受到影响。因此可以说物流是企业生产连续进行的必要的前提条件。如图 1－1 所示：

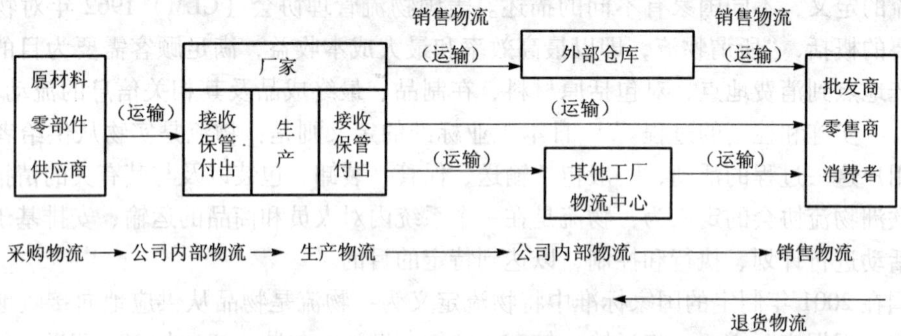

图 1－1　采购、生产、销售链中的物流

（2）物流是保证商流顺畅进行，实现商品价值和使用价值的物质基础。在商品流通过程中，一方面要发生商品所有权的转移，即实现商品的价值，这个过程即是常说“商流”；另一方面，还要完成商品从生产地到消费地的空间位移，即发生商品的实体流动——“物流”。商流是物流的前提；物流是商流的保证。没有物流，商流也无从实现，商流越兴旺，则物流愈发达，反之如果物流服务滞后也会影响商流的发展。因此，两者之间是相辅相成，相互促进的。

（3）物流信息是企业经营决策的重要依据。生产力水平的迅速提高，生产规模的急剧扩大，商品需求量和供给量也越来越大，生产结构和消费结构越来越复杂，导致商品市场竞争异常激烈。在这种情况下，如果没有及时、准确、迅速地掌握市场信息，企业决策就犹如“无头的苍蝇，到处乱窜”，而很多重要的市场信息都可以通过物流信息反映出来，通过对物流信息的分析，可以推知市场需求的量、市场需求的结构、主要的市场需求地以及相应市场信息的变化等信息。近年来，物流信息在整个经济信息系统中占有越来越重要的地位。许多生产企业和流通企业都建立了设备先进的物流信息中心，以便及时掌握企业内部和外部的物流信息，作为企业生产经营决策的重要依据。

2. 物流在宏观经济运行中的作用

社会再生产是所有企业再生产的总体运动过程。这个总体运动就是宏观经济的运行。如果把整个经济社会看作是一个大系统的话，那么物流仅是这个大系统中的一个子系统。这个系统对整个宏观经济的运行发挥着重要作用。

（1）物流是社会经济大系统的动脉系统，是社会生产各部门成为一个有机整体的联结纽带。任何社会（或国家）的经济，都由众多的产业、部门、企业组成的。这些企业又分布在不同的地区、城市和乡村，它们之间互相供应产品，用于对方的生产性消费和个人生活消费。它们互相依赖而又互相竞争，形成错综复杂的关系。这种互相之间的供应惟有通过物流活动的开展才能顺利进行，因此，物流就是维系这些关系的纽带。尤其是在现代科学技术的快速发展带来经济结构、产业结构、消费结构等快速变化的情况下，物流像链条一样把众多的不同类型的企业、复杂多变的产业部门，以及成千上万种产品联结起来，成为一个有序运行的国民经济整体。

（2）物流的发展对商品生产的规模、产业结构的变化以及经济发展速度具有重要的促进作用。一方面，流通规模必须与生产发展的规模相适应，这是市场经济运行的客观要求。而流通规模的大小在很大程度上取决于物流效能的大小，包括运输、包装、装卸、储存等。例如，只有在铁路运输、水运和汽车运输有了一定发展的情况下，煤炭、水泥等量大、体重的产品才有可能成为大量生产、大量消费的产品，这些商品的生产规模才有可能扩大。另一方面，物流技术的发展，能够改变产品的生产和消费条件，为经济的发展创造重要的前提。例如，肉、奶、蔬菜、水果等新鲜农产品，如果没有储存、保管、运输、包装等物流技术作保证，仅仅只能保存几天时间，超过这个期限就会丧失使用价值和价值。但是，当运输技术有了充分发展时，这类商品就能在较短的时间内进入更为广阔的市场和消费领域。同时，由于储存技术的发展，使得这些产品可以在较长时间内保存其使用价值。此外，随着物流技术的迅速发展，物资流转速度将会大大加快，从而能够加速经济的发展。

（3）物流的改进是提高经济效益的重要源泉。如前所述，物流组织的好坏，直接影响着生产过程的顺利进行，决定着物品的价值和使用价值能否实现。而且物流成本已成为生产成本和流通成本的重要组成部分，由于物流技术以及物流设施设备的落后每年所带来的损失非常大。例如，在我国生产建设中，煤炭的物流费用占价格的50%左右，水泥占30%左右，钢材占10%～20%。据不完全统计，全国由于物流方面的原因造成的损失每年不下百亿元。水泥每年在物流过程中的破包率为15%～20%，损失水泥相当于年产量的5%，直接损失4.5亿元；玻璃的物流损失平均为20%；陶瓷破损率占产量的20%，达2亿多元；鲜活商品因运输困难大量腐烂而造成的损失更是屡见不鲜。① 重复运输、对流运输、迂回运输现象十分严重，既浪费人力又增加流通费用。这充分说明，我国物流领域的潜力是巨大的。物流领域作为一块“未被开垦的处女地”，在管理和技术上加以改进，将是“大幅度降低成本的宝库”，通过采取合理组织运输、减少装卸次数、提高装卸效率、改进商品包装和装卸工具来减少物品损耗等措施，降低物流费用，将成为企业“第三利润”的源泉。当代一些经济发达的国家已开始把重点放到“第三利润”的挖掘上，在节约物流费用上大做文章，并取得了较好的效果。因此，开发物流、改进物流、提高物流管理水平无论对于企业经济效益还是社会宏观经济效益，都具有十分重要的作用。

（二）物流的价值

1. 物流的时间价值

“物”从供给者到需要者之间本来就存在一段时间差，由改变这一时间差而创造的价值称作“时间价值”。时间价值通过物流获得的形式有以下几种：

（1）缩短时间创造价值。缩短物流时间，可获得多方面的好处，如减少物流损失，降

① 现代物流市场调查报告. http://www.usors.cn/resource/TArticleDetail.asp?id=1380.

低物流消耗，增加物的周转，节约资金等。马克思从资本角度早就指出过“流通时间越等于零或近于零，资本的生产效率就越高，它的自行增殖就越大。”这里，马克思所讲的流通时间完全可以理解为物流时间，因为物流周期的结束是资本周转的前提条件。这个时间越短，资本周转越快，表现出资本的较高增殖速度。从全社会物流的总体来看，加快物流速度，缩短物流时间，是物流必须遵循的一条经济规律。

(2) 弥补时间差创造价值。在经济社会中，需要和供给普遍地存在着时间差。例如粮食的生产较集中，但消费是一年 365 天，天天有所需求，因而供给和需求之间出现时间差。供给与需求之间存在时间差，是一种普遍的客观存在，正是有了这个时间差，商品才能取得自身的最高价值，才能获得十分理想的效益，才能起到“平丰歉”的作用。但是商品本身是不会自动弥合这个时间差的。如果没有有效的方法，集中生产出的粮食除了当时的少量消耗外，就会损坏掉、腐烂掉，而在非产出时间，人们就会找不到粮食吃。物流便是以科学的、系统的方法去弥补、改变这种时间差，以实现其“时间价值”。

(3) 延长时间差创造价值。“加快物流速度，缩短物流时间”，以尽量缩小时间间隔来创造价值，但是在某些具体物流中也存在人为地、能动地延长物流时间来创造价值。例如，秋季集中产出的粮食、棉花等农作物，通过物流的储存、储备活动，有意识地延长物流的时间，以均衡人们的需求；配合待销售的囤积性营销活动的物流便是通过有意识地延长物流时间、有意识地增加时间差来创造价值的。

(4) 准时制理念创造价值。通过准时配送，可以降低客户的库存甚至是零库存，从而减少客户的存储成本，最大限度地为顾客服务，从而带来自身市场占有率的提高，这为企业和客户均带来价值。正是基于准时所带来的价值，准时制成为现代物流的一个理念。

2. 物流的场所价值

场所价值（又称地点价值或空间价值）指的是“物”从供给者到需求者之间有一段空间差，供给者和需求者之间往往处于不同的场所，由于改变“物”的不同场所而创造的价值称作“场所价值”。

物流创造场所价值是由现代社会产业结构、社会分工所决定的，主要原因是供给和需求之间的空间差。商品在不同地理位置有不同的价值，通过物流将商品由低价值区转到高价值区，便可获得价值差，即“场所价值”。以下是物流创造场所价值的几种具体形式。

(1) 从集中生产场所流入分散需求场所创造价值。现代化大生产的特点之一往往是通过集中的、大规模的专业化生产提高生产效率，降低成本。在一个小范围集中生产的产品可以满足大面积地区的需求，有时甚至可覆盖一个国家乃至若干国家。通过物流将产品从集中地运送到分散的消费地，例如农村生产粮食、蔬菜而异地于城市消费，南方生产荔枝而异地于各地消费，北方生产高粱而异地于各地消费等。通过物流以解决集中与分散的矛盾从而获取利益，这是物流“场所价值”的一个重要体现。

(2) 从分散生产场所流入集中需求场所创造价值。在现代社会中，和上面相反的情况也不少见，例如粮食装配，这也形成了分散生产和集中需求，物流便依此取得了场所价值。

(3) 在低价值地生产流入高价值地销售创造场所价值。现代社会中供应与需求的空间差比比皆是，除了由大生产所决定之外，有不少是自然地理和社会发展因素决定的。特别在经济全球化的浪潮中，国际分工和全球供应链的构筑使许多跨国企业选择在成本最低的国家和地区进行某些部件的生产，并将不同产地生产的部件在另一个国家完成最后的组装，最后在价值最高的地区销售，这离不开现代信息技术、物流技术和有效的物流系统和全球供应链。物流使这些企业的生产和销售价值最大化。

所有这些复杂交错的供给与需求的空间差都是靠物流来弥合的，物流也从中取得了利益。

3. 物流的加工价值

“物”通过加工而提高附加价值，取得新的使用价值，这是生产过程的职能。在加工过程中，由于物化劳动和活劳动的不断注入，增加了“物”的成本，同时也增加了其价值。在流通过程中，可以通过流通加工的特殊生产形式，使处于流通过程中的“物”通过特定方式的加工而增加附加值，这就是物流创造加工价值的活动。

第二节　物流的分类与有关物流的学说

为了更好地了解物流、研究物流，可以从物流的研究对象、研究目的、研究方向及研究范围等角度对物流进行分类。

一、物流的分类

（一）按物流研究涉及的范围划分

按物流研究涉及的范围是总体还是局部将物流分为宏观物流和微观物流。

1. 宏观物流

宏观物流是指从社会再生产总体角度认识和研究物流活动。宏观物流从总体角度对所研究范围内所有物流行为的认识和研究，是从宏观的角度，以长远性和战略性的观点，全面系统地了解物流、研究物流、管理物流。这种物流活动的参与者是构成社会总体的大生产者、大集团。宏观物流还可以从空间范畴来理解，在很大空间范畴的物流活动，往往带有宏观性，在很小空间范畴的物流活动则往往带有微观性。宏观物流也指物流总体，从总体看物流而不是从物流的某一个构成环节来看物流。

2. 微观物流

微观物流是指消费者、生产者所从事的实际的、具体的物流活动。在整个物流活动中的一个局部、一个环节的具体的物流活动，在一个小地域空间发生的具体物流活动，针对某一种具体产品所进行的物流活动都属于微观物流。在物流活动中，某一个企业的生产物流、供应物流、销售物流、回收物流、废弃物流、生活物流等皆属于微观物流。微观物流研究的特点是具体性和局部性，微观物流的运行状况将直接影响企业的经济效益。

通过对具体企业的物流、某环节的物流活动、某局部的范围物流活动状况的研究，可以推知宏观物流的发展状况。从上面的分析可知，宏观物流和微观物流的区分是相对而言的，比如说湖南省的生产物流状况相对于全国范围的生产物流而言属于微观物流，而相对于湖南省的一个企业的生产物流而言则是宏观物流。

（二）按物流活动覆盖的空间范围划分

按物流活动覆盖的空间范围可将物流分为国际物流、国内物流和地区物流。

1. 国际物流

国际物流是指跨越不同国家或地区之间的物流活动。它是国内物流的延伸和进一步发展，是跨国界的、覆盖范围更大的物的流通。国际物流是在国际贸易、国与国经济交往中，以及其他国际交流中发生的物流活动。随着世界经济一体化的发展，“多国制造”的产品越来越多，在某些国家生产某些零部件、配件，再由另一些国家组装或装配成整机，这种生产环节之间的衔接需要依靠国际物流。国际物流具有涉外、规模大、要求高、环节多、距离远等特点。

2. 国内物流

国内物流是物流活动范围主要在一国范围内进行的物流活动。它包含着其他各种形式的物流如国内宏观物流、国内微观物流；国内社会物流、国内企业物流等。物流作为国民经济的一个重要组成方面，是国家总体规划的重要内容之一。全国物流系统的发展应从全局着眼，清除造成部门分割、地区分割的各种障碍，使物流在一国范围内“物畅其流”。

3. 地区物流

地区物流是指某一行政区域或经济区域内部的物流。由于地区物流都处于同一法律、规章和制度之下，都受相同文化及社会因素影响，都处于基本相同的科技水平和装备水平之中，因而都有其独特的特点，具有区域性。研究地区物流应根据地区的特点，从本地区的利益出发组织好物流活动，既要考虑到地区物流效率的提高、物流成本的降低，又要保障该地的生产和生活环境，促进区域经济的发展。地区物流有不同的划分原则。按行政区划分，如湖南省物流、湖北省物流、广东省物流等；按经济圈划分，如京、津、唐经济区，宁、沪、杭经济区，长、株、潭经济区等。地区物流系统研究有利于提高地区企业物流活动的效率，有利于保障当地居民生活水平。

（三）按物流系统涉及的范围划分

按物流系统涉及的范围可将物流分为社会物流和企业物流。

1. 社会物流

社会物流是指超越一家一户的以一个社会为范畴面向社会为目的物流。这种社会性很强的物流往往是由专门的物流承担人承担的，社会物流的范畴是社会经济的大领域。社会物流研究再生产过程中随之发生的物流活动，研究国民经济中物流活动，研究如何形成服务于社会、面向社会又在社会环境中运行的物流，研究社会中物流体系结构和运行，因此带有综观和广泛性。

2. 企业物流

企业物流是从企业角度上研究与之有关的物流活动，它体现了企业内部各部门之间为实现物质实体流动的各种物流活动，是具体的、微观的物流活动的典型领域。企业物流又可区分以下不同典型的具体物流活动：企业生产物流；企业供应物流；企业销售物流；企业回收物流；企业废弃物物流。

（四）按物流的作用划分

按物流的作用可将物流分为企业供应物流、企业生产物流等五类。

1. 企业供应物流

企业供应物流是指为企业提供原材料、零部件或其他物品时所发生的物流活动，即为生产企业、流通企业或消费者购入原材料、零部件或商品的过程。对生产企业而言，供应物流需将原材料配送给工厂，它的主要客户是工厂，它处理的对象主要是生产商品所需的原材料和零部件。由于原材料与零部件的数量之间有固定的比例关系，因此供应物流的功能就是强调原材料的配套储存、分拣、及时配送、加工和预处理等。对流通领域而言，供应物流是指在为商品配置而进行的交易活动中，从买方角度出发的交易行为中所发生的物流。由于供应物流占用大量的企业流动资金，因此对其严格管理，使其合理化，对节省企业的成本至关重要。

供应物流的重心是采购，企业生产或经营活动所需的货物都通过采购获得，它是企业物流管理的起点。在有效的货物或服务的采购中，“按需采购”既是前提，又是原则，即尽量做到以最小的费用、最低的价格购进企业所需的最合适的各类货物。为此，企业供应物流就必须解决有效的供应网络、供应方式和零库存等问题。

2. 企业生产物流

企业生产物流是对应原材料、在制品、半成品、产成品等在企业生产过程中运动的物流活动，即从工厂的原材料购进入库起，直到工厂产品库的产品发送为止，这一全过程的物流活动。生产物流是制造产品的企业所特有的，是原材料及半成品等按照工艺流程在各个加工点之间不停地移动、流转而形成的物流。过去人们注重的是生产加工过程，现在人们在研究生产加工过程的同时更加关注下列问题：生产流程如何安排？从物流角度看如何做更合理？生产活动环节如何有效衔接？如何缩短生产的物流时间？如何选配合适的机械装备等？

3. 销售物流

销售物流是指生产企业、流通企业在出售商品过程中所发生的物流活动，即企业为保证自身的经营利益，伴随销售活动将产品所有权转给用户的物流活动。在买方市场条件下，销售物流活动带有极强的服务性，以满足买方的要求，最终实现销售。它的所有活动及环节都是为了实现销售利润，因此物流本身所实现的时间价值、空间价值及加工价值在销售过程中都处于从属地位。销售物流是包装、运输、储存等诸环节的统一，它的效果直接关系到生产企业的资金能否及时收回，流通企业能否成功实现商品交换获取差价收益。销售物流所发生的成本会在产品或商品的最终价格中体现出来，销售物流组织的好坏关系到企业竞争力的高低。

4. 回收物流

在生产及流通活动中有一些资料要回收并加以利用，如作为包装容器的纸箱、塑料筐、酒瓶等，还有可用杂物的回收和再加工，如旧报纸、书籍通过回收、分类可以再制成纸浆加以利用，金属废弃物可以回收并重新冶炼成有用的原材料等。另外，企业在生产、供应及销售活动中可能会产生各种边角余料和废料，这些东西的回收不仅对企业经济利益，而且对整个社会环境都有着重要意义。同时，企业为了更好地为顾客提供服务，有时需要将对存在某方面问题的产品收回维修，或者是因其他原因需返回销地或生产地进行再处理。这些物流的返回必定伴随一系列物流活动的发生，因此，回收物流是指退货、返修物品和周转使用的包装容器等从需方返回供方所引发的物流活动。

5. 废弃物物流

废弃物物流是指将经济活动中失去原有使用价值的物品，根据实际需要进行收集、分类、加工、包装、搬运、贮存等，并分送到专门处理场所的物流活动。

（五）其他分类

1. 一般物流和特殊物流

一般物流指物流活动的共同点和一般性。物流活动的一个重要特点是涉及全社会、各企业，因此物流系统的建立、物流活动的开展必须有普遍的适用性。一般物流研究的着眼点在于物流的一般规律，建立普遍适用的物流标准化系统，研究物流的共同功能要素，研究物流与其他系统的结合、衔接，研究物流信息系统及管理体制等。

特殊物流是指在专门范围、专门领域、特殊行业，在遵循一般物流规律的基础上，带有特殊制约因素、特殊应用领域、特殊管理方式、特殊劳动对象、特殊机械装备特点的物流。特殊物流活动的产生是社会分工深化、物流活动合理化和精细化的产物。按不同分类标准可将特殊物流进行不同的分类：按劳动对象的特殊性来分，有水泥物流、石油及油品物流、煤炭物流、腐蚀化学物品物流、危险品物流；按数量及形体不同来分，有多品种、少批量、多批次产品物流，重大件物流等；按服务方式及服务水平不同来分，有“门到门”的一贯物流和配送等；按装备及技术不同来分，有集装箱物流、托盘物流等；对于特殊的领域则有军事物流、废弃物物流等等。

2. 第三方物流

第三方物流是指接受客户委托为其提供专项或全面的物流系统设计及系统运营的物流服务模式。它是物流渠道中的专业化物流中间人，以签订契约的方式，在一定时期内，为其他公司提供所有的或某些方面的物流业务服务。物流经营方不参与商品的买卖，只是提供从生产到销售的整个流通过程中专门的物流服务，诸如商品运输、存储配送及增值性物流服务。

第三方物流服务分为 3 个层次：基本业务，如：运输、仓储、配送、装卸搬运等；附加值业务，如：订单处理、货物验收、仓库再包装、仓库再加工、代理货物保险、送货代收款、货物回收与替代等；高级物流服务，如：库存分析报告、库存控制、建立分销中心、设计供应链等。

3. 第四方物流

第四方物流是一个供应链集成商，它对公司内部和具有互补性服务的供应商所拥有的不同资源、能力和技术进行整合和管理，并提供一整套供应链解决方案。第四方物流不仅控制和管理特定的物流服务，而且对整个物流过程提出策划方案，并通过电子商务将这个过程集成起来。因此，第四方物流成功的关键在于为顾客提供最佳的增值服务，即迅速、高效、低成本和人性化服务等。

4. 虚拟物流

虚拟物流是指为实现企业间物流资源共享和优化配置，以减少实体物流的物流模式，是基于计算机信息及网络技术所进行的物流运作与管理。

5. 精益物流

精益物流是指在物流系统优化的基础上，剔除物流过程中的无效和不增值作业，用尽量少的投入满足客户需求，实现客户的最大价值，并获得高效率、高效益的物流。

二、有关物流的学说

（一）物流的商物分离说

1. 商物分离的概念

商品从生产领域到消费领域的转移过程称为商品流通。在这个过程中，有商流和物流两个方面的活动。一是商品价值的转移，即商品所有权的转移；另一个是商品使用价值的转移，即商品实体转移。前者称为商流，后者称为物流。商流和物流的统一构成商品流通。

随着商品经济的发展，商流与物流结合在一起的情况虽仍然存在，但是，如果从现代管理和科学技术上考察商品流通的全过程，结果发现：物流如果和商流完全一致也存在相当的弊端，这就使得商流与物流分离成为必然。所谓商物分离，是指商品流通中商业流通和实物流通各自按照自己的规律和渠道独立运动。

商流与物流产生分离，究其根本原因是商流运动的基础——资金流和实物移动具有相对性。实物的运动是通过资金的运动来实现的，也就是说资金的分配是实物运动的前提。两者的运动渠道、运动形态不同。资金运动可以经过财政、信贷、价格、工资等形式移动，即可通过金融机构瞬间完成，而实物的移动则受实物形态的限制，需要通过运输、储存等一系列过程来实现。

在合理组织流通活动中，实行商物分离的原则是提高社会经济效益的客观需要，也是企业现代化发展的需要。对于商物分离的原则，以下通过图 1－2 进一步加以说明，图 1－2（a）表示商流和物流合一的流通网络，而图 1－2（b）则表示商物分离的流通网络。在图中每一圆圈称为网络的结点，在结点处发生货物的发送、停止、存放或者信息的发生、终结、处理、加工等活动。结点之间的实线箭头表示实物的流动，虚线箭头表示信息流，这些结点和虚实线及箭头就构成了网络。

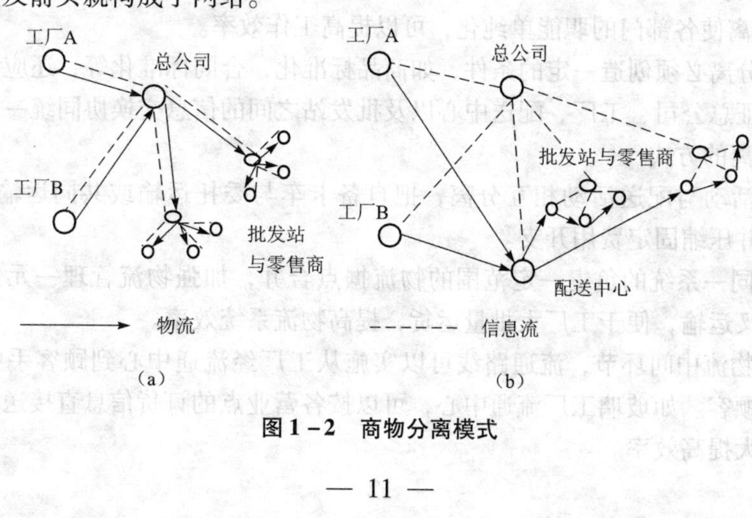

图 1－2　商物分离模式

图1－2（a）的网络比较简单，总公司从工厂购得商品送至批发站，批发站再将商品分别送到各零售店，信息流和物流完全一致。图1－2（b）的网络是商物分离的模式，其运作过程如下：

（1）零售店对批发站以电话方式订货，订货信息通过电话回路或计算机网络，传达给总公司的信息中心，信息中心确认库存商品可以满足订货需要时，向配送中心下达出库指示。

（2）配送中心根据要求向零售店按计划回路配送的方式进行送货。同时配送中心将商品出入库的有关数据传达给总公司的信息中心，商品库存量的减少数据和在库状况记入信息中心的数据库。

（3）在库量减少到一定水平时，总公司对工厂下达向配送中心补充货物的指令，或是发出订货的指令，以保证配送中心功能的实施。

2. 商物分离的特点和优点

（1）商物分离模式的特点是：

① 保管。取消总公司仓库和营业仓库分散保管方式而代之以配送中心集中保管。

② 输送。原先是从工厂仓库至总公司仓库，再到批发站仓库，最后到零售店，是商物一致的三段输送。而在商物分离模式中是由工厂仓库至配送中心，然后直接送至零售店的两段输送。

③ 配送。原是分别向各零售店送货，现改为回路配送。

④ 信息系统。不再由总公司、批发站和工厂分头处理，而是以信息中心集中处理方式，用现代化通讯系统进行各环节的控制。

（2）商物分离的优点可列举如下：

① 为了营业方便，公司批发站一般设在都市的繁华地区，而配送中心可以设在郊外，工厂之间的大批货物输送较为便利，可以缓和市内交通拥挤的现象。

② 配送中心的仓库规模大，物流作业集中。同一地点处理的物流量大，便于采用机械化、自动化的保管设施和装卸机械，大幅度地提高了物流活动生产率，同时也可以降低物流成本。

③ 配送中心实行回路配送，提高了运输设备利用率，降低了运输费用，对用户的服务质量也可得到改善。

④ 商物分离使各部门的职能单纯化，可以提高工作效率。

实现商物分离必须创造一定的条件，如商品标准化，合同标准化等，还应该建设完善的信息系统，保证总公司、工厂、配送中心以及批发站之间的信息交换协同统一。

3. 商物分离的方式

（1）订货活动与配送活动相互分离，把自备卡车与委托运输或共同运输联系在一起，降低运输费用并压缩固定费用开支。

（2）把在同一系统的负责一定范围的物流据点合并，加强物流管理一元化，压缩流通库存，减少交叉运输，便于工厂大批量运货，提高物流系统效率。

（3）减少物流中间环节，流通路线可以实施从工厂经流通中心到顾客手中，甚至由工厂直接运货给顾客。如玻璃工厂流通中心，可以按各营业点的订货信息直接送货到用户并代为安装，可大大提高效率。

总之，商流和物流构成了商品流通的两个支柱。商流搞活了，能加速物流的速度，给物流带来活力；而物流的畅通无阻能使商品源源不断地送到消费者手中。商流与物流分离的积极意义是充分发挥资金运作和实物运作各自的规律性和有效性，从而推动商品流通向更有益的方向发展。

（二）物流的“黑大陆”说

美国著名管理学家德鲁克认为，流通是经济领域里的“黑暗大陆”。这是由于流通中物流活动的模糊性尤其突出，物流是流通领域中人们认识不清的领域。所以，现在看来，“黑大陆”说主要是针对物流而言的。

“黑大陆”说法主要是指尚未认识，尚未了解。按“黑大陆”说的观点，如果物流理论研究和实践探索能够照亮这块“黑大陆”，那么，摆在人们面前的将不是一片不毛之地，而是一片宝藏。“黑大陆”说既是对20世纪中期经济界的愚昧的反对和批判，同时也是对物流本身的正确评价。“黑大陆”说指出了当时资本主义繁荣发达的状况下，技术和经济都没有止境；同时认为物流这个领域未知的东西太多了，理论和实践都不成熟，它也意味着物流可以产生利润空间极大。

在某种意义上讲，“黑大陆”说是一种未知学的研究结论，是战略分析的结果，带有哲学的抽象性，但这一学说对研究物流这一领域起到了启迪和动员的作用。

（三）物流成本的“冰山”说

物流成本的“冰山”说是由日本早稻田大学西泽修教授提出来的。他是在专门研究物流成本时发现当时的财务会计和会计核算方法（由于其分门别类设立账目）不可能掌握物流费用的实际情况。因此，人们对物流费用的了解存在空白，甚至有很大的虚假性，很像沉在水面下的冰山一样，露出水面的那部分仅仅是冰山的一小部分，而沉在水面下的是看不到的有很大挖掘潜力的部分物流便是一座冰山。

西泽修教授用物流成本的具体分析论证了德鲁克的“黑大陆”说，用以说明物流领域的方方面面对人们来说不清楚和未知的东西太多了。在黑大陆的未知区域和“冰山”说的水下部分，正是物流需要开发的领域，也是物流的潜力和吸引人之处。

“物流成本冰山”说之所以成立，有三个方面的原因。一是物流成本的计算范围太大，包括原材料物流、工厂内物流、从工厂到仓库和配送中心的物流、从配送中心到商店的物流等。这么大的范围，涉及的单位非常多，牵涉的面也很广，很容易漏掉其中的某一部分，应该计算哪部分，应该漏掉哪部分，将使物流费用的大小相距甚远；二是运输、保管、包装、装卸及信息等各物流环节中，以哪几种环节作为物流成本的计算对象的问题。如果只计运输和保管费用，不计其他费用，与运输、保管、装卸、包装及信息等费用全部计算相比，两者的费用结果差别相当大；三是选择哪几种费用列入物流成本中的问题。比如，向外部支付的运输费、保管费、装卸费等费用一般都容易列入物流成本，可是本企业内部发生的物流费用，如与物流相关的人工费、物流设施建设费、设备购置费，以及折旧费、维修费、电费、燃料费等是否也列入物流成本中呢？此类问题都与物流费用的大小直接相关。因而说物流费确实犹如海里的一座冰山，露出水面的仅是冰山的一角。

（四）物流的“森林”说

物流的“森林”说是美国学者提出的，该学说认为物流整体效应如同森林，在物流研究与管理过程中不能单纯地追求各项功能要素优化，而应是追求整体效果最优化，将各个分功能有机联系起来，追求总体效果最优。

美国学者提出“物流是一片森林而非一棵棵树木”，用物流森林的结构概念来表述物流的整体观点，提出物流是一种“结构”，对物流的认识不能只见功能要素而不见结构要素，即不能只见树木，不见森林，物流的总体效果是森林的效果。即使是和森林一样多的树木，如果孤立存在，没有连成片，也不是真正意义的森林。物流追求的是森林一样的总体效果，按照这种思想，单纯开展运输、储存作业难以取得物流的理想效果，将运输、储存等多功能综合经营才能进行有效的物流经营与组织。

（五）物流的“第三利润源”说

关于“第三利润源”的说法有两种，均来自日本。

1. 第一种说法

从历史发展来看，人类历史上曾经有过两个大量提供利润的领域：第一个是物质资源领域，第二个是人力资源领域。资源领域起初是廉价原材料、燃料的掠夺或获得，其后则是依靠科技进步，降低消耗、节约费用、综合利用、回收利用乃至大量人工合成资源而获取高额利润，习惯称之为“第一利润源”。人力资源领域最初是廉价劳动，其后则是依靠科技进步；高劳动生产率，降低人力消耗或采用机械化、自动化来降低劳动耗用，从而降低成本，增加利润，这个领域习惯被称作“第二利润源”。

在前两个利润源潜力越来越小、利润开拓越来越困难的情况下，物流领域的潜力开始被人们所重视，按时间序列排为“第三利润源”。

2. 第二种说法

第三利润源泉是日本早稻田大学教授、日本物流成本学说的权威学者西泽修先生在1970年提出的。其实，在美国、日本和欧洲都有过这样的经历：在生产力相对落后、社会产品处于供不应求的历史阶段，由于市场商品匮乏，制造企业无论生产多少产品都能销售出去，于是就大力进行设备更新改造、扩大生产能力、增加产品数量、降低生产成本，以此来创造企业剩余价值，即第一利润。当产品充斥市场，转为供大于求，销售产生困难时，也就是第一利润达到一定极限，很难持续发展时，便采取扩大销售的办法寻求新的利润源泉，这就是第二利润。然而，当销售也达到了一定极限时，同时发现物流不仅可以帮助扩大销售，而且也是一个很好的新利润增长源泉，于是出现了西泽修教授的“第三利润源泉”说。同样的解释还反映在日本另一位物流学者谷本谷一先生编著的《现代日本物流问题》一书和日本物流管理协议会编著的《物流管理手册》中。

（六）物流的“均衡论”说

我国有关学者提出物流的“均衡论”说，提出这种学说的学者认为，不存在单纯的降低物流成本之说，也不存在物流活动自身的利润源泉。物流活动是介于生产者与消费者之间的桥梁和纽带，是与商流的结合构成的商品流通。这种桥梁和纽带的作用注定了物流活动必须达到一种均衡。任何单一打破这种均衡的企图都会为此付出“事与愿违”的成本，只有综合考虑物流活动的功能与要素并促使该项物流活动达到一种新的均衡，才能真正感悟物流的深层次含义，即增加消费者的效用和提高消费者的满意度。这种均衡不是一个“点”，也不是一条“线”，而应是一个均衡区域或空间。均衡有时是成本与收益的均衡，如运输设备、运输条件、运输方式等的选择必须考虑运输功能和运输成本的“均衡”；仓储设备、仓储条件、仓储方式等的选择必须考虑仓储功能和仓储成本的均衡；采购、配送、装卸搬运、信息管理等必须考虑它们的功能与构成它们的成本的“均衡”。

（七）物流的服务中心说

服务中心说代表了美国和欧洲一些国家的学者对物流的认识。这种认识认为，物流活动最大的作用并不在于为企业节约了消耗，降低了成本或增加了利润，而是在于提高了企业对用户的服务水平，进而提高了企业的竞争能力。因此，他们在使用描述物流的词汇上选择了“后勤”一词，特别强调其服务保障的职能。通过物流的服务保障，企业以其整体能力来压缩成本，增加利润。

第三节 物流合理化的意义与物流科学的性质

一、物流合理化的意义

企业物流贯穿企业生产和经营的全过程，企业物流的改善可以带来意想不到的利益。物流合理化被称为是“企业脚下的金矿”、“企业的第三利润源泉”，是当前企业“最重要的竞争领域”。具体说，企业物流合理化的作用主要有：

（一）降低物流费用、减少产品成本

物流费用在产品成本中占有相当比重，企业物流合理化可以提高物流作业效率，减少运输费用及仓储包装费用，从而达到直接降低成本的目的。

（二）缩短生产周期、加快资金周转

通过制订合理生产计划使物流均衡化，同时减少库存、减少物流中间环节可以有效地缩短生产周期，使进厂的原材料在较短的时间内，形成产成品供给用户。据一些机械厂统计，原材料从进厂到形成产品出厂为止，只有5%的时间是被加工活动所占用，其他95%的时间是属于仓储、搬运或在加工线上的等待时间，也就是属于物流活动所占用的时间。① 由此可见，物流系统的改善对缩短原材料流转周期起决定作用，这一方面可以有效地加快资金周转，提高资金的使用效率，另一方面生产周期缩短可以更好地适应市场的变化，提高企业的

① 资料来源：http：//www. sinobook. com. cn/b2c/scrp/bookdetail. cfm？iBookNo＝98350.

竞争能力。

（三）压缩库存、减少流动资金的占用

库存控制是企业物流合理化的重要内容，库存控制的目的是通过各种控制策略和控制方法使企业的原材料、中间在制品和成品库存在满足生产要求的前提下，把库存控制在合理范围之内。据一些行业统计，工厂企业的流动资金主要是被材料费占用的，一般材料费（含原材料及在制品）占流动资金的75%左右，因此，库存物资的减少将对减少流动资金起显著的作用。①

（四）通过物流改善提高企业的管理水平

物流系统涉及企业的各个领域。在物流科学的系统观念指导下，从整体效益着眼，对物流环节的任何有益改善都会对企业管理水平的提高起促进作用。仅就库存控制来看，一定量的库存是维持生产连续性的必要条件。但是库存过多不仅占压流动资金，而且掩盖了企业管理中的许多矛盾，这一现象如图 1 -3 所示。

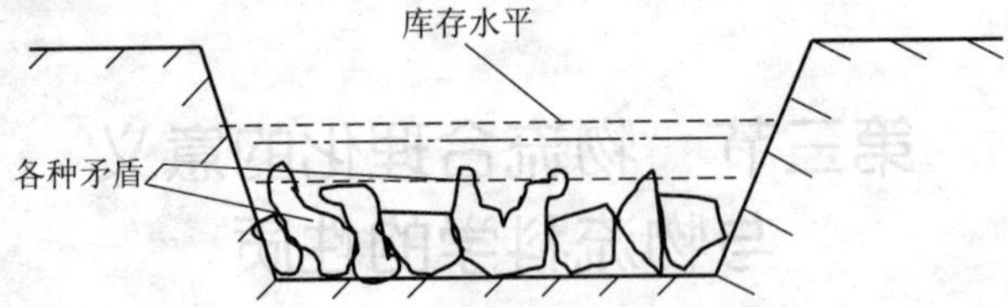

图 1 -3　库存的作用

水池中的石头是企业存在的问题，如某部门工作效率不高，劳动纪律松弛，各部门之间配合不协调等。只要代表库存量的水面足够高，这些石头不露出水面，即企业问题不被暴露。如降低库存水平，必须同时把可能露出水面的“石头”进行处理，例如减少库存必须提高供应部门的工作效率，保证供货渠道的畅通才能不发生“断粮”的危险；如减少在制品库存，必须加强对生产线的管理，提高设备维修部门的责任心和工作效率。

二、物流科学的性质

（一）物流学是综合性交叉学科

物流就其本质而言是一种客观存在的社会现象，物流学的产生就是以解决社会经济活动中的矛盾——流通成本上升而开始的。研究物流的目的是要有效地管理控制物流的全过程，在保证服务质量的前提下，使其消耗的总费用最小，因此，经济指标是衡量物流系统的基本尺度。研究物流学必然涉及经济学的有关内容，特别是近代兴起的技术经济学和计量经济学都和物流研究有密切关系；对物流要素的对象物进行的研究，及以对象物产生时间维和空间维物理性变化的方法、手段的研究中，涉及工程技术科学的许多领域；在运输技术、仓储技

① 资料来源：http：//blog. sina. com. cn/s/blog_ 4fa3029d0100a5m2. html.

术、搬运和包装技术中则融合了机械、电器自动化等学科的成果；对物流系统进行定性和定量分析，必须以数学特别是应用数学、运筹学等为基础，也要以电子计算机作为手段来实现分析和控制的目的。

综上所述，物流学可以说是社会科学和自然科学之间的交叉学科，或是管理科学和工程技术科学之间的交叉学科。它的研究范围极为广泛，必须运用多学科的成果，综合性地解决实际问题。

（二）物流学具有系统科学的特征

系统性是物流学的最基本特性。物流科学产生的基础就是发现了各物流环节之间存在着相互关联、相互制约的关系，证明它们是作为统一的有机整体的一部分而存在的，这个体系就是物流系统。这一概念的确定，使得现代系统科学的一整套理论、观点和方法在物流领域中得到应用。例如，系统分析方法、系统综合方法以及全局观念，发展和变化的观念，环境对系统的影响和制约等，都是物流科学研究的重要内容。

物流系统符合一般系统的模式，有输入、输出及其转化机制。例如：在运输、保管等物流环节的转化活动中，输入劳力、资金、能源、材料、设备等资源，最终按预定要求实现对象物在时间维和空间维的状态变化，即作为系统输出的物流服务。

通常对系统进行评价，是以系统的投入与产出之比为主要指标。对于物流系统中劳动消耗与劳动占用（即投入）可以在物流成本的范围内加以分析和研究；而作为产出的物流服务的衡量指标体系也是物流学研究的一个重要方面。输入水平和输出水平又是相互制约的，它们应在整体效益最佳的原则下统一起来。

（三）物流学属于应用科学的范畴

物流研究丰富多彩，但就其性质而言，绝大多数是属于相关学科的成果在物流领域中的应用，如物流系统计算机模拟技术、运输规划、库存控制理论等。

物流科学的强大生命力在于它的实践性。它的产生与发展和社会经济实际与生产实际密切相关，其研究的出发点和归宿都在于社会实践需要。只有从实践中提出问题，密切结合具体研究范围内的自然资源、经济基础、社会条件和技术水平，提出正确的方法和结论，有效地改善物流系统，取得应有的经济效益，这样物流科学的价值才能为人们所承认、所重视。物流学正是以它实际应用所体现的巨大经济意义而受到人们的高度评价。

本章小结

现代物流是一个新兴的产业，其主要职能包括：运输、储存、包装、装卸、搬运、保管、配送、流通加工和物流信息管理等。现代物流形成的时间不长，但发展十分迅速，这是全球经济社会发展的客观需要。本章从介绍物流的定义和内涵入手，阐述物流的价值、作用、职能以及分类，说明了有关物流的学说和物流学科的性质，通过这些内容的学习主要使大家明确物流合理化的重要意义。

案例阅读与分析

“一流三网”——海尔独特的现代物流

海尔的物流改革是一种以订单信息流为中心的业务流程再造，通过对观念的再造与机制再造，构筑起海尔的核心竞争能力。

海尔物流管理的“一流三网”充分体现了现代物流的特征。“一流”是以订单信息流为中心；“三网”分别是全球供应链资源网络、全球配送资源网络和计算机信息网络。“三网”同步流动，为订单信息流的增值提供支持。

1.“一流三网”

在海尔，仓库不再是储存物资的水库，而是一条流动的河。河中流动的是按单采购来的生产必需的物资，也就是按订单来进行采购、制造等活动。这样，从根本上消除了呆滞物资，消灭了库存。

目前，海尔集团每个月平均接到6 000 多个销售订单，这些订单的品种达7 000 多个，需要采购的物料品种达26 万余种。在这种复杂的情况下，海尔物流自整合以来，呆滞物资降低了73.8%，仓库面积减少 50%，库存资金减少 67%。海尔国际物流中心货区面积7 200 平方米，但它的吞吐量却相当于普通平面仓库的30 万平方米。同样的工作，海尔物流中心只有10 个叉车司机，而一般仓库完成这样的工作量至少需要上百人。

2. 全球供应链资源网的整合使海尔获得了快速满足用户需求的能力

海尔通过整合内部资源优化外部资源，使供应商由原来的2 336 家优化至 840 家，国际化供应商的比例达到 74%，从而建立起强大的全球供应链网络。GE、爱默生、巴斯夫、DOW 等世界500 强企业都已成为海尔的供应商，有力地保障了海尔产品的质量和交货期。不仅如此，海尔通过实施并行工程，更有一批国际化大公司已经以其高科技和新技术参与到海尔产品的前端设计中，不但保证了海尔产品技术的领先性，增加了产品的技术含量，还使开发的速度大大加快。另外，海尔对外实施日付款制度，对供货商付款及时率达到 100%，这在国内，很少有企业能够做到，从而杜绝了“三角债”的出现。

3. JIT 的速度实现同步流程

由于物流技术和计算机信息管理的支持，海尔物流通过3 个 JIT，即 JIT 采购、JIT 配送和 JIT 分拨物流来实现同步流程。

目前通过海尔的 BBP 采购平台，所有的供应商均在网上接受订单，使下达订单的周期从原来的7 天以上缩短为1 小时内，而且准确率达 100%。除下达订单外，供应商还能通过网络查询库存、配额、价格等信息，实现及时补货，实现 JIT 采购。

为实现“以时间消灭空间”的物流管理目的，海尔从最基本的物流容器单元化、集装化、标准化、通用化到物料搬运机械化开始实施，逐步深入到对车间工位的五定送料管理系统、日清管理系统进行全面改革，加快了库存资金的周转速度，库存资金周转天数由原来的30 天以上减少到 12 天，实现 JIT 过站式物流管理。

生产部门按照 B2B、B2C 订单的需求完成产品生产以后，可以通过海尔全球配送网络送达用户手中。目前海尔的配送网络已从城市扩展到农村，从沿海扩展到内地，从国内扩展到国际。全国可调配车辆达 1.6 万辆，目前可以做到物流中心城市 6 ~ 8 小时配送到位，区域配送 24 小时到位，全国主干线分拨配送平均 4.5 天，形成全国最大的分拨物流体系。

在企业外部，海尔 CRM（客户关系管理）和 BBP 电子商务平台的应用架起了与全球用户资源网、全球供应链资源网沟通的桥梁，实现了与用户的零距离。在企业内部，计算机自动控制的各种先进物流设备不但降低了人工成本，提高了劳动效率，还直接提升了物流过程的精细化水平，达到质量零缺陷的目的。计算机管理系统搭建了海尔集团内部的信息高速公路，能将电子商务平台上获得的信息迅速转化为企业内部的信息，以信息代替库存，达到零营运资本的目的。

4. 积极开展第三方分拨物流

海尔物流运用已有的配送网络与资源，并借助信息系统，积极拓展社会化分拨物流业务，目前已经成为日本美宝集团、AFP 集团、乐百氏的物流代理，与 ABB 公司、雀巢公司的业务也在顺利开展。同时，海尔物流充分借力，与中国邮政开展强强联合，使配送网络更加健全，为新经济时代快速满足用户的需求提供了保障，实现了零距离服务。海尔物流通过积极开展第三方配送，使物流成为新经济时代下集团发展新的核心竞争力。

5. 流程再造是关键观念的再造

海尔实施的现代物流管理是一种在现代物流基础上的业务流程再造，而海尔实施的物流革命则是以订单信息流为核心，使全体员工专注于用户的需求，创造市场、创造需求。

机制的再造。海尔的物流革命是建立在以“市场链”为基础上的业务流程再造。以海尔文化和 OEC 管理模式为基础，以订单信息流为中心，带动物流和资金流的运行，实施“三个零”目标（质量零距离、服务零缺陷、零营运资本）的业务流程再造。

构筑核心竞争力。物流带给海尔的是“三个零”。但最重要的是可以使海尔一只手抓住用户的需求，另一只手抓住可以满足用户需求的全球供应链，把这两种能力结合在一起，从而在市场上可以获得用户忠诚度，这就是企业的核心竞争力。

（资料来源：http：//tech. sina. com. cn/e2/2002 - 10 - 31/1848147248. shtml.）

思考题

1. 你对海尔集团现代物流管理有什么认识？
2. 你对现代物流在企业中的应用有什么感触？

思考与练习

一、单项选择题

1. 物流（　　）。

　A. 是国民经济的基础之一　　B. 就是仓储业

　C. 就是货物运输　　D. 就是交通运输业

2. 物流是由（　　）两个基本要素组成的。

　A. 货物和火车　　B. 货物和汽车

　C. 物和流　　D. 商品和运输工具

3. 物流对（　　）有最后实现的决定作用。

A. 生产　　B. 运输
C. 流通　　D. 仓储

4. 生产者将商品实体通过运输转移给消费者所克服的是（　）。
A. 所有权间隔　　B. 场所间隔
C. 时间间隔　　D. 使用权间隔

5. 物流业创造的时间价值是（　）形成的。
A. 储存时间　　B. 运输时间
C. 包装和配送时间　　D. 物料供需之间的时间差

6. 物流业通过（　）来提高物的附加价值。
A. 生产　　B. 运输
C. 服务　　D. 再加工

7. 企业生产物流是指（　）。
A. 企业在生产工艺中的物流活动　　B. 企业资源物流
C. 企业内部物流　　D. 企业产品物流

8. 企业供应物流是指（　）。
A. 企业外部物流　　B. 企业进口材料物流
C. 企业的原辅料物流　　D. 企业半成品物流

9. 企业销售物流是指（　）。
A. 企业产品送达用户并经过售后服务的物流
B. 企业对用户交货的物流
C. 企业产品运输物流
D. 企业产品对外销售物流

10. 企业回收物流是指（　）。
A. 企业产品回收物流　　B. 企业产品处理物流
C. 企业产品退货物流　　D. 企业产品边角料和废料的回收物流

11. 除了时间价值和场所价值，物流还创造（　）。
A. 包装价值　　B. 配送增值
C. 加工附加价值　　D. 运输增值

12. 现代物流管理是以（　）为第一目标。
A. 实现客户满意　　B. 扩大企业产品的市场份额
C. 加快生产速度　　D. 企业最大的利润

二、多项选择题

1. 物流活动领域包括（　）。
A. 军事领域　　B. 生产领域　　C. 流通领域
D. 无形资产领域　　E. 生活领域

2. 物流业的行业组成是（　）。
A. 交通运输业　　B. 配送业　　C. 储运业
D. 加工业　　E. 信息产业

3. 物流运动所创造的时间价值表现在（　）。

A. 缩短时间创造价值　B. 弥补时间差创造价值
C. 延长时间差创造价值　D. 延长时间创造价值
E. 改变时间创造价值

4. 物流运动的场所价值的具体形式有（　　）。
A. 从集中生产场所流入分散需求场所
B. 从零售场所流入生产场所
C. 从消费场所流入生产场所
D. 从分散生产场所流入集中需求场所
E. 从甲地生产场所流入乙地需求场所

5. 企业外部的物流活动是社会物流，它包括企业向社会的（　　）。
A. 分销物流　B. 购进物流　C. 回收物流
D. 储存物流　E. 废弃物流

6. 销售物流是指商品出售时，物品在（　　）之间的实体流动。
A. 生产商　B. 供方　C. 批发商
D. 零售商　E. 需方

7. 回收物流是将不合格的物品的（　　）从需方向供方所形成的物品实体流动。
A. 返修　B. 退货　C. 单证
D. 周转使用的包装容器　E. 废料

三、名词解释

物流　第三方物流　物流“冰山”

四、问答题

1. 物流在微观经济运行中的作用有哪些？
2. 商物分离的优点主要体现在哪里？
3. 请说说物流合理化的意义？

本章参考资料

1. 沈珺，徐家骅．物流管理概论．北京：清华大学出版社，北京交通大学出版社，2006.
2. 丁立信，张铎．物流基础．北京：清华大学出版社，2000.
3. 丁立信，张铎．物流管理．北京：清华大学出版社，1999.
4. 黄中鼎．现代物流管理．上海：复旦大学出版社，2007.

第二章　运输管理

学习目标

1. 了解运输管理的功能与作用。
2. 识别运输方式的分类与比较。
3. 掌握运输作业流程与运作。
4. 理解运输合理化。

主要概念

运输，运输方式，运输流程，运输要素，运输合理化

物流作为“第三利润源”，其实现的价值主要有“空间价值”、“时间价值”和“形态价值”，而“空间价值”主要通过运输来实现。按物流的概念，物流是物质实体的物理性运动，这种运动不但改变了物品的时间状态，而且改变了物品的空间状态。运输承担了改变物品空间状态的主要任务，是改变物品空间状态的主要手段，运输如果与搬运、配送等结合起来，就能完成物品空间状态改变的全部任务。正因为运输在物流中的这种核心地位，当今仍然有人误认为物流就是运输。运输是所有物流功能要素中最核心的要素，在现代物流中发挥着极其重要的作用。可以说，没有运输就没有物流，就没有物流功能的实现，更没有物流增值功能的实现。

运输作为人类社会的基本活动之一，马克思笔下的“第四物质生产部门”，其管理水平和效率的提高是节约物流成本，开发“第三利润源”的关键环节。因为，首先，社会运输总成本是总社会物流成本的主体。综合分析表明，耗费在运输功能方面的费用占整个社会物流费用近50%的比例，因此，降低物流成本首选成本构成的主体——运输成本；其次，运输活动是动态的活动，与静止的保管活动不同，它的完成要消耗大量的社会稀缺资源，因此，提高运输的管理水平和效率将极大限度地节约这种社会稀缺资源；再次，运输承担的是大跨度空间转移的任务，活动的时间长、距离远、消耗大，消耗大其节约的潜力自然也大。此外，由于目前经济水平和技术水平的制约，我国运输设施设备以及管理的水平仍处于较低的阶段，仍面临很大的增强改进空间，也就是说运输方面的投入、技术的改进和管理水平等都能得到快速的改进。

第一节　运输概述

一、运输的含义

运输是实现人和物空间位置变化的活动，与人类的生产和生活息息相关。早在 18 世纪中叶，亚当·斯密就论述了运输（帆船和马车）对社会分工、对外贸易、促进城市和地区经济的繁荣等方面所起的重要作用。随着经济的发展和社会的进步，运输方式和运输组织管理水平都得到了快速的发展，运输在社会生活中的作用也越来越重要，越来越关键。

对运输的认识，很多专家和学者从不同的角度对它进行界定，其中比较权威的观点之一是：所谓运输，是指人员或物品借助于运力系统在一定空间范围内产生的位置移动。其中运力系统是指由运输设施、路线、设备、工具和人力组成，具有从事运输活动能力的系统。这里的运输包括客运和货运。人的运输是客运，而物的运输则被称为货运。①

另外，我国国家质量技术监督局在 2001 年 4 月发布的国家标准《物流术语》中将将运输界定为："用设备和工具，将物品从一地点向另一地点运送的物流活动，其中包括集货、分配、搬运、中转、装入、卸下、分散等一系列的操作。"

由于本书研究对象主要是物，因此，在本书中所涉及的运输一般是指物的运输，而不包括人的运输。从国家标准《物流术语》对运输下的定义，可以得出物的运输的以下几方面的含义：(1) 运输是用设备和工具将物品从一地点向另一地点运送的活动。因此，运输不仅包括流通领域中物的运送问题，也包括生产领域中物从一地点向另一地点运送的问题；(2) 运输是一系列活动的有机整合，它包括了运送任务开始之前或物的集中和运到目的地后的散货行为，同时还包括贯穿其中的货物的装车、卸车、中转以及运输工具和运输任务的分配等作业；(3) 运输是一种物流活动。也就是说，其他涉及物品从一地向另一地运送但不带物流目的的活动则不是运输，比如消防车、洒水车、扫路车的作业过程中虽涉及到物品的运送问题，但其目的不是物流，因此这些作业不属于运输的范畴；此外，作为物流活动的运输必属于经济领域的范畴，因此在家中或办公室中个人行为所导致的物品的空间位移也不属于运输的范畴。

二、运输的分类

（一）按运输方式的不同划分

按运输方式的不同可将运输划分为：公路运输、铁路运输、水路运输、航空运输和管道运输。

① 王述英．物流运输组织与管理．北京：电子工业出版社，2006.

1. 公路运输

公路运输主要使用汽车，也可以使用其他车辆在公路上进行客、货运输的一种方式（本书主要讨论货物的运输）。公路运输主要承担近距离、小批量的货运，或水运、铁路运输难以到达地区的长途、大批量货运，以及铁路、水运优势难以发挥的短途运输。由于公路运输有很强的灵活性，在有铁路、水运的地区，较长途的大批量运输也开始使用公路运输。公路运输作为一种重要的现代运输方式，有着一系列的特点：

（1）公路运输最显著的特点是灵活性，主要表现在：一是空间上的灵活性，可以实现"门到门运输"；二是时间上的灵活性，公路运输可以实现即时运输，即根据货运的需求随时起运；三是批量上的灵活性，公路运输的启运批量可大可小；四是运行条件的灵活性，由于普通货物的装卸对场地、设备没有专门要求，因此公路运输站点设置灵活，有的只需设置一个停靠点即可，此外公路运输可深入到运行条件很差的农村、山区、车站、码头和矿山等地区；五是服务上的灵活性，公路运输能够根据货主或旅客的具体要求提供有针对性的服务，最大限度地满足不同客户、不同货物的运送要求；六是组织方式的灵活性，公路运输既可以自成体系，独立地完成整个运输任务，也可以作为其他不能实现"门到门"运输的运输方式的配套运输方式而发挥集散货的作用。

（2）货损、货差小，安全性高，能保证运输质量。随着公路网的发展和建设，公路的等级不断提高，汽车的技术性能不断改善，运输途中的撞击等造成的运输途中的货损、货差率不断降低；公路运输可以实现快速直达，装卸搬运的次数较少，因此因装卸搬运而造成的货损、货差比率较低；随着公路运输技术的改进，公路运输安全水平不断提高，公路运输事故发生率不断降低，因事故而造成的货损率也不断降低。由于公路运输灵活方便，送达速度快，安全性高，可有利于保持货物的质量，提高货物运输的价值。

（3）原始投资少，资金周转快，技术改造容易。首先，修建公路运输线路较容易，具体表现在：修建材料易获得、修建周期短、修建成本不高；其次，汽车车辆原始投资少，资金周转快，技术改造容易。汽车运输的历史不到百年，但载货吨位车种类等方面都有了很大改进和提高。

虽然公路运输有很多优点，但公路运输也存在一系列缺点（如表 2－1 所示），比如：运输能力小，单辆汽车的载重有限；运输能耗大；运输成本高；单位运输劳动力的耗费多等。总的来说，公路运输较适合中短途运输，不适合长途运输。一般认为公路运输的经济里程为200公里以内，但随着高速公路的广泛修建，长途公路运输出现的频率不断提高。此外，公路运输由于其可实现"门到门"运输的特点，公路运输成为其他运输方式的补充和衔接方式，以及山区和偏僻农村地区的运输任务的承担。

表 2－1　　公路运输的特点

优　点	缺　点
机动灵活	运输能力小
原始投资少，资金周转快，技术改造容易	能耗大，运输成本高
货损、货差小，包装成本低	易污染环境和发生事故

2. 铁路运输

铁路运输是使用铁路列车运送客、货的一种运输方式，主要承担长距离、大数量的货运。在没有水运条件的地区，几乎所有大批量货物都是依靠铁路来进行运送。铁路运输是在干线运输中起主力运输作用的运输方式。

铁路运输的优点如下：

（1）适应性强。依靠现代科学技术，铁路几乎可以在任何需要的地方修建，可以实现全年全天候不停地运营，受地理和气候条件的限制很少。

（2）铁路运输具有较高的连续性和可靠性，而且适合长短途各类不同重量和体积货物的双向运输。

（3）运输能力大，铁路是大宗、通用的运输方式，能承担大量的货物运输。铁路运输能力取决于列车载重量（列车载运吨数）和昼夜线路通过的列车对数。

（4）安全程度高。随着先进技术的发展和在铁路运输中的应用，铁路运输的安全程度越来高。在各种现代化运输方式中，按所完成的货物吨公里计算的事故率，铁路运输是最低的。

（5）运送速度较高。常规铁路的列车运行速度一般为每小时 60 公里 ~ 80 公里，少数常规铁路可高达 140 公里 ~ 160 公里，高速铁路运行时速可达 210 公里 ~ 260 公里。

（6）能耗小。铁路运输轮轨之间的摩擦阻力小于汽车和地面之间的摩擦力。铁路机车单位功率所能牵引的重量约比汽车高 10 倍，从而铁路单位运量的能耗也就比汽车运输少得多。

（7）运输成本低。铁路运输成本没有原料支出，固定资产折旧费所占比例较大而且与运输距离长、运量的大小密切相关。运距越长、运量越大单位成本越低。一般来说，铁路的单位运输成本比公路运输和航空运输要低得多，有的甚至低于内河航运。

但是铁路运输建设投入大、只能在固定线路上行驶、灵活性差、需要与其他运输方式配合与衔接。长距离运输分摊到单位运输的成本费用较低，而短距离运输成本却很高。铁路运输的优点和缺点汇总如表 2 – 2 所示。

表 2 – 2　　铁路运输的特点

优　点	缺　点
不受天气影响，稳定安全	灵活性差
运送速度较高	货物滞留时间长
能定时，按计划，大批量运输	无法实现门对门服务
能耗小，成本低	不适宜紧急运输

所以，铁路运输基本上是距离长、运输速度慢的原材料（煤、原木和化工品）和价值低的制成品（食品、纸张和木制品），且一般运输至少一整车皮的批量货物。铁路运费较高，且没有伸缩性，货车途中作业需要时间。铁路运输不能实现“门到门”运输，车站固定，不能随意停车。货物滞留时间长，不适宜紧急运输。

3. 水路运输

水路运输是使用船舶运送客、货的一种运输方式。水运主要承担大批量、长距离的运输，是在干线运输中起主力作用的运输形式。在内河及沿海，也常有小型水运运输工具使用，担任补充及衔接大批量干线运输的任务。水路运输的特点如下：

(1) 运输能力大。在海洋运输中，目前世界上最大的超巨型油船的载重量达56万吨，矿石船载重量已达35万吨，集装箱船已超过10万吨。海上运输利用天然航道，不像内河运输受航道限制较大，如果条件许可，可随时改造最有利的航线，因此，海上运输的通过能力比较大。内河运输中，在运输条件良好的航道，通过能力几乎不受限制。

(2) 运输成本低。水运的站场费用极高，这是因为港口建设项目多，费用大，向港口送取货物都较不方便。水运成本之所以能低于其他运输方式主要是因为船舶的运载量大，运输里程远，路途运行费用低。

(3) 投资省。水上运输利用天然航道，投资省。海上运输航道的开发几乎不需要支付费用。内河虽然有时要花费一定的开支疏浚河道，但比修筑铁路的费用小得多。

(4) 劳动生产率高。水路因运载量大，其劳动生产率较高。一艘20万吨的油船需配备40名船员，平均人均运送货物达5 000吨。在内河运输中采用顶推分节船队运输，也提高了劳动生产率。

(5) 航速较低。船舶体积较大，水流阻力高，所以航速较低。低速航行所需克服阻力小，能够节约燃料；反之，如果航速提高，所需克服的阻力则直线上升。除了这一系列优缺点外，水路运输还存在其他缺点，水路运输的优点和缺点如表2－3所示。

表2－3　　水路运输的特点

优　点	缺　点
运输能力大、运费低	运输速度较慢
节能、运输成本低	港口设施费用高
投资省	运输时间难以保证准确
劳动生产率高	易受天气影响

4. 航空运输

航空运输是使用飞机机或其他航空器进行运输的运输方式。航空运输的单位成本很高，因此主要适合运载两类货物：一类是价值高、运费承担能力很强的货物，如贵重设备的零部件、高档产品等；另一类是紧急需要的物资，如救灾在险物资等。航空运输的特点如下：

(1) 航空运输的速度高。与其他运输方式相比，高速度无疑是航空运输最明显的特征。航空运输高速度特征在物流中具有无可比拟的价值。现代喷气运输机时速一般在900公里左右，是火车的5倍~10倍、海轮的20倍~30倍。

(2) 航空运输的灵活性。即航空运输不受地形、地貌、山川、河流的障碍，只要有机场，有航空设施保证，即可开辟航线。如果用直升机运输，机动性更强。对于自然灾害的紧急救援、对于各种运输方式物流不可到达的地方，均可采用飞机空投方式，以满足特殊条件下特殊物流的要求。

(3) 航空运输的安全性。航空运输平稳、安全，货物在物流中受到的震动、撞击等均小于其他运输方式。尤其当飞机在1万米以上高空飞行时，不受低空气流的影响，更能体现出航空运输的安全性。

(4) 航空运输的国际性。严格说来，任何运输方式都有国际性，都有可能在不同国家间完成运输任务。这里所要体现的国际性是指航空运输在国际交往中的特殊地位。

（5）航空运输建设周期短，回收快。航空运输建设主要包括飞机、机场和其他辅助保证设施。一般来说，修建机场比修建铁路周期短，投资回收快。

航空运输与其他运输方式相比运输量少得多。一方面受其运量少的限制，另一方面运输成本高，一般的货物运输使用航空运输方式经济上不合算。因此，航空运输适合贵重货物、精密仪器、计算机、高级服装、鲜活货物、季节性货物及时间性强的邮件、包裹等。

5. 管道运输

管道运输是利用管道输送气体、液体和粉状固体的一种运输方式。其运输形式是靠物体在管道内顺着压力方向循序移动实现的，和其他运输方式重要的区别在于管道设备是静止不动的。管道运输的特点如下：

（1）运量大。由于管道能够进行不间断的输送，输送连续性强，不产生空驶，运输量大。例如，管径529毫米的管道，年输送能力可达1 000万吨；管径630毫米的管道，年输送能力可达1 500万吨；管径720毫米的管道，年输送能力可达2 000万吨；管径为1 200毫米的管道年输送能力可达1亿吨。

（2）管道运输建设工程比较单一。管道埋于地下，除泵站、首末站占用一些土地外，管道占用土地少，建设周期短，收效快。同时，管道还可以通过河流、湖泊、铁路、公路，甚至翻越高山，横跨沙漠，穿过海底等，易取捷径，缩短运输里程。

（3）管道运输具有高度的机械化。管道输送流体货物，主要依靠每60公里~70公里设置的增压站提供压力能，设备运行比较简单，且易于就地自动化和进行集中遥控。先进的管道蹭压站已完全做到无人值守。由于节能和高度自动化，用人较少，使运输费用大大降低。

（4）有利环境保护。管道运输不产生噪声，货物漏失污染少。不受气候影响，可以长期安全、稳定运行。

（5）管道运输适用的局限性。管道运输本身工程结构上的特点，决定了其适用范围的局限性。管道运输适于长期定向、定点输送，合理输量范围较窄。若输量变换幅度过大，则管道的优越性难以发挥。管道按其运输货物的种类不同，分为油品管道、气体管道和固体料浆管道三类。我国目前的管道主要是油品管道和气体管道。总之，管道运输的优点和缺点如表2－4所示。

表2－4　　管道运输的特点

优　　点	缺　　点
快速、简便、经济、计量准确	受货种限制、合理输量范围较窄
没有包装费用、不受天气影响	易沉淀、积垢，清管成本高
安全、环保、运量大	

（二）按运输线路的性质不同划分

按运输线路的性质不同可将运输划分为：干线运输、支线运输、二次运输和厂内运输。

1. 干线运输

所谓干线运输是指利用铁路与公路的骨干线路以及远洋运输的固定航线进行大批量、长距离的运输。干线运输由于运输距离长、运力集中、运输速度较快，因而一般单位成本较低。干线运输是长距离运输的一种重要形式，是我国运输的主要形式。为了加强干线运输的能力，近年来，国家加大了在铁路主干线、公路主干线方面的投资。在铁路方面，已基本建成了“八纵八横”的铁路主通道。“八纵”是指京哈、东部沿海铁路、京沪、京九、京广、大（同）湛（江）、包柳、兰昆八条铁路干线。“八横”是指京兰、煤运北通道、煤运南通道、陆桥铁路（陇海和兰新）、宁（南京）西（安）、沿江铁路、沪昆、西南出海铁路通道。2008 年初，总长约3.5 万公里“五纵七横”国道主干线也已基本完成。“五纵”国道主干线包括：黑龙江同江至海南三亚、北京至福州、北京至珠海、二连浩特至云南河口、重庆至湛江西南出海快速大通道；“七横”国道主干线包括：绥芬河至满洲里、丹东至拉萨、青岛至银川、连云港至霍尔果斯、上海至成都、上海至云南瑞丽、衡阳至昆明。

2. 支线运输

支线运输是相对于干线运输而言，是在干线运输的基础上对干线运输起辅助作用的运输形式。是运输供应链中从供应商到运输干线上的集结点以及从干线上的集结点到配送站之间的运输。干线运输与支线运输的区分是相对的。一般而言，支线运输比干线运输距离短、运量相对较小、运输速度相对较慢。

3. 二次运输

二次运输是指当干线、支线运输到达目的站后，目的站与用户仓库或指定地点之间的运输。二次运输是针对特殊用户的需要而产生的，因而二次运输的运量一般更小、运距一般更短、单位运输成本更高。

4. 厂内运输

厂内运输是指在大型企业内部，在仓库与车间、车间与车间或者车间与仓库之间进行原材料、配件、半成品、成品等的运输。而同一个车间或仓库之内的货物的移动则常被称之为“搬运”，因此厂内运输一般是对大型企业而言，且是不同仓库或车间之间的运输，厂内运输一般是直接为生产提供服务的运输方式，其运输流程设计的关键是企业的生产工艺流程。此外，厂内运输流程也是进行工厂内部建筑规划设计的重要依据。

（三）按运输的协作程度划分

按运输的协作程度可将运输划分为：一般运输、联合运输和多式联运。

1. 一般运输

一般运输是指独立地采用不同运输工具或同类运输工具而没有形成有机协作关系的运输方式。一般运输是传统的运输组织方式，如面临长距离、多运输工具的转换，采用一般运输方式会给货主带来很多麻烦，因为他必须联系多个托运人、办理多次托运手续。

2. 联合运输

联合运输是指使用同一运输凭证，由不同运输方式或不同运输企业进行有机的衔接来接运货物，它是利用每种运输手段的优势，充分发挥不同运输工具效率的一种运输方式。

3. 多式联运

多式联运的一种常用形式是国际多式联运。1980 年在日内瓦通过的《联合国国际货物多式联运公约》对国际多式联运所下的定义是：“按照多式联运合同，已至少两种不同的运输方式，由多式联运经营人把货物从一国境内接管货物的地点运至另一国境内指定交付货物的地点地货物运输。为履行单一方式运输合同而进行的该合同所规定的货物交接业务，不应视为国际多式联运。”多式联运是联合运输的一种现代形式，通常在国际物流领域或国内大范围物流时广泛应用。

（四）按运输的作用划分

按运输所实现的作用不同可将运输划分为：集货运输、散货运输和集中运输。

1. 集货运输

为了最大限度地利用运输工具的运输能力，有必要将分散的货物集聚起来以便进行大批量远距离的集中运输，这种将分散的货物集中起来的运输方式即为集货运输。集货运输有利于通过增加运输量而降低单位货物进行远距离运输的运输成本。集货运输一般是短距离、小批量的运输，是干线大规模运输的一种补充性运输。

2. 散货运输（配送运输）

通过干线集中运输，将大批量的货物运输到物流结点后，为更好地为客户提供服务，有必要按用户的要求将小批量、多品种的货物分送到客户指定地点。这种干线大规模运输后将货物按用户要求分送到用户处的运输方式即为散货运输（配送运输也发挥了货物分散运输的作用）。散货运输是大规模集中运输的补充和完善，多进行的是短距离、小批量的运输。

3. 集中运输

集中运输是将大批量的货物集中完成远距离运送任务的运输方式。其发挥的作用是将大量的货物集中进行大范围的空间位置的转换。集中运输一般发生在集货运输之后，散货运输之前，是大批量、远距离的运输。

（五）按中途是否换载划分

按运输中途是否换载可以将运输划分为：直达运输和中转运输。

1. 直达运输

直达运输是利用一种运输工具从起点站、港一直到终点站、港，中途不经过换载、不入库存储的一种运输方式。直达运输是运输合理化的一种有效形式，通过直达运输，可减少因中途换载而带来的运输速度减慢、货损增加、因装卸储存等而带来的运输费用增加等。

2. 中转运输

中转运输是指在货物运抵目的地的过程中，在途中的车站、港口、仓库等地进行换装的一种运输方式。中转运输常发生在当干线运输和支线运输出现运量的矛盾时进行。它是一种化整为散、集散为整的运输方式，有利于降低运输成本同时方便用户。

（六）其他运输方式

1. 集装箱运输

集装箱又称“货箱”、“货柜”，是用于货物运输的大型货物包装容器。使用集装箱转运货物，可直接在发货人的仓库装货，运到收货人的仓库卸货，中途更换运输工具时，无须将货物从箱内取出换装。而集装箱运输是指以集装箱作为货物运输基本单位，通过一种或几种运输工具进行货物运输的现代化运输方式。由于集装箱本身的特点，因此集装箱运输是一种既方便又灵活，可以在最大限度上减少运输过程中造成货损的运输方式。例如可以抵御风雨、外力、多次装卸等一些不可避免的因素对货物造成的损害。

集装箱运输是一种现代化运输方式，它与传统的货物运输方式相比有许多特点：

(1) 质量高。由于集装箱具有抵御风雨、避光、抗震等作用，因此用集装箱运输货物能够最大限度地减少货损，提高运输质量；

(2) 效率高。集装箱的整箱搬运，极大地方便了运输、装船和卸港。在全程运输中，以集装箱为媒介，使用机械装卸、搬运，可以在无需接触或移动箱内所有货物的前提下，从一种运输工具直接方便地换装到另一种运输工具，从而大大提高货物运输的效率；

(3) 成本低。集装箱运输由于一方面减少了中转装卸作业的费用；另一方面由于集装箱的保护减少了货损货差从而降低了运输支出；此外，由于集装箱本身所具有的优质包装的特点，用于货物运输的物流包装成本可大幅度降低。因此集装箱运输可降低运输成本；

(4) 管理方便。集装箱货物的质量以及数量的管理以集装箱的铅封号码是否完好作为责任区分的重要指标，因此集装箱运输方便承托运人进行货物运输安全的管理；

(5) 冷藏运输便利。集装箱中的保温冷藏箱能够对许多鲜活物品进行长时间的保鲜，这是其他运输方式很难实现的；

(6) 运输手续简便。集装箱运输可以由一个承运人负责全程运输，因而简化了货运手续，方便了货主，提高了工作效率；

(7) 有利于实现"门到门"的长距离运输。货物从发货人的工厂或仓库装箱后，经陆、海、空不同的运输方式，可以一直运到收货人的工厂或仓库，实现"门到门"运输。

2. 托盘化运输

托盘运输是指按一定要求将货品组装在一个标准托盘上，组合成为一个运输单位，使用叉车或托盘升降机进行装卸、搬运和堆放的一种运输方式，它是成组运输的一种有效方式。托盘运输以托盘为运输的基本单位，它具有下列运输特点：

(1) 以托盘为运输单位，搬运和出入仓库都使用机械操作，有利于提高装卸搬运效率，缩短整个货运时间，降低运输成本，同时还可以减小劳动强度；

(2) 以托盘为运输单位，便于理货，减少货损货差；

(3) 与集装箱运输相比较，托盘的生产制造成本相对较小，时间也较短，因而投资较小、周转较快；

(4) 托盘运输由于托盘本身的局限性，只能承载箱装物品、硬纸盒装等物品，因此托盘运输所能承运的货物范围有限。

3. 散装运输

散装运输是指产品不带包装的运输，是用专用设备将产品直接由生产厂方送至用户使用的运输方式。目前采用散装运输的产品主要是原油等油料、水泥等粉料、焦炭等块料及化工产品中的塑料切片、粒料、粉料等。

散装运输在特定的场合具有无可比拟的优越性，以散装水泥运输为例，水泥由袋装改为散装，其运输、供销、储存全部在密闭容器、管道中进行，过程是水泥装车机——散装水泥车（船、集装等）——仓储——砼搅拌机——砼搅拌车——施工浇注。其优点如下：

(1) 节省包装材料和费用。水泥袋装与散装虽一字之差，但资源能源效益却有天壤之别。首先，装卸袋装与散装水泥的工人比例为10∶1；其次，散装运输与袋装运输相比可节约大量的包装材料和用于包装的相关费用。据测算，每推广使用1万吨散装水泥，可节约包装费35万元，节约电力7.2万千瓦小时。

（2）工作环节少，机械化、自动化程度高，装卸速度较快，劳动条件被改善，劳动生产率大大提高。如装载一辆载重65吨的火车车辆，袋装水泥需要8人40分钟才能装完，而采用散装运输水泥，只需1个人10分钟就可以装完。由此可以看出，散装运输在提高装卸效率，加速车船周转等方面，提高劳动生产率方面具有显著效益。

（3）有利于改善环境，减少污染。通过发展散装运输，可以减少包装废弃物对环境造成的污染。据统计，包装废弃物年排放量在重量上占城市固体废弃物的1/3，在体积上占1/2，且每年以10%的速度递增。①

三、各种运输方式的主要技术经济指标

（一）货物运输量

货物运输量是反映交通运输业工作量的数量指标。铁路主要用货物发送吨数表示，公路和水运部门按经营量进行计算，水运可按航次、装卸情况或排水吨位来推算。

（二）货物周转量

货物周转量是反映交通运输业工作量的数量指标。货物运输量只表示货物的运送吨数，而不能反映所运送的距离。货物周转量指标是一个全面反映运输数量和运输距离的复合产量指标。例如铁路货物周转量是指一定时间内（年、月）铁路局或全路在货运工作方面所完成的货物吨公里数。

（三）货物平均运程

货物的平均运程，即货物的平均运输距离，表示平均每吨货物运送的距离。货物的平均运程与货物周转量和运输费用的大小、车辆周转的速度、货物的送达时间有关。各类货物平均运程是分析各地区之间和国民经济各部门、各企业之间经济联系的重要指标之一。

（四）货车周转时间

货车周转时间是指货车在完成一定工作量的周转过程中平均花费的时间。这一指标可以考核运输部门与有关部门的协作关系和工作效率，以提高专用线作业与管理水平，是加速货车周转时间的关键之一。

（五）货物装卸量

货物装卸量是指进出车站、港口范围内装卸货物的数量，以“吨”表示。它是衡量车站、港口货物装卸工作量大小的数量指标。

① 发展散装水泥保护生存环境. http://news.zhulong.com/dongtail/read/1904.htm.

（六）运送速度

运送速度是各种运输方式的技术经济效果的重要指标之一，在保证良好地完成运输任务的前提下，用最快的速度把商品送达目的地，尽可能缩短在途时间，是对运输的基本要求。

四、运输的地位和作用

（一）运输是社会物质生产的必要条件之一

运输是国民经济的基础和先行。运输是一种特殊的物质生产活动，它不直接生产任何有形的物质产品，而是提供运输服务，使物质产品产生位置移动，创造新的物质产品价值，而且物质产品只有通过运输变动其空间位置，才能实现产品的生产与消费，这种位置移动是社会物质生产的必要条件之一。运输作为社会物质生产的必要条件，表现在以下两方面：一方面是在生产过程中，运输是生产的直接组成部分，没有运输，生产内部的各环节就无法连接；另一方面是在社会流通中，运输是生产过程的继续，这一活动连接生产与再生产、生产与消费的环节，连接国民经济各部门、各企业，连接着城乡，连接着不同国家和地区。

（二）运输是物流的主要功能要素之一，创造“场所效应”

由于供求之间客观存在空间的距离，商品在不同的地理位置具有不同层次的价值，其使用价值的实现程度也不同。正是通过运输对物体进行空间的位移，使物体最大限度地发挥其使用价值，最大限度地提高了产出投入比，称之为创造“场所效应”。通过运输，将物资运送到场所效应最高的地方，就能发挥物资的最大潜力，最终实现资源优化配置。从这个意义上说，也相当于通过运输提高了物资的使用价值。

（三）运输是“第三利润源”的主要源泉

运输是企业降低成本的宝库，原因如下：

（1）运输是运动的活动，它和静止的保管不同。运输主要承担着大跨度空间位移的任务，由于活动的时间长，距离长，消耗大量的动力，所以其节约的潜力也就大。

（2）运输成本在物流成本中所占的比例最大。据日本通产省对 6 大类货物物流成本的调查结果表明，其中运输成本占 40% 左右，如果将产品出厂包装费计入制造成本，则运输成本是物流成本的 50% 以上。① 从运费来看，运费在全部物流费用中占最高的比例，一般综合分析社会物流费用，运输费在其中占 50% 的比例，有些产品运费高于产品的生产费用，所以节约的潜力是很大的。② 因此，提高物流运输系统的效率和质量，对整个企业的成本和效益是至关重要的。

① 资料来源：http：//col. njtu. edu. cn/course/xnjp/jgny/wlx/wuliuxue Course/study/popup/pop 15/15 text 201. htm.

② 资料来源：http：//hi. baidu. com/zyq0358/blog/item/dd86317feec1460929388a24. html.

第二节 运输的作业流程

运输业务非常复杂，涉及各种运输方式，每种运输方式的作业流程又不大相同。下面对公路、铁路、海运的一般流程进行说明，具体操作可能不尽相同。

一、公路运输流程

公路运输流程如表2－5所示。

表2－5　　　　公路运输流程表①

接单	1. 公路运输主管从客户处接受（传真）运输发送计划； 2. 公路运输调度从客户处接出库提货单证； 3. 核对单证。
登记	1. 运输调度在登记表上分出送货目的地，分出收货客户标定提货号码； 2. 司机（指定人员及车辆）到运输调度中心拿提货单，并在运输登记本上确认签收。
调用安排	1. 填写运输计划； 2. 填写运输在途、送到情况、追踪反馈表； 3. 电脑输单。
车队交换	1. 根据送货方向，重量、体积、统筹安排车辆； 2. 报运输计划给客户处，并确认到厂提货时间。
提货发运	1. 检查车辆情况； 2. 按时到达客户提货仓库； 3. 办理提货手续； 4. 提货，盖好车棚，锁好箱门； 5. 办好出厂手续； 6. 电话通知收货客户预达时间。
在途追踪	1. 建立收货客户档案； 2. 司机及时反馈途中信息； 3. 与收货客户电话联系送货情况； 4. 填写跟踪记录； 5. 有异常情况及时与客户联系。

① 参见 http：//edu. wuliu800. com/2009/0821/20671. html.

续表 2－5

到达签收	1. 电话或传真确认到达时间；
	2. 司机将回单用 EMS 或 FAX 传真回公司；
	3. 签收运输单；
	4. 定期将回单送至客户处；
	5. 将当地市场的住处及时反馈给客户。
回单	1. 按时准确到达指定卸货地点；
	2. 货物交接；
	3. 百分百签收，保证运输产品的数量和质量与客户出库单一致。了解送货人对客户产品在当地市场的销售情况。
运输结算	1. 整理好收费票据；
	2. 做好收费汇总表交至客户，确认后交回结算中心；
	3. 结算中心开具发票，向客户收取运费。

二、铁路运输流程

（一）流程

（1）到验货处验货，确认货物符合运输规定后，由验货人员将盖有人名章的托运单发给托运人；

（2）正确填写托运单，将品名、件数、到站、发货人、收货人等资料详细填写清楚，按照货物包装标准到打包处打好包装；

（3）持已填好的托运单到司磅处检斤过磅，由司磅员将货物的件数和准确数量用红蓝铅笔填写在托运单上，并盖人名章；

（4）持托运单到制票窗口制票，并交纳运费，得到绿色的提货联和红色的报销联。

（二）铁路托运注意事项

（1）托运人应填写托运书，持本人身份证或其他有效证件到托运公司办理托运手续，必要时出具单位介绍信；

（2）托运人应对所填货物托运书中的各项内容以及所提供资料的真实性和准确性负责；

（3）对于铁路运输条件不同或因货物性质不能在一起运输的货物，托运人应分别填写货物托运书。

三、水路运输操作流程

（一）托运

（1）托运人提供：箱型、箱量、目的港、出运时间、货物品名（美国线，必须报品名）；

(2) 客户接收海运价后若要委托装箱，货运公司向货主问明装箱方式：厂地装箱（托运人提供工厂地址）、仓库装箱（货运公司向托运人提供仓库地址）；

(3) 货运公司向托运人索要报关资料。

(二) 订舱

货运公司把货物情况提供给船公司与船公司确定价格，向船公司定舱。船公司接收定舱后，告知船名、船期、提单号。

(三) 做箱

(1) 仓库做箱：货运公司把船名、提单号，通知仓库。凭介绍信去船公司集装箱堆场提箱，待货主送货后做箱。

(2) 厂地做箱：货运公司提箱后，根据托运人提供的工厂地址做箱。

(四) 报关装载

集装箱集港后报关；船公司将集装箱装到船上。

(五) 卸载

船公司将集装箱卸到码头上。

(六) 通知提货

船公司通知提货人提货。

(七) 清关

提货人向海关清关。

(八) 换单

提货人把提单换成提货单。

(九) 提货

提货人拿提货单提货。

第三节 运输合理化

一、现代运输的要素

现代运输必须具备动力、运输工具、运输通路、通信设备这 4 种要素。只有这 4 种要素有机配合，成为一个完整的体系，运输才能发挥最大的功能。

现代运输较传统运输运量增大，速度更快，就需要 4 种要素密切配合，相互作用，才能发挥最大的经济效益。例如铁路要行驶大型机车，就必须铺设重型的钢轨，以提高钢轨的负荷量；设计大型船舶，就要考虑江河和港湾的通过能力；发明了飞机，开辟空中运输通道，就需要汽油燃油作为动力来源；无论任何运输车辆，都需要装置通信设备，以利作业的调度和指挥。

（一）动力

动力包括自然动力和人工动力两种。

（1）自然动力包括风力、水力、人力和畜力等。

（2）人工动力包括蒸汽力、石油燃烧动力、气体燃烧动力、电力和核能等。

（二）运输工具

运输工具也有自然运输工具和人工运输工具两类。自然运输工具本身为动力的来源，如马匹驮运货物。人工制造的运输工具，包括以下几种形式：

（1）运输车辆——包括汽车、摩托车、牛车、马车、自行车等。

（2）铁路车辆——包括各种机车、客车、货车、动车组等。

（3）船舶——包括商船、驳船、渔船、舰艇等。

（4）航空器——包括飞机、飞艇、火箭、气球等。

（三）运输通路

运输通路主要有以下 3 种：

（1）陆路运输通路，包括公路、铁路、管道、输送带等。

（2）水路运输通路，包括内陆水道和海洋航线。

（3）空路运输通路，包括航空线、空中索道和空中钩运。

（四）通信设备

传统的运输方式多利用自然动力，效率低、范围小、危险性低，对通信设备的需要并不迫切；现代运输多采用人工动力，海量运输，效率高、范围广、危险性高，迫切需要通信设备的配合。现代运输与通信设备，如鱼之于水，一刻都不能脱离。航运和航空都使用先进的定位系统，使用无线电使他们随时随地可以知道自己位置所在。例如，航空方面配有超高频率多向导航设备、侧距设备、自动导向仪和自动降落设备等装置，这些均为国际公认的必需的重要通信设备。

二、合理运输的要素

物流过程的合理化运输是指从物流系统的总体目标出发，选择合理的运输方式和运输路线，即运用系统理论和系统工程原理和方法，选择合理的运输路线和运输工具，以最短的路径、最少的环节、最快的速度和最小的劳动消耗，组织好运输工作。由于运输是物流中最重要的功能要素之一，物流合理化在很大程度上依赖于运输合理化。

运输合理化的影响因素很多，起决定性作用的有 5 方面的因素，称作合理运输的五要素。

（一）运输距离

在运输时，运输时间、运输货损、运费、车辆或船舶周转等运输的若干技术经济指标，都与运距有一定比例关系，运距长短是运输是否合理的一个最基本因素。缩短运输距离从宏观、微观角度都会带来好处。

（二）运输环节

每增加一次运输，不但会增加起运的运费和总运费，而且必须要增加运输的附属活动，如装卸、包装等，各项技术经济指标也会因此下降。所以，减少运输环节，尤其是同类运输工具的环节，对合理运输有促进作用。

（三）运输工具

各种运输工具都有其使用的优势领域，对运输工具进行优化选择，按运输工具特点进行装卸作业，最大限度发挥所用运输工具的作用，是运输合理化的重要一环。

（四）运输时间

运输是物流过程中需要花费较多时间的环节，尤其是远程运输。在全部物流时间中，运输时间占绝大部分。所以，运输时间的缩短对整个流通时间的缩短有决定性作用。此外，运输时间短，有利于运输工具的加速周转，充分发挥运力的作用，有利于货主资金的周转，有利于运输线路通过能力的提高，对运输合理化有很大贡献。

（五）运输费用

运费在全部物流费中占很大比例，运费高低在很大程度上决定整个物流系统的竞争能力。实际上，运输费用的降低，无论对货主来讲还是对物流经营企业来讲，都是运输合理化的一个重要目标。对运费的判断，也是各种合理化实施是否行之有效的最终判断依据之一。

从上述 5 方面考虑运输合理化，才能大量节约物资流通费用，实现物流系统的合理化，促进经济循环的顺畅。

三、不合理运输

不合理运输是指在现有条件下可以达到的运输水平而未达到，从而造成了运力浪费、运输时间增加、运费超支等问题。目前我国存在主要不合理运输形式有下列几种。

（一）返程或启程空驶

空车无货载行驶，可以说是不合理运输的最严重形式。在实际运输组织中，有时候必须调用空车，从管理上不能将其看成不合理运输。但是，因调用不当，货源计划不周全，不采用运输社会化而形成的空驶，是不合理运输的表现。

（二）对流运输

对流运输也称“相向运输”、“ 交错运输”，指同一种货物，或彼此间可以互相代用而不影响管理、技术及效益的货物，在同一线路上或平行线路上作相对方向的运送，而与对方运程的全部或一部分发生重叠交错的运输。已经制定了合理流向图的产品，一般必须按合理流向的方向运输，如果与合理流向图指定的方向相反，也属对流运输。

（三）迂回运输

迂回运输是舍近取远的一种运输，指可以选取短距离进行运输而不选取，却选择路程较长路线进行运输。迂回运输有一定复杂性，不能简单认定，只有当计划不周、地理不熟、组织不当而发生的迂回运输，才属于不合理运输。如果最短距离内有交通阻塞、道路情况不好或有对噪声、排气等特殊限制而不能使用时发生的迂回运输，不能称不合理运输。

（四）重复运输

重复运输有两种形式：一是本来可以直接将货物运到目的地，但是在未达目的地之处，或目的地之外的其他场所将货卸下，再重复装运送达目的地；另一种形式是，同品种货物在同一地点，一面运进，同时又向外运出。重复运输的最大毛病是增加了非必要的中间环节，这就延缓了流通速度，增加了费用，增大了货损。

（五）倒流运输

倒流运输是指货物从销地或中转地向产地或起运地回流的一种运输现象。其不合理程度要大于对流运输，其原因在于，往返两程的运输都是不必要的，形成了双程的浪费。倒流运输也可以看成是隐蔽对流的一种特殊形式。

（六）过远运输

过远运输是指调运物资舍近求远，近处有资源不调而从远处调，这就造成可采取近程运输而未采取，拉长了货物运距的浪费现象。过远运输占用运力时间长，运输工具周转慢，物资占压资金时间长，远距离自然条件相差大，又易出现货损，增加了费用支出。

（七）运力选择不当

运力选择不当指未利用各种运输工具优势而不正确地选择运输工具造成的不合理现象。

（八）托运方式选择不当

对于货主而言，是可以选择最好托运方式而未选择，造成运力浪费及费用支出加大的一种不合理运输。

上述的各种不合理运输形式都是在特定条件下表现出来，在进行判断时必须注意其不合理的前提条件，不能绝对看成不合理，因为其中存在着市场机制引导的竞争，如果片面强调因为表面的对流而不允许运输，就会导致保护落后、阻碍竞争甚至助长地区封锁。

再者，以上对不合理运输的描述，主要就形式本身而言，是从微观观察得出的结论。在实践中，必须将其放在物流系统中做综合判断，在不做系统分析和综合判断时，很可能出现“效益背反”现象。单从一种情况来看，避免了不合理，做到了合理，但它的合理却使其他环节出现不合理。只有从系统角度，综合进行判断才能有效避免“效益背反”现象，从而优化物流全系统。

四、运输合理化的有效措施

（一）运输系统网络的合理配置

物流系统运输网络是指由若干个收发货的“节点”和它们之间的“连线”所构成的运输网络及与之相伴随的信息流网络的有机整体。

为了确保销售和市场占有率，企业设置的收发货节点（指各层仓库，如制造厂仓库、中间商仓库、中转点仓库及流通加工配送中心）决定了整个物流系统的合理布局和运输合理化问题。物流运输系统网络研究的中心问题是确定货源基地和消费者的位置、各层级仓库及中间商批发点（零售点）的位置、规模和数量。企业在规划运输网络时，要根据经营战略、营销策略等因素决定需要多少个仓库、配送中心，以及配送中心、仓库如何布局，密度多大，相距多远，组织形式是外包还是自营等问题，只有整体规划，统一考虑，才可能既满足销售需要，又能减少交叉、迂回、空载等不合理运输，完善和优化物流网络，降低运输成本，提高竞争能力。

（二）选择最佳的运输方式

铁路、公路、水运、航空、管道等运输方式，各有特点，其适用的货运对象有所差别。运输方式的选择考虑因素包括运输成本、安全性、可靠性等。

（三）提高运输工具实载率

实载率有两个含义：一是单车实际载重与运距之乘积和标定载重与行驶里程之乘积的比率，这在安排单车、单船运输时，是作为判断装载合理与否的重要指标；二是车船的统计指标，即一定时期内车船实际完成的货物周转量（以吨公里计）占车船载重吨位与行驶公里之乘积的百分比。在计算时车船行驶的公里数，不但包括载货行驶，也包括空驶。

提高实载率的意义在于：充分利用运输工具的额定能力，减少车船空驶和不满载行驶的时间，减少浪费，从而求得运输的合理化。

（四）采取减少动力投入，增加运输能力的有效措施

这种合理化的要点是，少投入、多产出，走高效益之路。运输的投入主要是能耗和基础设施的建设，在设施建设已定型和完成的情况下，尽量减少能源投入，是少投入的核心。做到了这一点就能大大节约运费，降低单位货物的运输成本，达到合理化目的。

（五）发展社会化的运输体系，推进共同运输

运输社会化的含义是发展运输的大生产优势，实现专业分工，打破一家一户自成运输体

系的状况。

实行运输社会化，可以统一安排运输工具，避免对流、倒流、空驶、运力不当等多种不合理形式，不但可以追求组织效益，而且可以追求规模效益，所以发展社会化的运输体系是运输合理化的非常重要措施。

当前火车运输的社会化运输体系已经较完善，而在公路运输中，小规模生产方式非常普遍，是建立社会化运输体系的重点。

社会化运输体系中，各种联运体系是其中水平较高的方式。联运方式充分利用面向社会的各种运输系统，通过协议进行一票到底的门到门运输，有效打破了一家一户的小生产，受到了欢迎。

（六）开展中短距离铁路公路分流，“以公代铁”的运输

这一措施的要点，是在公路运输经济里程范围内，或者经过论证，超出通常平均经济里程范围，也尽量利用公路。这种运输合理化的表现主要有两点：一是对于比较紧张的铁路运输，用公路分流后，可以得到一定程度的缓解，从而加大这一区段的运输通过能力；二是充分利用公路从门到门和在中途运输中速度快且灵活机动的优势，实现铁路运输服务难以达到的水平。

（七）尽量发展直达运输

这主要指运输部门尽量减少货物运输的中间环节，把货物由产地直接运送给客户，它是交通运输部门组织的主要形式。直达运输是追求运输合理化的重要形式，其对合理化的追求要点是可以缩短货物运输时间，通过减少中转换载，从而提高运输速度，省却装卸费用，降低中转货损。直达的优势，尤其是在一次运输批量和用户一次需求量达到了一整车时表现最为突出。此外，在生产资料、生活资料运输中，通过直达，建立稳定的产销关系和运输系统，可以用最有效的技术来实现这种稳定运输，提高运输的计划水平，从而大大提高运输效率。

特别需要一提的是，如同其他合理化措施一样，直达运输的合理性也是在一定条件下才会有所表现，不能绝对认为直达一定优于中转。这要根据用户的要求，从物流总体出发做综合判断。如果从用户需要量看，批量大到一定程度，直达是合理的，批量较小时中转是合理的。

（八）配载运输

配载运输是充分利用运输工具载重量和容积，合理安排装载的货物及载运方法以求得合理化的一种运输方式。配载运输也是提高运输工具实载率的一种有效形式。

配载运输往往是轻重商品的混合配载，在以重质货物运输为主的情况下，同时搭载一些轻泡货物，如海运矿石、黄沙等重质货物，在舱面捎运木材、毛竹等，铁路运矿石、钢材等重物上面搭运轻泡农、副产品等，在基本不增加运力投入和不减少重质货物运输情况下，解决了轻泡货的搭运，因而效果显著。

（九）“四就”直拨运输

“四就”直拨是减少中转运输环节，力求以最少的中转次数完成运输任务的一种形式。一般批量到站或到港的货物，首先要进分配部门或批发部门的仓库，然后再按程序分拨或销售给用户。这样一来，往往出现不合理运输。

“四就”直拨，首先是由管理机构预先筹划，然后就厂或就站（码头）、就库、就车（船）将货物分送给用户，而无需再入库了。

（十）发展特殊运输技术和运输工具

依靠科技进步是运输合理化的重要途径。例如，专用散装罐车，解决了粉状、液状物运输损耗大、安全性差等问题；袋鼠式车皮、大型半挂车解决了大型设备整体运输问题；“滚装船”解决了车载货的运输问题，集装箱船比一般船能容纳更多的箱体，集装箱高速直达车船加快了运输速度等，都是通过先进的科学技术实现运输合理化。

（十一）通过流通加工，使运输合理化

有不少产品，由于产品本身形态及特性问题，很难实现运输的合理化，如果进行适当加工，就能够有效解决合理运输问题。例如将造纸材料在产地预先加工成干纸浆，然后压缩体积运输，就能解决造纸材料运输不满载的问题；轻泡产品预先捆紧包装成规定尺寸，装车就容易提高装载量；水产品及肉类预先冷冻，就可提高车辆装载率并降低运输损耗。

实现运输合理化的目标要考虑运输系统的基本特性。对地区之间的长距离运输（干线输送），由于货物的批量大且对时间要求不很苛刻，合理化的重点要考虑降低运输成本；对于地区或城市间的短距离运输（末端输送），是以向顾客配送为主要内容，货物批量小，应及时、准确地将货物运达，这种情况下的合理化目标应以提高物流服务质量为主。

不同客户的需求侧重点不同，因此应为客户“量身定做”物流运作方案，细化客户差异性需求，确定每一个客户的需求模型，据此设计物流运作方案。

本章小结

本章通过对运输的基本要领和各种方式的学习，掌握不同的运输管理程序，以及运输合理化的手段，为有效地进行运输的合理决策打好基础。

运输是物流的根本活动内容，商品在流通领域的位置变化，可以使用不同的运输工具、采用不同的运输方式，根据需要作出相应的运输决策。

运输是一个完整的系统，需要各个环节的密切配合，并且需要在生产实际中广泛地使用先进的设施、设备和科学的管理手段，保证运输过程的完整和完好。

案例阅读与分析

中外运空运公司为摩托罗拉公司提供的物流服务

中外运空运公司是中国外运集团所属的全资子公司，是具有较高声誉的大型国际、国内航空货运代理企业之一。下面是中外运空运公司为摩托罗拉公司提供“第三方物流服务”的情况介绍。

一、摩托罗拉公司对物流服务的要求和考核标准

（一）摩托罗拉公司对物流服务的要求

一是要提供24小时的全天候准时服务。主要包括：保证摩托罗拉公司中外业务人员、天津机场、北京机场两个办事处及双方有关负责人的通讯联系24小时畅通；保证运输车辆24小时运转；保证天津与北京机场办事处24小时提货、交货。

二是要求服务速度快。摩托罗拉公司对提货、操作、航班和派送都有明确的规定，时间以小时计算。

三是要求服务的安全系数高，要求对运输的全过程负全责，要保证航空公司及派送代理处理货物的各个环节都不出问题，一旦某个环节出了问题，将由服务商承担责任，赔偿损失，而且当过失达到一定程度时，将被取消做业务的资格。

四是要求信息反馈快。要求公司的电脑与摩托罗拉公司联网，做到对货物的随时跟踪、查询、掌握货物运输的全过程。

五是要求服务项目多，根据摩托罗拉公司的货物流转需要，通过发挥中外运空运公司系统的网络综合服务优势，提供包括出口运输、进口运输、国内空运、国内陆运、国际快递、国际海运和国内提货的派送等全方位的物流服务。

（二）摩托罗拉公司选择中国运输代理企业的基本做法

首先，通过多种方式对备选的运输代理企业的资信、网络、业务能力等进行周密的调查，并给初选的企业少量业务试运行，以实际考察这些企业服务的能力与质量，对于不合格者，取消代理资格。

摩托罗拉公司对获得运输代理资格的企业进行严格的月度作业考评。主要考核内容包括运输周期、信息反馈、单证资料、财务结算、货物安全和客户投诉。

二、中外运空运公司的主要做法

（一）制定科学规范的操作流程

摩托罗拉公司的货物具有科技含量高、货值高、产品更新换代快、运输风险大、货物周转以及仓储要求零库存的特点。为满足摩托罗拉公司的服务要求，中外运空运公司从1996年开始设计并不断完善业务操作规范，并纳入了公司的程序化管理。对所有业务操作都按照服务标准设定工作和管理程序进行，先后制定了出口、进口、国内空运、陆运、仓储、运输、信息查询、反馈等工作程序，每位员工、每个工作环节都严格按照设定的工作程序进行，使整个操作过程井然有序，提高了服务质量，减少了差错。

（二）提供24小时的全天服务

针对客户24小时服务的需求，中外运空运公司实行全年356天的全天候工作制度，周

六、周日（包括节假日）均视为正常工作日，厂家随时出货，中外运空运公司随时有专人、专车提货和操作。在通讯方面，相关人员从总经理到业务员实行24小时的通讯畅通，保证了对各种突发性情况的迅速处理。

（三）提供门到门的延伸服务

普通货物运输的标准一般是从机场到机场，由货主自己提货，而快件服务的标准是从门到门、库到库，而且货物运输的全程都在代理的监控之中，因此收费也较高。中外运空运公司对摩托罗拉公司的普通货物虽然是按普货标准收费，但提供的却是门到门、库到库的快件服务，这样既使得摩托罗拉公司的货物运输及时，又保证了安全。

（四）提供创新服务

从货主的角度出发，推出新的更周到的服务项目，最大限度地减少货损，维护货主的信誉。为保证摩托罗拉公司的货物在运输中减少被盗，中外运空运公司在运输中增加了打包、加固的环节；为防止货物被雨淋，又增加了一项塑料袋包装；为保证急货按时送到货主手中，中外运空运公司还增加了手提货的运输方式，解决了客户的急难问题，让客户感到在最需要的时候，中外运空运公司都能及时快速地帮助解决。

（五）充分发挥中外运空运公司走马观花的网络优势

经过50年的建设，中外运空运公司在全国拥有了比较齐全的海、陆、空运输与仓储、码头设施，形成了遍布国内外的货运营销网络，这是中外发展物流服务的最大优势。通过中外运空运公司网络，在国内为摩托罗拉公司提供服务的网点已达98个城市，实现了提货、发运、对方派送全过程的定点定人和实施信息跟踪反馈，满足了客户的要求。

（六）对客户实行全程负责制

作为摩托罗拉公司的主要货运代理之一，中外运空运公司对运输的每一个环节负全责，包括从货物由工厂提货到海陆空运输以及国内外的异地配送等各环节。对于出现的问题，积极主动地协助客户解决，并承担责任和赔偿损失，确保了货主的利益。中外运空运公司6年来为摩托罗拉公司提供的服务，从开始的几票货发展到面向全国，双方在共同的合作与发展中，建立了相互的信任和紧密的业务联系。随着中美达成关于中国加入WTO的双边协定，又为中美贸易与合作开辟了更加广阔的前景。在新的形势下，中外运空运公司和摩托罗拉公司正在探讨更加广泛和紧密的物流合作。

（资源来源：http：//club. jctrans. com/thread－22824－1－1. html.）

思考题

1. 运用所学的运输理论，简单归纳摩托罗拉公司对物流运输的要求和标准。
2. 中外运空运公司针对上述要求和标准采取了哪些措施？

思考与练习

一、单项选择题

1. 货运一般客户对运价反应最灵敏，一般客户决定货运企业的（　　）。
   A. 运营状况　B. 稳定盈利　C. 短期收支平衡　D. 长期财务收益

2. 货运企业必须对不同客户实行（　）服务，以确保资源的有效运用。

A. 差别化　B. 定制式　C. 不同　D. 等级制

3. 货物运输发生纠纷后，承运与托运双方不能自行协商解决，（　）是首要的选择。

A. 诉讼　B. 仲裁

C. 上诉　D. 申请扣押对方资产

4. 运输合同主要表现为承运人与托运人双方签署（　）。

A. 运输合同　B. 运费协议　C. 运输单证　D. 托运单

5. 货物运输调度的对象是（　）。

A. 运输工具　B. 货物的配载　C. 运输线路　D. 实际承运人

6. 公路货运的优点有（　）。

A. 适应性强　B. 不适宜大批量运输

C. 具有定时性　D. 不受天气影响

7. 中国的国际航线以（　）为中心。

A. 上海　B. 北京　C. 广州　D. 厦门

二、多项选择题

1. 运输合理化的影响因素有（　）。

A. 运输距离　B. 运输环节　C. 运输工具　D. 运输时间

2. 水运的形式主要有（　）。

A. 沿海运输　B. 近海运输　C. 远洋运输　D. 内河运输

三、名词解释

运输　运输合理化

四、问答题

1. 怎样理解运输的地位和作用？

2. 运输有哪些方式？其特点如何？

3. 不合理运输有哪些，怎样克服不合理现象？

本章参考资料

1. 沈珺，徐家骅．物流管理概论．北京：清华大学出版社，北京交通大学出版社，2006.

2. 世贸人才网．

3. 上海物流网．

4. 黄中鼎．现代物流管理．上海：复旦大学出版社，2007.

5. 徐家骅，沈珺．物流运输管理实务．北京：清华大学出版社，北京交通大学出版社，2006.

第三章　仓储管理

学习目标

1. 懂得ABC分类法的应用。

2. 掌握储存的概念；仓库和立体化自动仓库的概念；ABC分类法的概念。

3. 了解仓储作用，仓库的分类；仓储的作业流程；定量订货系统；定期订货系统。需求驱动精益供应系统的含义。

4. 理解货物的保管保养。

主要概念

仓库，仓储，自动化立体仓库，ABC分类法

仓储管理包含两个概念：一是储存（Storing），指物品离开生产过程但尚未进入消费过程的间隔时间内在仓库中储存、保养、维护管理；二是库存控制与管理，以备及时供应。"存储"作为物流大系统的一个子系统，是十分重要的环节，具有"物品银行"，"物品转运站"及物品供应的作用。从现代物流的角度研究和经营仓储，要考虑仓储规划与设施，存储技术与方法，物资订购与存储数量的适度性，涉及范围与知识面广泛而有深度。

第一节　仓储概述

一、储存的作用

储存对于调节生产、消费之间的矛盾，促进商品生产和物流发展都有十分重要的意义。总的来说，储存具有以下作用：

（一）时间效用

储存的目的是消除物品生产与消费在时间上的差异。生产与消费不但在距离上存在不一致性，而且在数量上、时间上存在不同步性，因此在流通过程中，产品（包括供应物流中

的生产原材料）从生产领域进入消费领域之前，往往要在流通领域中停留一段时间，形成商品储存。同样，在生产过程中，原材料、燃料和工具、设备等生产资料和在制品，在进入直接生产过程之前或在两个工序之间，也有一小段停留时间，形成生产储备。这种储备保障了消费需求的及时性。而有了商品储备必然要求相应的商品保管。

（二）"蓄水池"作用

仓库是物流过程中的"蓄水池"。无论生产领域、流通领域，都离不开储存，有亿万吨的商品、物资财富，平时总是处在储存状态，保管在生产或流通各个环节的仓库里，成为大大小小的"蓄水池"，以保证生产和流通的正常运行。

（三）降低物流成本

现代物流中的仓库不仅是"储存和保管物品的场所"，仓库还是促使物品更快、更有效地流动的场所。现代物流要求缩短进货与发货周期，物品停留在仓库的时间很短，甚至可以不停留，即"零库存"。进入仓库的货物经过分货、配货或加工后随即出库。物品在仓库中处于运动状态。这样通过储存的合理化，减少储存时间，来降低储存投入，加速资金周转，降低成本。因此，仓储是降低物流成本的重要途径。

（四）保存商品（物品）的使用价值和价值

由于进行科学保管和养护，使商品或产品的使用价值和价值得到完好地保存，也才能实现及时供货的意义。库存商品看上去好像是静止不变的，但实际上受内因和外因两方面的影响和作用，它每一瞬间都在运动着、变化着。但这种变化是从隐蔽到明显、从量变到质变，所以只有经过一段时间，发展到一定程度才能被发现。库存商品的变化是有规律的。商品保管就是在认识和掌握库存商品变化规律的基础上，灵活有效地运用这些规律，采取相应的技术和组织措施，削弱和抑制外界因素的影响，最大限度地减缓库存商品的变化，以保存商品的使用价值和价值。

二、仓库

国家标准对仓库（Warehouse）的表述：保管、存储物品的建筑物和场所的总称。

仓库是以库房、货场及其他设施、装置为劳动手段，对商品、货物、物资进行收进、整理、储存、保管和分发的场所，在工业中则是指储存各种生产需用的原材料、零部件、设备、机具和半成品、产品的场所。

（一）仓库分类

（1）按使用对象及权限分为：自备仓库；营业仓库；公共仓库。

（2）按所属的职能分为：生产仓库；流通仓库。

（3）按结构和构造分为：平房仓库；楼房仓库；高层货架仓库；罐式仓库。

（4）按技术处理方式及保管方式分为：普通仓库；冷藏仓库；恒温仓库；露天仓库；水上仓库；危险品仓库；散装仓库；地下仓库。

（5）特种仓库：移动仓库；保税仓库。

（二）仓库设施[①]

不同功能的仓库需要配备不同的与其功能相适应的设备和设施，此处所述的是一般应具备的基本设施。

1. 计量装置

仓库中使用的计量装置种类很多，主要有：

（1）重量计量设备，各种磅秤、电子秤等；

（2）流体容积计量设备，流量计量仪、液面液位计量仪；

（3）长度计量设备，检尺器、自动长度计量仪等；

（4）个数计量装置，自动计数器及自动计数显示装置等；

（5）还有综合的多功能计量设备和计量装置等。常用的有以下几种：

① 轨道衡。是对地面车辆、铁道车辆载货计重的衡器，常用有机械式及电子式的两类。

② 电子秤。是电子衡器之一，按用途不同有吊秤、配料秤、皮带秤、台秤等。在物流领域中，配合起重机具在起吊货物时同时计重的吊钩秤使用较多，在工厂物流中，配料秤使用较多。

③ 核探测仪（核子秤）。是利用核辐射的射线对物料进行探测，电离室将透过的射线转换为电信号，由微机进行处理，可以显示、打印，用以计量重量及容积的装置。

④ 出库数量显示装置。是一种计数的计量装置，安装于多品种、少批量、多批次的拣选式货架上，每当取出一件，相应的显示装置上就显示出数量指示，可观察显示装置确认拣选数量、库存数量，如果和电子计算机联机，则可由计算机立即汇总、记录。用这种装置可以防止计数的混乱及差错，所以应用很广泛。

2. 货架

货架是仓库中常用的装置，是专门用于放置成件物品的保管设备。货架是仓库面积的扩大和延伸，与货物直接置于地面存放相比，货架可以成倍或几十倍扩大实际的储存面积。因此，在仓库中采用货架这种设施，可提高仓库能力。主要有以下类型：

（1）固定式货架：

① 通用货架：层架、层格架、抽屉架等；

② 专用货架：悬臂架、栅型架、格架等；

③ 双层棚架：可分为立柱支撑和料架支撑；

④ 高层货架：可分整体式和分立式。

（2）移动式货架：

① 水平直线式移动货架；

② 水平旋转式移动货架；

③ 垂直旋转式移动货架。

3. 货棚

GB 对货棚的定义是：供存储某些物品的简单建筑物，一般没有或者只有部分围墙。

① 参见 http：//edu. wuliu800. com/2009/0105/2557. html.

货棚是一种半封闭式的建筑或装置。其造价低、建造方便、建造速度快，适于某些对环境条件要求不高的物资的存放或适于一些物资的临时存放。

货棚按其结构特点和工作方式，主要有以下两类：

（1）固定式货棚。建造成不可移动的半永久性建筑，立柱、棚顶都是不可移动的，进出货从货棚侧部进行。

（2）活动货棚，没有固定的基础和立柱，棚顶及围护结构组成一个圆弧形或 II 字形的整体，围护结构安装滚动或滑动装置，可沿轨道或按一定线路运动。一定尺寸的货棚成为一节，使用时，许多节货棚互相搭接在一起。装货、取货时，只需将货棚移开，就能方便地作业了。作业时可用机械进行货物垂直移动，所以，活动货棚之间的通道可以较窄，料场利用率较高。

4. 线路和站台

货场内的线路、站台是仓库进发货的必经之路，也是仓库运行的基本保证条件。

（1）线路。线路要能满足进出货运量的要求，不造成拥挤阻塞。线路形式主要有两种：

① 铁道专用线。简称专用线，与铁路网相接直接连接仓库。

② 汽车线。和公路干线相接的汽车线路，可以伸入到仓库内部甚至库房中。

（2）站台。是线路与仓库之间用于进出车辆、装卸货物的衔接设施。货运站台主要有两种形式：

① 高站台：站台面与车辆内底板等高，便于人工装卸；

② 低站台：站台面低于车辆内底板，便于散货卸车。

5. 储存容器

（1）贮仓。又称料仓，是专门用于存放粉状、颗粒状、块状等散状非包装物品的刚性容器。它是一种密存形贮存设施，全部仓容都可用于储存物资。由于采用全封闭结构，贮仓的防护、保护效果非常好。粮食、水泥、化肥等常采用这种贮存设施。

（2）贮罐。是专门用于存放液体、气体物品的刚性容器。这里所说的贮罐也是一种密存形贮存设施，全部仓容都可用于贮存，贮罐大多采用全封闭结构，隔绝效果及防护效果都很好。贮罐用于贮存油料、液体化工材料、煤气等。

三、自动化立体仓库

自动化立体仓库，是当前技术水平较高的形式。自动化立体仓库的主体由货架，巷道式堆垛起重机、入（出）库工作台和自动运进（出）及操作控制系统组成。货架是钢结构或钢筋混凝土结构的建筑物或结构体，货架内是标准尺寸的货位空间，巷道堆垛起重机穿行于货架之间的巷道中，完成存、取货的工作。管理上采用计算机及条形码技术。

自动化立体仓库大大提高了仓储管理、物资调动和作业的准确率，同时提高了物流速度。大量的管理信息由计算机数据库系统存储，计算机控制自动设备连续作业，并由计算机的逻辑判断进行合理的货位选择，保证了仓储管理的高效率。自动化立体仓库一般由高层货架、起重运输设备、土建公用设施以及控制和管理设施等部分组成，示意图如图 3－1 所示。

图 3－1　自动化立体仓库示意图

（一）自动化立体仓库的分类

（1）按照建筑形式，自动化立体仓库可分为整体式和分离式。

整体式立体仓库高度在 12 米以上，其仓库货架与仓库建筑物构成一个不可分割的整体，外墙既是货架，又是库房屋顶的支撑，分离式立体仓库高度在 12 米以下，但也有 15 米的。分离式仓库的货架是独立的，主要用于高度不大或已经有建筑物的情况。

（2）按照库房高度，自动化立体仓库可分为高层、中层和低层。5 米以下为低层，5～12 米为中层，12 米以上为高层。

（3）按照库存容量，自动化立体仓库可分为大、中、小型。库存容量在 2 000 托盘（货箱）以下的为小型，2 000 托盘～5 000 托盘的为中型，5 000 托盘以上的为大型。

（4）按照控制方法，自动化立体仓库可分为手动控制、自动控制和遥控。

（5）按照仓库在生产和流通中作用分类，自动化立体仓库分为单纯储存用的仓库和储存兼选配的仓库。单纯储存用的仓库中的货物以单元形式的货架上储存一定的时间，需要时便出库，主要应用于生产和储备。储备兼选配的仓库一般用于流通领域中的商品配送。

（6）按照货架的形式，自动化立体仓库可分为单元式货架仓库、活动式货架仓库、重力式货架仓库和拣选式货架仓库等。单元式货架仓库特点是货架沿仓库的宽度方向分面若干排，每两排货架为一组，其间有一条巷道，供堆垛起重机或其他起重机械作业。每排货架沿仓库长度方向分为若干列，沿垂直又分为若干层，从而形成大量货格，用以储存货物。活动式货架仓库的货架是可动的，其货架可在轨道上移动，使仓库面积利用率提高。在重力式货架仓库中，存货通道带有一定的坡度，由入库起重机装入通道的货物单元能够在自重作用下，自动的从入库端向出库端移动，直至通道的出库端或者碰到已有的货物单元停住为止。

（二）自动化立体仓库的优点

自动化立体仓库能得到迅速发展的主要原因，就在于它具有如下优点：

（1）货物存放集中化、立体化、减少占地面积。在地价昂贵的国家里，其效果尤为显著。

（2）仓库作业的机械化和自动化减轻了工人的劳动强度，节约劳力，缩短作业时间。

（3）物品出入库迅速、准确、减少了车辆待装待卸时间，提高了仓库的存储周转能力。

（4）采用电子计算机控制与管理，有利于压缩库存和加速物品的周转，降低了储存费用，从面降低了产品成本。

（5）可以适应特殊环境下的作业，如高温、低温作业，剧毒、放射性和腐蚀性等物资的储存。

（6）提高仓库的安全可靠性，便于进行合理储存和科学的养护，提高保管质量，确保仓库安全。

（7）由于采用计算机管理，加快了处理各种业务活动的速度，缩短了交货时间。

总之，由于自动化立体仓库这一新技术的出现，使原来那种固定货位、人工搬运和码放、人工管理、以储存为主的仓储作业，改变为自由选择货位、可按需要实现先进先出的机械化与自动化仓储作业。在储存同时，可以对货物进行必要的拣选、组配，并根据整个企业生产的需要，有计划地将库存物按指定的数量和时间要求送到恰当地点，满足均衡生产的需要，可以说自动化立体仓库的出现使"静态仓库"变成了"动态仓库"。

第二节　仓储作业流程

仓库的技术作业过程，大体上可分为收货→保管→发货三个阶段。按其作业顺序可具体分为：物资提运（或接运）、卸车、搬运、检验、入库、保管保养、备货、包装、出库集中、装车、发运等作业环节。按其作业性质可归纳为：货物检验、保管保养、装卸搬运、流通加工、包装和运输等内容，仓库作业流程如图 3－2 所示。上述作业阶段或作业环节，相互联系相互制约，形成一个完整的仓储作业系统。科学技术的不断发展，促使仓库机能也不断发展和完善。仓库在各个领域的作用越来越重要。"仓库"和"保管"的含义也正在逐步改变，从而对仓库管理提出了更高的要求：根据生产和流通的客观规律，合理的地组织各种物料的储存；准确迅速的组织好产品的入库、出库业务；努力提高仓库的利用率；提高库存物质的保管和养护、维修、配送；确保安全，提高效率；加速周转，提高经济效益。

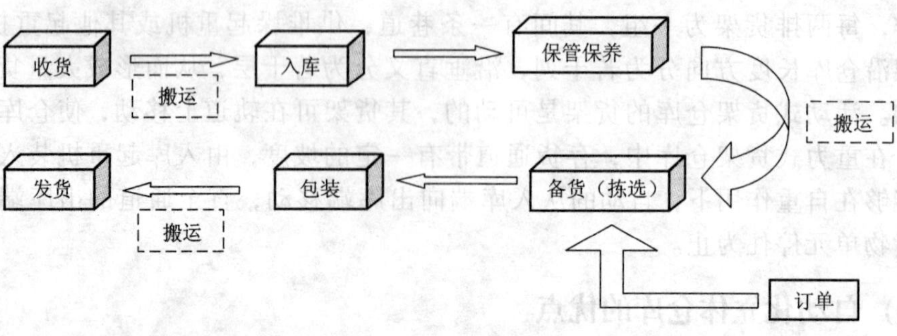

图 3－2　仓库作业流程图

第三节　货物的保管保养

一、保管的任务

（一）库存商品（物品）的变化及损耗

商品（物品）存储在仓库内，不可能不发生变化。库存商品变化的形式主要有物理变化、化学变化和生物变化等。

所谓物理变化，是指只改变商品本身的外部形态，而不改变其本质，不生成新的物质的变化。如挥发、溶化、熔化、干燥、变形等；库存商品的化学变化不仅改变物质的外部形态，而且改变物质的性质，并生成新的物质。库存商品常见的化学变化主要有：化合、水化、分解、水解、氧化、聚合、老化、风化等；库存商品的生物变化，是指库存商品受到生物和微生物的作用所发生的变化。如虫蛀、鼠咬、霉变、腐朽、腐败等。

库存商品的损耗包括有形损耗与无形损耗。有形损耗指库存商品不使用而产生的损耗。按其损耗的原因又分为异常损耗和自然损耗。由于非正常原因，如对商品保管不善、装卸搬运不当、管理制度不严所造成的锈蚀、变质、破损、丢失、燃烧等称为有形损耗。而自然损耗，是指商品在储存过程中，由于受自然因素的影响，本身发生物理或化学变化，所造成的不可避免的自然减量。其主要表现为：干燥、风化、挥发、粘结、散失、破碎等。

库存商品的自然损耗是不可避免的，但其损耗量应控制在规定的标准之内，若超出规定的标准，则视为不合理的损耗。衡量商品的自然损耗是否合理的标准是自然损耗率。自然损耗率是指在一定时间内和一定条件下，某种商品的损耗量与该商品库存量的百分比。不同商品在不同时间不同条件下的自然损耗率是不同的。无形损耗指由于更新、更好、更廉价的同类产品进入市场，致使库存商品贬值而产生的损耗。如机电产品、电子器件由于更新换代比较快，新的产品出现后，库存中同种类原产品就会贬值甚至报废，造成无形损耗。

库存商品的无形损耗所造成的损失是巨大的，从某种意义上讲，减少库存商品的无形损耗比减少其有形损耗更为重要。

（二）库存商品（物品）发生变化的因素

导致库存商品（物品）发生变化、损耗的原因，归纳起来有内因和外因两方面。

1. 内因

库存商品（物品）发生变化、损耗的内因主要指物品的化学成分、结构形态、物理化学性质、机械及工艺性质等。物品的化学成分不同，或者相同成分但成分的含量不同，都会影响物品的基本性质及抵抗外因侵蚀的能力。如普通低碳素钢中加入适量的铜和磷的成分，就能提高其抗腐蚀性能。物品的结构是指其原材料结构，通常分为晶体结构和非晶体结构；物品的形态主要分为固态、液态和气态。不同结构形态的物品，产生的变化形式和程度都不相同。

物品的物理化学性质由其化学成分和结构决定，表现的物理性质如挥发性、吸湿性、水溶性、导热性等；表现的化学性质如结构稳定性、燃烧性、爆炸性、腐蚀性等。

物品的机械性质是指其强度、硬度、韧性、脆性、弹性等；物品的工艺性质是指其加工程度和加工精度。不同机械及工艺性质的物品，其变化程度不同。

2. 外因

库存商品（物品）发生变化、损耗的外因很多，主要指温度、湿度、日光、大气、生物与微生物。适当的温度是物品发生物理变化、化学变化和生物变化的必要条件。对于易燃品、自燃品，温度过高容易引起燃烧；含有水分的物质，温度过低则会结冻生效等。大气的湿度对物品的变化影响也很大。怕湿的物品受潮，如金属会生锈、水泥会结块硬化等；怕干的物品如果过于干燥会开裂、变形等。日光实际上是太阳辐射的电磁波，按其波长有紫外线、可见光和红外线之分。紫外线能量最强，它可促使高分子材料老化、油脂酸败、褪色等；可见光和红外线能量较弱，能加速物品发生物理化学变化。大气由干洁空气、水汽、固体杂质所组成。空气中的氧气、二氧化碳、二氧化硫等，大气中的水汽、固体杂质等等，都对物品有很大危害作用。致使物品发生生物变化的生物指白蚁、老鼠、鸟类等，微生物主要有霉菌、木腐菌、酵母菌、细菌等。它们使有机物质发霉、木材及木制品腐朽等等。

内因是库存商品发生变化的决定因素，但外因通过内因起作用，作为商品保管工作，就是要采取技术措施，抑制外因，以减少、减缓库存商品（物品）的变化与损耗。

（三）商品（物品）保管的任务

商品保管的基本任务是，根据商品本身的特性及其变化规律，合理规划并有效利用现有仓储设施，采取各种行之有效的技术与组织措施，确保库存商品的质量与安全。其具体任务包括以下几方面：

1. 规划与配备仓储设施

仓储设施主要包括仓库建筑物和有关保管设备。对仓储设施要有全面规划，包括库区的平面布局、仓库建筑物的结构特点和保管设备类型等的确定。

2. 制定商品储存规划

商品储存规划是根据现有仓储设施和储存任务，对各类、各种商品的储存在空间和时间上作出全面安排。如分配保管场所，对保管场所的布置，建立良好的保管秩序等。合理的储存规划是进行科学养护的前提。

3. 提供良好的保管条件

各种商品具有不同的物理化学性质，要求相应的、良好的保管条件和保管环境。即要为商品保管创造一个温、湿度适宜，有利于防锈、防腐、防霉、防虫、防老化、防火、防爆的小气候。

4. 进行科学的保养与维护

根据不同的库存商品，采取一定的防治措施，抑制其变化，减少损失。如金属涂油防锈、有机物的防霉与救治、仓库害虫的杀灭、机电设备的检测与保养等。

5. 掌握库存商品信息

商品保管，除了对商品实体的保管，还要对商品信息进行管理。信息流和物流是密不可分的，信息流是物流的前提。在商品保管中，实物和信息两者必须一致。库存商品信息管理，主要包括各种原始单据、凭证、报表、技术证件、账卡、图纸、资料的填制、整理、保存、传递、分析和运用。

6. 建立健全必要的规章制度

建立健全有关商品保管的规章制度是做好商品保管的一个重要方面，如岗位责任制、经济责任制、盘点制、奖惩制等。

二、物资维护保养

货物维护保养是通过一定的环境条件及具体技术措施，保持使用价值。维护保养工作主要有以下几项：

1. 创造适合于物资储存的环境条件

(1) 温度条件。温度升高会促进各种类型的化学反应，也会影响形态化（如软化），造成储存物资的变化。根据不同物资确定不同的限制温度。

(2) 湿度条件。各种物资在一定含水率范围内能安全储存，控制储存环境湿度，使物资处于安全水分范围内，起到保护作用。

(3) 密封隔离条件。储存物资与其他外界物资的接触，是物资在储存期间劣化的因素之一，有的储存物需要在一定密封条件下才能保证质量。密封也能有效地创造一个适宜的湿度条件，对物资起到保护作用。

2. 对部分所存物资进行个别技术处置

(1) 个别物品的封装。需要特殊防护的物资，当环境条件不能满足要求时，可以个别进行封装，为其单独创造条件。

(2) 物资表面的喷涂防护。在物资表面涂油及喷施一层隔绝性物质，可以有效将所存物资与环境条件隔离开来，起到维护作用。

(3) 物资表面施以化学药剂。化学药剂的种类不同，可以起到防霉、防虫、防鼠作用。

(4) 气相防锈保护。在金属表面或四周施以挥发性缓蚀剂，尤其在金属制品周围挥发出缓蚀气体，达到防锈目的。

(5) 喷水增湿降温。在环境湿度或温度失控状况下，可以小面积个别喷水或浸水，以迅速防止化学反应的激烈进行，达到维护保养目的。

3. 进行救治防护

对已经发生变质损坏的物资，采取各种救治措施，以防止损失的放大，救治措施有除锈、破损修复、霉变的晾晒等。

第四节 库存控制

根据我国国家标准 GB/T 18354—2001《物流术语》，库存是指处于储存状态的物品。通俗地说，库存是指企业在生产经营过程中为现在和将来的耗用或者销售而储备的资源。广义的库存还包括处于制造加工状态和运输状态的物品。

一、库存的作用与弊端

（一）库存的作用

库存的作用主要体现在以下几个方面：

（1）维持销售商品的稳定。销售预测型企业对最终销售商品必须保持一定数量的库存，其目的是应付市场的销售变化。这种方式下，企业并不预先知道市场真正需要什么，只是按对市场需求的预测进行生产或采购，因而产生一定数量的库存是必需的。

（2）维持生产的稳定。企业按销售订单与销售预测安排生产计划，并制订采购计划，下达采购订单。由于采购的物品需要一定的提前期，这个提前期是根据统计数据或者是在供应商生产稳定的前提下制订的，但存在一定的风险，有可能会拖后而延迟交货，最终影响企业的正常生产，造成生产的不稳定，为了降低这种风险，企业就会增加材料的库存量。

（3）平衡企业物流。在企业的采购、供应、生产和销售各物流环节中，库存起着重要的平衡作用。

（4）平衡企业流动资金的占用。库存的材料、在制品及成品是企业流动资金的主要占用部分，因而库存量的控制实际上也是进行流动资金的平衡。例如，加大订购批量会降低企业的订购费用，保持一定量的在制品库存与材料会节省生产交换次数，提高工作效率，但这两方面都要寻找最佳控制点。

（二）库存的弊端

库存的作用都是相对的，也就是说，无论原材料、在制品还是成品，企业都在想方设法降低其库存量。库存的弊端主要表现在以下几个方面。

（1）占用企业大量资金。通常情况下，库存占企业总资产的比重大约为20% ~40%，库存管理不当会形成大量资金的积压。

（2）增加了企业的商品成本与管理成本。库存材料的成本增加直接增加了商品成本，而相关库存设备、管理人员的增加也加大了企业的管理成本。

（3）掩盖了企业众多管理问题，如计划不周、采购不力、生产不均衡、商品质量不稳定及市场销售不力、工人不熟练等情况。

二、库存控制的重要性

（一）库存控制是物流管理的核心内容

库存管理之所以重要，首先在于库存领域存在着降低成本的广阔空间，对于中国的大多数企业尤其如此。所以对于我国的企业来说，物流管理的首要任务是通过物流活动的合理化降低物流成本。例如：通过改善采购方式和库存控制方法，降低采购费用和保管费用，减少资金占用库存；通过合理组织库存内作业活动，提高搬运装卸效率，减少保管装卸费用支出等。

（二）库存控制是提高顾客服务水平的需要

在激烈的市场竞争中，不仅要有提供优质商品的能力，而且还要有提供优质物流服务的能力。再好的商品如果不能及时供应到顾客手中，同样会降低商品的竞争能力。要保证用户订购时不发生缺货，并不是一件容易的事情。虽然加大库存可以起到提高顾客服务率的作用，但是，加大库存不仅要占用大量资金，而且要占用较大的储存空间，会带来成本支出的上升。如果企业的行为不考虑成本支出，则是毫无意义的。对经营本身并不会起到支持作用，在过高成本下维持的高水平服务也不会长久。因此，必须通过有效的库存控制，在满足物流服务需求的情况下，保持适当的库存量。

（三）库存控制是回避风险的需要

随着科学技术的发展，新商品不断出现，商品的更新换代速度加快。如果库存过多，就会因新商品的出现使其价值缩水，严重的情况可能会一钱不值。从另一个角度看，消费者的需求在朝着个性化、多样化方向发展，对商品的挑剔程度在增大，从而导致商品的花色品种越来越多，这给库存管理带来一定难度，也使库存的风险加大。一旦消费者的需求发生变化，过多的库存就会成为陷入经营困境的直接原因。因此，在多品种小批量的商品流通时代，更需要运用现代库存管理技术科学地管理库存。

三、库存控制的任务

对于任何一个企业来说，无论库存过高或过低，都会给企业的生产或经营带来麻烦，因此，库存控制的任务是：

（一）用最低的费用

在适宜的时间和适宜的地点获得适当数量的原材料、消耗品、半成品和最终商品，即保持库存量与订购次数的均衡，通过维持适当的库存量，使企业资金得到合理的利用，从而实现盈利目标。

（二）减少不良库存

在大多数企业中，库存占企业总资产的比例都非常高，许多企业都存在库存过剩、库存闲置、积压商品、报废商品、呆滞品等不良库存问题。这是因为人们只重视库存保障供应的任务，忽视库存过高所产生的不良影响。

1. 库存过高的不良影响

（1）使企业资本固化。库存过高将使大量的资本被冻结在库存上，当库存停滞不动时，周转的资金越来越短缺，使企业利息支出相对增加。

（2）加剧库存损耗。库存过高的必然结果是使库存的储存期增长，库存发生损失和损耗的可能性增加。

（3）增加管理费用。企业在维持高库存、防止库存损耗、处理不良库存方面的费用将大幅度增加。

2. 不良库存产生的原因

(1) 计划不周。计划不周或制订计划的方法不当，就会出现计划与实际的偏差，使计划大于实际，从而导致剩余库存。

(2) 生产计划变更。企业生产计划的变更会带来一定数量的原材料或产成品的过剩，如果不及时进行调整，就会转变为不良库存。

(3) 销售预测失误。销售部门对客户可能发生的订单数量估计错误，也将使采购、生产等部门的采购计划和生产计划与实际需求产生偏差，进而出现库存剩余的情况。

四、影响库存水平的因素

影响库存水平的因素可谓众多，一般可以利用因果分析，从经营、生产、运输、销售和订购周期五个方面对库存要因进行分析。

(一) 从经营方面看

经营的目标满足客户服务的要求，因而必须保持一定的预备库存。但要实现利润最大化，就必须降低订购成本，也要降低生产准备成本，更要降低库存持有成本，因而库存量水平的高低需要在这些因素中进行权衡。

(二) 从生产方面看

商品特性、生产流程和周期以及生产模式都将在许多方面对库存产生影响。例如：季节性消费的商品——圣诞传统礼品、饰品等，就不能够完全等到节日到来之时才突击生产，通常都按订单提前进行均衡生产，这样就必然在一定时期内形成大量库存。

(三) 从运输方面看

在运输问题上，运输费用、运输方法、运输途径对库存水平的影响都很大，运输效益与库存效益之间存在极强的二律背反关系。

(四) 从销售方面看

销售渠道对库存的影响也是显著的，环节越多库存总水平就会越高，减少流通环节就能减少流通过程中的库存。客户服务水平与库存之间存在极强的二律背反关系，高的客户服务水平通常需要高库存来维持，但是库存管理成本不能超过由此带来的库存成本节约。客户订购的稳定性对销售库存的影响可以通过加强客户关系维护与管理、提高销售预测的精确度来纠正可能或已经发生的偏差。

(五) 从订购周期看

订购周期是指从确定对某种商品有需求到需求被满足之间的时间间隔，也称为提前期。其中包括了订单传输时间、订单处理和配货时间、额外补充存货时间以及采购装运交付运输时间四个变量。这些因素都在一定程度上对库存水平造成影响。

五、合理库存量的确定

库存管理者的责任就是测量特定地点现有库存的单位数和跟踪基本库存数量的增减。这种测量和跟踪可以手工完成，也可以通过计算机技术完成。其主要的区别是速度、精确性和成本。这个测量和跟踪的过程主要包括确定库存需求、补充订购、入库和出库管理等方面。其中库存需求量的确定需要在需求识别和需求预测的基础上进行。

企业确定库存量的依据很多，其中采用经济订购批量是最普遍的做法。但由于持有库存的目的是为了满足客户的服务需求，所以，库存量与服务水平的平衡是在经济订购批量条件下最突出的问题。企业的年销售目标（计划）、商品月需求量的变动、毛利率与周转率的关系等也都是库存量决策的参考。不过，实际情况可能会更加复杂。例如：一些流行商品的库存决策完全不容进行太多的分析，还有许多企业的在库存商品上可使用的资金非常有限。对于库存的数量应该保有多少是最佳的状态，要根据整个运作成本来确定。配送中心从补货到入库再到库存管理，直至能否满足顾客的要求，都涉及一定的成本，对于任何一个企业来讲，追求的目标都是利益最大化，因此进行库存量控制的标准是：整个供应到销售的过程中总成本最低。

（一）库存量的影响因素

1. 库存量与服务水平的平衡

对于大多数企业来讲，如果要增加销售额，就必须满足客户的需求，就需要增加商品库存。但是在增加库存的拥有量（拥有额）的同时，营业利润则会下降。商品处于库存形态时相当于流动资金被冻结，无法产生任何利润，而且还要面对各种可能出现的损失。对于库存水平与服务质量之间的权衡很难用一个恰当的公式来计算，因此，能够保证客户服务需求的库存量就是一个比较合理的库存量。

2. 企业的年销售目标

对于大多数企业来讲，经营首要的工作就是制订销售计划，设定企业全年的销售目标，然后就可以根据行业标准周转率的概念来计算年度平均库存量。计算公式为：

商品平均库存额＝年度销售计划/行业标准周转率

标准周转率的选用可以利用企业自己所设立的目标周转率，也可以参考有关部门编制的经营指南。

例 3－1　某企业 2006 年度的销售目标为 3 000 万元，行业标准周转率为 15 次/年，那么该企业的年度平均库存额是 200 万元。计算过程如下：

商品平均库存额＝3 000/15＝200（万元）

365/15≈24（天/次）

预算结果是该企业年度平均库存额为 200 万元，大约 24 天周转一次。但是实际情况却并非如此，因为通常情况下企业不可能在一年中的任何时间都持有相等的库存。市场行情随时都在发生变化，并立即带来商品需求量的波动。此外还有许多商品的需求是有季节性的，消费者的喜好也在不断地变化中。这些不确定的因素导致了商品需求量的变动，因此企业不可能也不应该长时间保持固定库存量。

3. 月需求量的变动

商业结算通常都以月为结算周期，因此商品库存可以参照已经发生的月需求变动来推算下月初应有的库存额，计算公式为：

月初库存额 = 年度平均库存额 × 1/2 ×（1 + 季节指数）

季节指数 = 该月销售目标或计划/月平均销售额

例3-2 某公司年度销售目标（计划）为6亿元，预计年度周转率为15次，由于市场需求量下降，一季度实现销售额每月平均4 000万元，预计4月份销售额为3 760万元，那么该公司4月期初库存额应调整为3 880万元。计算过程如下：

月初库存额 = 年度平均库存额 × 1/2 ×（1 + 季节指数）

= 600 000 000/15 × 1/2 ×（1 + 37 600 000/40 000 000）

= 38 800 000

4. 商品毛利率与周转率的关系

通常情况下周转率高的商品毛利率低，而周转率低的商品毛利率则比较高。最显著的事例是价格昂贵的商品流转速度都比较慢，而日用消耗品的流转速度则比较快。因此企业可以依据商品的这种属性来制订不同商品库存策略。这个问题可以利用交叉比率来进行分析。交叉比率是商品周转率和毛利率的乘积，计算公式为：

交叉比率 = 商品周转率 × 毛利率 × 100%

通过公式可以看出一旦毛利率下降，就必须采用提高周转率的对策才能保持良好的交叉比率。换个角度来讲，如果公司采用的是低价策略，就必须通过提高商品周转率来增加销售额，而足够的库存是保证销售的前提。

（二）确定库存量的依据

由于进行库存量控制的标准是整个供应到销售的过程中总成本最低，在这一过程中，涉及的成本如下：

1. 订货成本

为补充库存而进行的每一次订货都涉及多种业务活动，这些活动都会给企业带来成本。这些成本包括准备订单及所有附属文件的办公及通信成本，安排货物接收，以及处理和保持所需信息的各种成本。

2. 价格折扣成本

在许多行业，供应商都对大批量采购提供价格折扣。对于小批量订货，供应商则可能收取附加费用。

3. 缺货成本如果因订货批量决策失误发生缺货，企业便会因不能满足用户需求而遭受损失。如果用户是外部的，它们可能会向其他企业采购；而对于内部用户，缺货会导致生产设备闲置、效率低下，以及最终导致不能满足外部用户需求。

4. 库存占用流动资金的成本

在购方发出补充库存订单后，供应商将要求购方为其商品付款。当购方公司最终又向其用户供货时，又会从其用户得到付款。然而，在向供方付款与得到用户付款之间会存在时差。在此期间，库存占用了企业的流动资金，其成本体现为外借资金利息支出，或不能将资金投资于他处所导致的机会成本。

5. 存储成本

这是指货物实体存储所导致的费用。房租、供暖、雇员和仓库照明费用也是高昂的，当要求特殊仓储条件，如需要低温或高度安全的仓库时，尤其如此。

6. 废弃成本

如果企业订货批量很大，库存产品便会在仓库中储存很长时间。在这种情况中，产品或者可能过时（如因时尚变化），或者可能变质（如多数食品的情况）。

对于具体库存量的大小，以及订货时间的确定，将在后续中具体的模型中介绍。

六、库存分类管理

要对库存进行有效的管理和控制，首先要对存货进行分类。常用的存货分类方法有ABC 分类法和 CVA 分类法。

（一）ABC 分类法

ABC 分类法又称重点管理法或 ABC 分析法。它是一种从名目众多、错综复杂的客观事物或经济现象中，通过分析找出主次，分类排队，并根据其不同情况分别加以管理的方法。该方法是根据巴雷特曲线所揭示的“关键的少数和次要的多数”的规律在管理中加以应用的。通常是将手头的库存按年度资金占用量分为三类：

A 类是年度货币量最高的库存，这些品种可能只占库存总数的 15%，但用于它们的库存成本却占到总数的 70% ~80%；

B 类是年度货币量中等的库存，这些品种占全部库存的 30%，占总价值的 15% ~25%；

那些年度货币量较低的为 C 类库存品种，它们只占全部年度货币量的 5%，但却占库存总数的 55%。

除资金量指标外，企业还可以按照销售量、销售额、订购提前期、缺货成本等指标将库存进行分类。通过分类，管理者就能为每一类的库存品种制订不同的管理策略，实施不同的控制。建立在 ABC 分类基础上的库存管理策略包括以下内容，如表 3 -1 所示：

表 3 -1　　不同类型库存的管理策略

库存类型	特点（按货币量占用）	管理方法
A	品种数约占库存总数的 15%，成本约占 70% ~80%	进行重点管理。现场管理要更加严格，应放在更安全的地方；为了保持库存记录的准确要经常进行检查和盘点；预测时要更加仔细
B	品种数约占库存总数的 30%，成本约占 15% ~25%	进行次重点管理。现场管理不必投入比 A 类更多的精力；库存检查和盘点的周期可以比 A 类要长一些

续表 3-1

库存类型	特点（按货币量占用）	管 理 方 法
C	成本也许只占成本的5%，但品种数量或许是库存总数的55%	进行一般管理。现场管理可以更粗放一些；但是由于品种多，差错出现的可能性也比较大，因此也必须定期进行库存检查和盘点，周期可以比B类长一些

利用ABC分析法可以使企业更好地进行预测和现场控制，以及减少安全库存和库存投资。ABC分类法并不局限于分成三类，可以增加，但经验表明，最多不要超过五类，过多的种类反而会增加控制成本。

（二）CVA管理法

ABC分类法也有不足之处，通常表现为C类商品得不到应有的重视，而C类商品往往也会导致整个装配线的停工。因此，有些企业在库存管理中引入了关键因素分析法（Critical Value Andysis，CVA）。

CVA法的基本思想是把存货按照关键性分成3~5类，即：

（1）最高优先级。这是经营的关键性商品，不允许缺货。

（2）较高优先级。这是指经营活动中的基础性商品，但允许偶尔缺货。

（3）中等优先级。这多属于比较重要的商品，允许合理范围内的缺货。

（4）较低优先级。经营中需用这些商品，但可替代性高，允许缺货。

按CVA库存管理法所划分的库存种类及其管理策略如表3-2所示。

表3-2 CVA法库存种类及其管理策略

库存类型	特 点	管理措施
最高优先级	经营管理中的关键物品，或A类重点客户的存货	不许缺货
较高优先级	生产经营中的基础性物品，或B类客户的存货	允许偶尔缺货
中等优先级	生产经营中比较重要的物品，或C类客户的存货	允许合理范围内缺货
较低优先级	生产经营中需要，但可替代的物品	允许缺货

CVA管理法比起ABC分类法有着更强的目的性。但在使用中，人们往往倾向于制订高的优先级，结果高优先级的商品种类很多，最终哪种商品也得不到应有的重视。CVA管理法和ABC分析法结合使用，可以达到分清主次、抓住关键环节的目的。在对成千上万种商品进行优先级分类时，也不得不借用ABC分类法进行归类。

第五节 库存控制技术

企业当然可以保持很多的库存，进而在任何可预见的需求水平都可以保证供应。保持库存会导致费用支出和效率损失。如何让库存保持在一个合理的水平，即配送中心要确定补什么货；补货量是多少；什么时间补货？

通常使用的库存控制系统有以下三种类型。定量订货系统（固定订货数量，可变订货间隔）；定期订货系统（固定订货间隔，可变订货数量）；需求驱动精益供应系统（按生产需求的准确数量及时间订货）。

一、定量订货法库存控制

（一）定量订货法库存控制原理

定量库存控制也称订购点控制，是指库存量下降到一定水平（订购点）时，按固定的订购数量进行订购的方式。该方法的关键在于计算出订购点时的库存量和订购批量，对于某种商品来说，当订购点和订购量确定后，就可以利用永续盘点法实现库存的自动管理。

1. 订购点的确定

订购点，即配送中心进行补货时的库存量。订购点的确定则取决于交货期或订货提前期的需要量和安全库存量。即订购点 = 平均速度交货期的需求量 + 安全库存量。

订购点(ROL)的数学表达式为：$ROL = (Rd \times L) + S$

式中：Rd 为需求或使用速度（月/天/周）；L 为交货期（月/天/周）；S 为安全库存量。

例如，当需求或使用速度为每周 100 件，交货期为 3 周，安全库存为 200 件时，R0L 为：

$ROL = (100 \times 3) + 200 = 500$（件）

图 3－4 表明了基本的再订货水平模型。它显示了一种理想的情况，即库存以不变的速度被减少，而下一次到货正好发生于安全库存水平。

2. 订货量的确定

在前面，关于库存量的确定问题，已经给出了一个基本的思路，即以总成本最低作为依据，订货量也是一样，到底订货量是多少，才能使总成本最低。

下面讨论经济订货批量问题：

库存总成本最小的订购量称为经济订购批量，简称订货量。经济订购批量如图 3－3 所示，图中为订购量。这里描述了三个库存周期，每一周期都以 1 个单位为开始，它是固定订购批量。刚收到订购时，库存水准为 1 个单位，物品按斜率为负值的斜线表示的某一固定需求率出库。当库存量降至再订货点时，就按单位发出一批新的订购，经过一固定的交货期后，商品便到达入库。这是一个经济订购批量模型在确定性条件下应用的例子。

简单模型的基本假设如下：

（1）需求量确定并已知，整个周期内的需求是均衡的。

（2）供货周期固定并已知。

（3）集中到货。而不是陆续入库。

（4）不允许缺货，能满足所有需求。

（5）购买价格或运输费率等是固定的，并与订购的数量、时间无关。

（6）没有在途库存。

(7) 只有一项商品库存，或虽有多种库存，但各不相关。

(8) 资金可用性无限制。

前四条假设密切相关，是确定性条件成立的基本前提。在每一相关时间间隔（每天、每周或每月）需求是已知的并与时间呈线性关系。库存消耗的速率是固定的，补充库存所需时间长度是已知的。换句话说，订购与收货之间的提前时间是固定的，这表明在原有库存用完之前所订商品刚好到达，因此不需考虑缺货情况及缺货损失。对于价格固定的假设表明没有价格折扣，而且价格相对稳定，无在途库存假设意味着商品以买方工厂交货价为基础购买（购买价格包含运费）并以卖方工厂交货价（买方负责运输）出售。这表明企业在购货时，直到收到所买商品才拥有所有权；在购货时，商品所有权在商品离开工厂或装运点就转移了。

如果作出这些假设，企业就不用负责在途商品，即没有在途存货储存成本。许多企业库存有多种商品，单项物品的假设并没有脱离现实，可以对每一项重要的库存商品单独作决策。但由于没有考虑各种商品之间的相互作用，所以和现实会有一定的差距。资金的可用性在一些情况下是非常重要的，如果对库存的资金有某些限制，可作为批量模型一个约束条件。

在以上假设前提下，简单模型只考虑两类成本，即库存持有成本与订购成本。订购成本和库存持有成本随着订购次数或订购规模的变化而呈反方向变化，起初随着订购批量的增加，订购成本的下降比库存持有成本的增加要快，即订购成本的边际节约额比库存持有成本的边际增加额要多，使得总成本下降。当订购批量增加到某一点时，订购成本的边际节约额与库存持有成本的边际增加额相等，这时总成本最小。此后，随着订购批量的不断增加，订购成本的边际节约额比库存持有成本的边际增加额要小，导致总成本不断增加。总之，随着订购规模（或生产数量）的增加，持有成本增加，而订购成本降低，总成本线呈 U 形。其关系如图 3－4 所示。

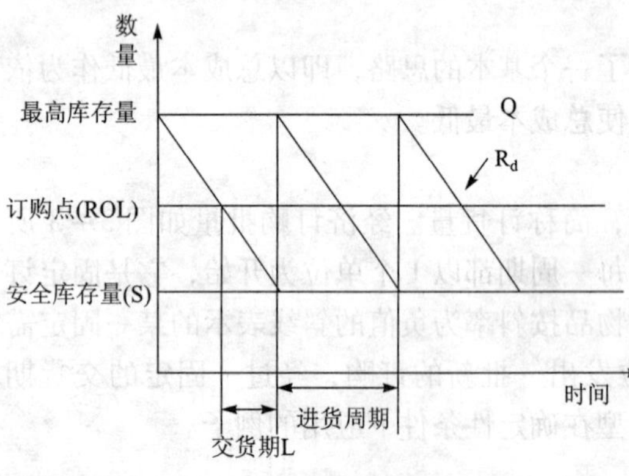

图 3－3　定量库存控制模型

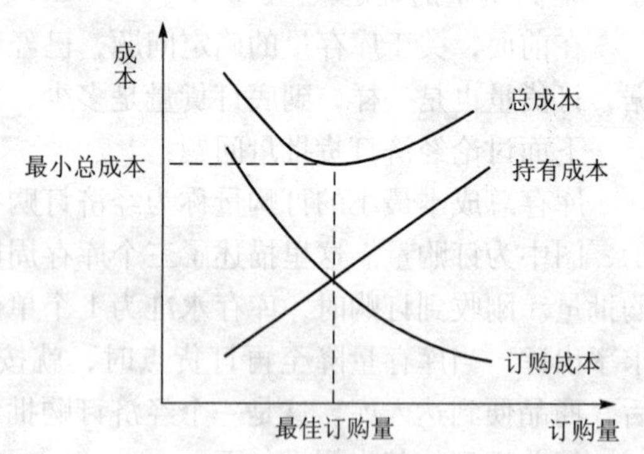

图 3－4　总成本与订购量的关系

如果只考虑库存持有成本，则订购批量越小越好。而总订购成本随订购批量的增加而减少，如果只考虑订购成本，则订购批量越大越好。因此，应权衡考虑两种成本，使总成本达到最小的订购批量即为最优订购批量。

（二）库存持有成本

库存持有成本是指为保持库存而发生的成本，它可以分为固定成本和变动成本。固定成本与库存数量的多少无关，如仓库折旧、仓库职工的固定月工资等；变动成本与库存数量的多少有关，如库存占用资金的应计利息、破损和变质损失、安全费用等。变动成本主要包括以下四项成本：资金占用成本、存储空间成本、库存服务成本和库存风险成本。

1. 资金占用成本

资金占用成本有时也称为利息成本或机会成本，是库存资本的隐含价值。资金占用成本反映失去了盈利能力。如果资金投入其他方面，就会要求取得投资回报，因此资金占用成本就是这种尚未获得的回报的费用。

一般来说，资金占用成本是库存持有成本的一个最大组成部分，通常用持有库存的货币价值的百分比来表示。

2. 存储空间成本

这项成本包括与商品运入、运出仓库有关的搬运成本以及储存中发生的成本。如：租赁、取暖、照明等。存储空间成本仅随库存水平的提高或降低而增加或减少。如果利用公共仓库，有关搬运及存储的所有成本将直接随库存的数量而变化。

3. 库存服务成本

这项成本主要指安全及税金。根据商品的价值和类型，商品丢失或损坏的风险高，就需要较高的风险金。另外，许多国家将库存列入应纳税的财产，高水平库存导致高税费。安全及税金将随商品不同而有很大变化，但在计算存货储存成本时，必须要考虑它们。

4. 库存风险成本

库存风险成本反映了一种非常现实的可能性，即由于企业无法控制的原因，造成的库存贬值。

由于库存持有成本中的固定成本是相对固定的，与库存数量无直接关系，它不影响库存控制的决策，所以可以通过以下步骤计算（单一品种库存）库存持有成本：

第一步，确定这种库存的价值。其中先进先出法、后进先出法或平均成本法是常用的方法。因为无论提高或降低库存水平，与库存价值的变动成本相关，而与固定成本无关。因此，与库存决策最相关的商品价值是商品的买价。

第二步，估算每一项库存持有成本占商品价值的百分比，然后将各百分比数相加，得到库存持有总成本占商品价值的比例，这样库存持有成本就用库存价值百分比来表示，如表3－3所示。

表3－3　库存持有成本的确定

成本类别	成本占库存价值的百分比
仓库租金、折旧、作业成本	6%（3%～10%）
设备租金、折旧、能源、作业成本	3%（1%～3.5%）
进行额外处理的劳动力成本	3%（3%～5%）
借贷成本、税收、库存安全	11%（6%～24%）
被偷窃、积压和废旧库存	3%（2%～5%）
库存持有成本合计	26%

最后一步，用库存持有成本合计乘以商品价值，这样就估算出保管一定数量库存的年成本。

（三）订购成本

订购成本是指企业向外部的供应商发出采购订单的成本，是企业为了实现一次订购而进行的各种活动费用的总和。订购成本中有一部分与订购次数无关，如常设采购机构的基本开支等，称为订购的固定成本；另一部分与订购的次数有关，如差旅费、邮资等，称为订购的变动成本。具体来讲，订购成本包括与下列活动相关的费用：

（1）检查存货水平；

（2）编制并提出订购申请；

（3）对多个供应商进行调查比较，选择最合适的供货商；

（4）填写并发出订购单；

（5）填写、核对收货单；

（6）验收发来的商品；

（7）筹备资金并进行付款。

这些成本很容易被忽视，但在考虑涉及订购、收货的全部活动时，这些成本很重要。

已知上述假设，年总成本可由下面公式表示：

$$TC = DP + DC/Q + QK/2$$

为了获得使总成本达到最小的 Q，即经济订购批量，将 TC 函数对 Q 微分：

$$EOQ = \sqrt{2CD/K} \text{或} \quad EOQ = \sqrt{2CD/PF}$$

取消一些假设的经济订货批量模型（EOQ）：

在实际订货过程中，会涉及很复杂的情况，这样假设条件也会越来越少，如在订货的过程中会有一定的价格折扣，补货的速度会有一定的变化等，对于不同的企业和不同的商品都会有一定的差别。下面将讨论价格折扣和补货速度的变化对经济订货批量的影响。

1. 库存被逐渐补充时的 EOQ

在某些情况中，所订货物不是在某一特定时间一次到货，而是在一定时期中分批到货。此时，库存的补充是通过多次到货，而不是一次到货而逐渐实现的。这样的例子如，在杂货和服装零售行业中，库存是以连续补充库存（CR）方式保持的。供应商得到的合同是在某一时期中连续有效的（如一或两季）。在这一期间，它们从零售商的销售点（POS）系统或条码扫描器直接得到库存变化信息。当库存下降时，供应商按合约规定直接向零售点送货以保持其拥有最低库存量。类似的合约也应用于向医院和保健产业供应医疗用品，以及向生产企业供应原料及部件。

连续补充库存系统将供应商直接与买方的持续需求联系了起来，进而排除掉了中间库存。这加快了库存补充速度和周转，并减少了库存及相应成本。

库存一方面被逐渐地补充，一方面又在逐渐地被提取，以满足企业生产需求。只要库存供应速度（Rs）（例如以每周供货单位度量）高于内部及外部用户的需求速度（Rd），库存的数量便会增加。然而，一旦供应停止，库存便会连续下降，直至新一批订货的到来。

$$EOQ=\sqrt{\frac{2CD}{PF(1-Rd/Rs)}}$$

式中：Rd 为需求速度（如：单位/周）；Q 为订货批量；Rs 为合约约定供货速度（如：单位/周）。

其他变量与前面的公式相同。

这种补货方式一般适用于散装原材料或组装用零部件产品，相对应的供应方式是由初始供应商以密切配合的方式向最终组装厂商供货。适用的产业包括诸如汽车制造业或消费品生产产业。

2. 价格折扣对经济订货批量的影响

在某些场合，供应商对不同批量的订货实行不同的价格，往往是随着订货批量的增大而提供更大的价格折扣。由于上述原因，不能假设既定的价格总是适用于 EOQ 公式。在这种场合，有必要确定在各种减价水平的持有成本和订货成本。如某公司的补货数量与价格的关系出现变化时，如表 3-4 所示。

表 3-4　　价格对订货批量的影响

经济订货批量	补货批量	价格	订货次数/年	平均库存量	年成本（采购 9 000 个）			
					采购	订货	持有	总计
EOQ	200	90	45	100	810 000	2 700	2 700	815 400
	270	89	33	135	801 000	1 980	3 605	806 585

以上数据表明，某公司利用价格折扣，尽管会由于增加订货批量而导致更高的库存量和持有成本，但可以使总成本下降。

定量控制中固定的订购批量就是周转库存需要量，也就是两次进货间隔期间内的合理库存量。安全库存量则是为了应对备运时间内的相关变动而建立的，包括不能按时到货、实际备运时间超过平均备运时间而增加的库存需要，也包括备运时间内实际的一日需要量超过计划需要量而增加的需求量。

例 3-3　光大公司是一家医用针头供应商。该公司为了降低库存成本，采用订购点法控制库存。这种针头的年需求量为 1 000 单位，准备或订购成本为每次 10 元，每年每单位商品的持有成本为 0.5 元，根据以上数据，可以计算出光大公司每次订购的最佳数量为 200 单位。如果安全库存为 3 天，订购备运时间为 4 天，那么该公司的订购点为 20 单位。计算过程如下：

$$EOQ=\sqrt{\frac{2CD}{K}}=\sqrt{\frac{2\times 1\,000\times 10}{0.5}}=\sqrt{40\,000}=200\text{（单位）}$$

$$\text{安全库存量}=\frac{1\,000}{360}\times 3\approx 9\text{（单位）}$$

$$\text{订购点}=\text{日平均需求量}\times\text{备运时间}+\text{安全库存量}$$

$$=\frac{1\,000}{360}\times 4+9\approx 20\text{（单位）}$$

定量库存控制方法的简化形式为双堆法，也称为分存控制法。这种方法是将订购点数量从库存量中分出，并单独存放或画出明显标志，如图 3－5 所示，当库存只剩下订购点一堆（或一箱）时即提出订购请求，每次订购固定数量的商品。还可以将安全库存再从订购点一堆中分出，称为三堆法。

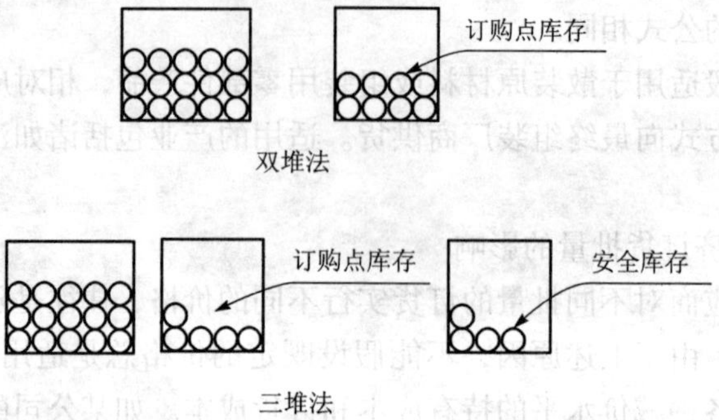

图 3－5　双堆法和三堆法示意图

双堆法和三堆法简便易行，无须经常盘点，没有持续的库存记录，可以直观地识别订购点以便及时组织订购。这种方法比较适合于价值低、备运时间短、供应充足的商品。

（四）定量订货法库存控制的优缺点和适用范围

1. 订购点法的优点

（1）管理简便，订购时间和订购量不受人为判断的影响，保证库存管理的准确性；

（2）由于订购量一定，便于安排库内的作业活动，节约理货费用；

（3）便于按经济订购批量订购，节约库存总成本。

2. 订购点法的缺点

（1）不便于对库存进行严格的管理；

（2）订购之前的各项计划比较复杂。

3. 订购点法的适用范围

（1）单价比较便宜，而且不便于少量订购的物品，如螺栓、螺母等 C 类物资；

（2）需求预测比较困难的物品；

（3）品种数量多，库存管理事务量大的物品；

（4）消费量计算复杂的物品以及通用性强、需求总量比较稳定的物品等。

二、定期订货法库存控制

（一）定期订货法库存控制原理

定期库存控制方法也称为固定订购周期法，这种方法的特点是按照固定的时间周期来订购（一个月或一周等），而订购数量则是变化的。一般都是事先依据对商品需求量的预测，确定一个比较恰当的最高库存额，在每个周期将要结束时，对库存进行盘点，决定订购量，商品到达后的库存量刚好到达原定的最高库存额。如图 3－6 所示。

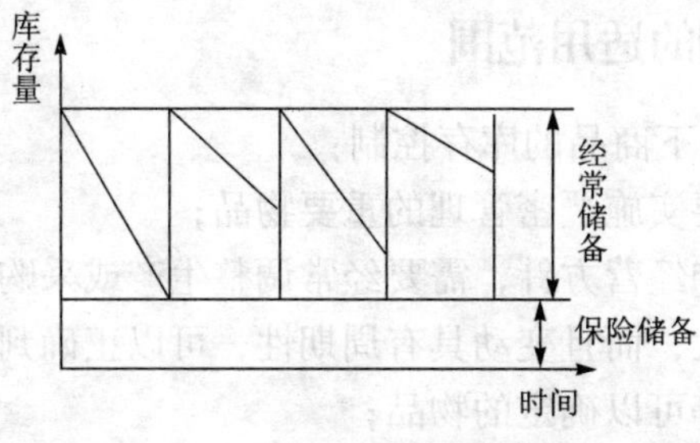

图 3-6　定期库存控制模型

与定量库存控制方法相比，这种方法不必严格跟踪库存水平，减少了库存登记费用和盘点次数。价值较低的商品可以大批量购买，也不必关心日常的库存量，只要定期补充就可以了。食品店就经常使用这种方法，有些食品每天进货，有些每周进一次，另一些可能每月才进一次货。

如果需求和订购提前期是确定的，并且可以提前知道，那么使用固定订购周期法时，每周期的订购量是一样的。如果需求和订购提前期都不确定，那么每周期的订购量就会有所不同。

这种方法的关键在于确定订购周期和最大库存量。订购周期是指提出订购、发出订购通知、直至收到订购的时间间隔。最大库存量是满足订货周期和订货提前期的库存以及安全库存的要求。下面就这两个问题进行讨论：

1. 订货周期的确定

订货周期来自于经济的订货批量，下面以一个实例来说明：如果某产品的需求量（D）为每年 2 000 个单位，价格为每单位 2.5 元，每次订货的订货成本（C）为 25 元，年持有成本率 F 为 20%，有：

各次订货之间的最优检查间隔期 Tr 为：

$$Tr = ECQ/D = 447/2\,000 = 0.223\,5\text{（年）} = 2.7\text{ 月（即每 2 月 3 周）}$$

2. 确定最大库存水平

定期检查系统所需要考虑的第二个关键问题当然是计算最大库存水平（Imax）。这一水平决定了安全库存水平，并且是自动确定每次订货批量的基础。

最大库存量应该满足三个方面的要求，订货周期的要求、交货期或订货提前期的要求和安全库存。计算公式如下：

$$Imax = Rd(T + L) + S$$

式中：L 为平均订购时间；Rd 为需求速度；T 为订购间隔时间；S 为安全库存量。

采用这种库存管理的方法进行订购时，每次的订货量 Q 的计算公式如下：

$$Q = Rd(T + L) + S - Q_0 - Q_1 + Q_2$$

式中：L 为平均订购时间；Rd 为需求速度；T 为订购间隔时间；S 为安全库存量；Q_0 为现有库存量；Q_1 为在途库存量；Q_2 为已经售出尚未提货的库存量。

（二）定期库存控制的适用范围

定期库存控制法适用以下商品的库存控制：

（1）消费金额高，需要实施严密管理的重要物品；

（2）根据市场的状况和经营方针，需要经常调整生产或采购数量的物品；

（3）需求量变动幅度大，而且变动具有周期性，可以正确判断的物品；

（4）建筑工程、出口等可以确定的物品；

（5）设计变更风险大的物品；

（6）多种商品采购可以节省费用的情况；

（7）同一品种物品分散保管，同一品种物品向多家供货商订购，批量订购分期入库等订购、保管、入库不规则的物品；

（8）需要定期制造的物品等。

（三）安全库存控制

许多企业都会考虑保持一定数量的安全库存，以防在需求或提前期方面的不确定性。但是困难在于确定什么时候需要保持多少安全库存。安全库存太多库存过剩，而安全库存不足则意味着缺货或失销。

安全库存每一追加的增量都造成效益的递减。如果安全库存量增加，那么缺货概率就会减少。在某一安全存货水平，储存额外数量的成本加期望缺货成本会有一个最小值，这个水平就是最优水平。高于或低于这个水平，都将产生净损失。

1. 缺货成本计算

缺货成本是由于外部和内部中断供应所产生的。当企业的客户得不到全部订购时，叫做外部短缺；而当企业内部某个部门得不到全部订购时，叫做内部短缺。如果发生外部短缺，将导致发生延期交货、失销、失去客户的情况。

（1）延期交货。延期交货的补救可以有两种形式，一种是缺货商品在下次规则订购中得到补充，另一种是利用更快速的工具交货。如果客户愿意等到下次规则订购，那么公司实际上没有什么损失。但如果经常缺货，客户可能就会转向其他供货商。

商品延期交货的损失主要在于会发生特殊订单处理和运输费用。延期交货的特殊订单处理费用要比普通处理费用高。由于延期交货经常是小规模装运，运输费率相对要高，而且，延期交货的商品可能需要从另一地区的一个工厂仓库供货，进行长距离运输。另外，可能需要利用速度快、收费高的运输方式运送延期交货商品。因此，延期交货成本可根据额外订单处理费用和额外运费来计算。

（2）失销。尽管一些客户可以允许延期交货，但是仍有一些客户会转向其他供货商，换句话说，许多公司都有生产替代商品的竞争者，当一个供货商没有客户所需的商品时，客户就会从其他供货商那里订购，在这种情况下，缺货导致失销。对于卖方的直接损失是这种商品的利润损失。这样，可以通过计算这种商品的利润乘上客户的订购数量来确定直接损失。

关于失销，需要指出以下三点：

首先，除了利润的损失，还包括当初负责这笔业务的销售人员的精力浪费，这就是机会损失。

其次，很难确定在一些情况下的失销总量。例如，许多客户习惯电话订购，在这种情况下，客户只是询问是否有货，而未指明要订购多少，如果这种商品没货，那么客户就不会说明需要多少，卖方也就不会知道损失的总量。

第三，很难估计一次缺货对未来销售的影响。

(3) 失去客户。第三种可能发生的情况是由于缺货而失去客户，也就是说，客户永远转向另一个供货商。如果失去了客户，企业也就失去了未来一系列收入，这种缺货造成的损失很难估计，需要用管理科学的技术以及市场营销的研究方法来分析和计算。除了利润损失，还有由于缺货造成的信誉损失。信誉很难度量，在库存决策中常被忽略，但它对未来销售及企业经营活动非常重要。

为了确定需要保持多少库存，有必要确定如果发生缺货而造成的损失。

第一步，分析发生缺货可能产生的后果，包括：延期交货、失销和失去客户。

第二步，计算与可能结果相关的成本，即利润损失。

最后，计算一次缺货的损失。

如果增加库存的成本少于一次缺货的损失，那么就应增加库存以避免缺货。如果发生内部短缺，则可能导致生产损失（人员和机器的闲置）和完工期的延误。如果由于某项物品短缺而引起整个生产线停工，这时的缺货成本可能非常高。尤其对于实施 JIT 管理的企业来说更是这样。

2. 定量订货法安全库存量的计算

对于安全库存量的计算，可以根据顾客需求量变化、提前期固定，提前期变化、顾客需求量固定或者两者同时变化三种情况分别计算。

(1) 需求量变化，提前期固定。假设需求的变化服从正态分布，由于提前期是固定的数值，因而可以根据正态分布图，直接求出在提前期内的需求分布均值和标准差，或通过直接的期望预测，以过去提前期内的需求情况为依据，确定需求的期望均值。在这种情况下，安全库存量的计算公式为：

$$S = ZQ_d\sqrt{L}$$

式中：Q_d 为提前期内的需求量的标准差；L 为提前期的时间；Z 为一定客户服务水平下需求量变化的安全系数。

表 3－5　　客户服务水平与安全系数（Z）对应关系的常用数据

服务水平	0.999 8	0.99	0.98	0.95	0.90	0.80	0.70
安全系数	3.50	2.33	2.05	1.65	1.29	0.84	0.53

例 3－4　某超市的某种食用油平均日需求量为 1 000 瓶，并且食用油的需求情况服从标准差为 20 瓶/天的正态分布，如果提前期是固定常数 5 天，如客户服务水平不低于 95%，那么可以计算出该食用油安全库存量约为 74 瓶，计算过程如下：

已知 $Q_d = 20$ 瓶/天，L = 5 天，F（Z） = 95%，查表 3－5 可知 Z = 1.65，代入公式

$$S = ZQ_d\sqrt{L} = 1.65 \times 20 \times \sqrt{5} \approx 74\text{（瓶）}$$

（2）需求量固定，提前期变化。当提前期内的客户需求情况固定不变，而提前期的长短随机变化时，安全库存量的计算公式如下：

$$S=ZR_dQ_t$$

式中：Z 为一定客户服务水平下需求量变化的安全系数；Q_t为提前期的标准差；R_d为提前期内的日需求量。

例 3－5 某超市的某种饮料的日需求量为 1 000 罐，提前期随机变化且服从均值为 5 天，标准差为 1 天的正态分布，如果客户服务水平要达到95%，那么该种饮料的安全库存量不能低于 1 650 瓶，计算过程如下：

已知 $Q_t=1$ 天，$R_d=1\ 000$ 瓶，F（z）＝95%，查表 3－5 可知 Z＝1.65，代入公式

$$S=ZR_dQ_t=1.65\times1\ 000\times1=1\ 650\text{（瓶）}$$

（3）需求量和提前期都随机变化。多数情况下需求量和提前期都是随机变化的，如果可以假设需求量和提前期是相互独立的，那么安全库存量的计算公式如下：

$$S=Z\sqrt{Q_d^2\overline{L}+\overline{R}_d^2Q^2}$$

式中：Q_t、Q_d、Z 的含义同上；$\overline{R}_d$ 为提前期内平均日需求量；$\overline{L}$为平均提前期。

例 3－6 如果上述案例中这种饮料的需求量和提前期都随机变化并服从正态分布，且需求量和提前期相互独立，日需求量 1 000 瓶，标准差为 20 瓶/天，平均提前期为 5 天，标准差为 1 天，那么为了保证这种饮料在夏季的客户服务水平达到95%，就需要保持不低于 1 652 瓶的安全库存，计算过程如下：

已知 $Q_d=20$ 瓶/天，QL＝1 天，$R_d=1\ 000$ 瓶/天，F(Z)＝95%，查表 3－5 可知 Z＝1.65，代入公式：

$$S=Z\sqrt{Q_d^2\overline{L}+\overline{R}_d^2Q_t^2}=1.65\times\sqrt{20^2\times5+1\ 000^2\times1^2}=1\ 625\text{（瓶）}$$

该方法的原理是，当实物库存水平（加上已订货库存）下降到预定再订货水平时，进行再订货。

3. 定期订货法安全库存量的计算

定期订货法的安全库存量的计算方法与定量订货法安全库存量的计算方法类似，下面以需求量和提前期都发生变化时为例，介绍定期订货法的安全库存量计算过程。

$$S=Z\sqrt{Q_d^2(\overline{L}+T)+\overline{R}_d^2Q_t^2}$$

式中：Q_t、Q_d、Z 的含义同上；$\overline{R}_d$ 为提前期内平均日需求量；$\overline{L}$为平均提前期；T 为定货周期。

这种方法计算安全库存量与定量订货法不同的是需要在订货周期内备有一定的安全库存。

三、需求驱动的精益供应系统

实行“精益生产”或“准时”（JIT）生产的企业面对各种复杂的约束条件。在这些生

产方式中，订货频率和订货数量都由需求数量决定，即生产需求将直接传递给供应商。

这类作业的特点是只有很小的或根本没有原材料库存。从几家选定的供应商进行高频率、小批量订货，通常以便于立即使用的包装方式而被直接送至生产线。惟一的原材料库存便是存放于工作台附近随时需要使用的库存。

在传统生产方式中隐藏在大量在制品和其他产品库存中的不合格产品和低效作业，都会在该种生产方式中暴露出来，只有那些生产过程运行十分平稳的企业才可以实行准时制。在该生产方式中，机器故障和工具更换时间必须被降到最低点。质量检查由每个工人在每个工序进行，而不是在生产过程结束后才进行。例如，库存主管要保证从仓库发出的每一件产品或工具都与领料单相符并质量完好。

准时生产制的另一个要求是，供应商的交货期很短，且能够对生产需求的变化作出快速的反应。而且，供应商必须对其所发货物的质量和数量控制负完全责任，并必须达到高供货和产品质量可靠度（一般要高于99%）。库存管理人员可依赖供方的检查而无需对每批入厂的产品进行数量和质量检查。惟一需要做的检查便是定期进行抽查以保证系统运行正常。

一种不无争议的观点是：企业实行准时生产方式的主要收益来自于实施的准备过程和雇员在改进运作效率过程中的更多参与。供方与购方公司的人员都不仅需要经过良好训练，而且必须能够自觉地掌握和发扬该种工作方式所基于的理念。

在大型生产制造企业，诸如汽车生产企业中，高级的准时生产系统将厂商的生产过程与供应商的生产过程结为一体。供应方式的任何变动都立即导致必要的调整。供需双方必须密切合作。一些供应商往往就位于其用户公司厂房的附近。

维护、维修和运作（MRO）所需要的一般零部件和办公用品的供应往往通过外包安排实现。如果这些产品的库存管理活动也被外包，供应商便通常需要派出一名代表在用户公司内对连续供应活动进行管理。

本章小结

为了保证物流的不间断、延续性，仓储就成为物流大系统中一个必不可少的环节。本章在介绍存储的概念、作用、仓库设备、作业流程等知识的基础上详细阐述货物的保管与保养；深入分析了库存控制的概念和几种控制技术，为从现代物流的角度研究和经营仓储提供了基础理论知识。

案例阅读与分析

从仓库到现代物流中心的蝉变

——解读中储发展股份有限公司西安分公司“又好又快”发展现象

近几年，中储发展股份有限公司西安分公司全面落实科学发展观，积极拓宽经营思路，坚持全方位发展，注重多种经营并举，不断走出一条自我发展之路，目前公司已由原来一个普通的仓储企业发展成一个集仓储、运输、货运代理、现货市场、信息服务、流通加工、物流质押（金融）等于一体的综合性大型现代化物流中心，同时带动了周边地区小型物流运输、连锁经营、餐饮服务等相关产业的发展，成为推动陕西区域经济发展繁荣的启动机和助推器，引领着陕西乃至西北地区现代物流企业的快速健康发展。

解读一：企业发展现状

中储发展股份有限公司西安分公司（原西安中储物流中心）隶属国资委所属国有企业集团之一中国诚通集团下属的中国物资储运总公司。经过多年的市场洗礼，企业已发展成为集仓储、运输、货运代理、流通加工、物流质押（金融）、经销、信息服务、现货市场等于一体的第三方综合性大型物流企业。公司占地面积40万平方米，拥有4条铁路专用线，库房30多栋10万平方米，货场15万平方米，各种起重、装卸、运输设备100多台（辆），物资吞吐量每年在240万吨以上。

目前公司主要客户资源以钢材、家电为主，另有：有色金属材料、纸品、装饰建材、食品等。现有客户600多家，遍及全国各地，其中既有大钢厂的直销公司，也有物资经销企业；有家电客户60多家，格力、春兰、新飞、荣事达、澳柯玛、西门子、小天鹅、志高、科龙等已成为公司的长期服务对象。近年来公司加快城市快速消费品业务拓展，先后引进了雪花啤酒、茅台酒、美特斯邦威、李宁服饰、西北国药、双汇等品牌客户。连续多年被陕西省工商部门评为“重合同，守信用”企业；上缴利税超过1亿元。企业发展已步入快车道。

解读二：经营理念转变

随着物流业在我国的兴起，许多企业纷纷以“现代物流的旗号”相继进入人们的视线，一时间，发展现代物流成为一个热门话题。公司作为西北大型物流企业，敏锐地看到这一变化，他们努力发挥自身储运优势，积极尝试从传统储运向现代物流转变。坚持全方位发展、注重多种经营并举，给一度大量闲置的库房和场地带来无限生机，实现了经营理念的跨越，彻底打破了原来的流通体制，极大地满足了客户的个性化消费需求。

他们不断整合社会闲散资源，对周边个体运输户进行整合，充分利用现代物流理念对车辆进行管理，以达到满足客户需求，降低社会总成本的目标。

解读三：培育物流市场

仓储不是物流，它仅是物流的一个环节。物流具有系统化特性，只有把保管、运输、配送、分拣、包装、加工、装卸、信息服务等环节系统的加以考虑，才能使物流活动达到效率化、快速化和整体最优。

多年来，公司凭借15万平方米货场和10万平方米库房、4条铁路专用线和完善的起重运输设施，以及中储在全国物流组织网络的优势，紧密联系我国国情，结合地区实际，坚持“本土化”经营。同时借鉴国内外先进物流业经验，奋力开拓市场，积极寻求发展机遇。在拓展配送业务过程中，重点开展家电产品销向物流服务。根据客户商品特点，先后购置十多辆箱式货车充实运力，满足配送需要。现在，格力、春兰、荣事达、新飞、志高、雪花啤酒等近20家家电客户及生活资料客户已与公司进行深层次物流配送合作，配送规模也由单一配送转向共同配送，运输成本大大降低。配送形式以B2B为主，负责向陕西地区各大超市和商店及西北五省运送。在深入市场调研基础上，公司了解到许多客户在发展过程中遇到了资金瓶颈问题，通过论证，公司开发了物流质押（金融）业务，延伸物流服务链条，与银行合作为客户解决资金短缺问题。通过此项业务的开展，实现了公司、客户和银行“多方共赢”。

解读四：提高服务水平

信息化是现代物流的灵魂，没有信息化就没有物流的现代化，他们在中储总公司的指导下，根据公司实际，首先对业务流程进行了改造优化，开发引进了仓储管理软件。目前公司仓储业务基本实现计算机管理，客户登录中储物流网即可查询库存动态，对库存进行有效监控。同时，还可以通过公司中心网站进行信息广告发布，实现信息共享交流。完善了办公局域网，管理层可以运用计算机对生产经营动态随时进行控制，极大地提高了工作效率。此外，还对起吊设备进行信息化改造，每钩货物都可以在起吊过程中准确测出重量，极大方便了客户。在治安安全方面投资30多万元进行技防布控，在办公区、生产作业区和安全重点防范区域安装了监控设备、红外线感应系统等高科技安全监控设施，有效保证了公司物资、财产和人员的安全。

解读五：促进管理升级

随着服务行业的对外开放，他们及时调整管理理念并作出决策，按照ISO9001：2000质量管理体系标准化的要求，开展质量认证。经过近半年的努力，建立了一套既切合企业实际又符合质量体系标准的质量管理系统。在试运行中，质量管理文件得到了有效实施，全员上下基本能够按照质量管理文件规范工作行为，管理过程、作业环节得到有效控制。2002年11月20日顺利通过了瑞士（SGS）通标标准公司的第三方认证审核，实现了公司管理标准的大幅提升。

发展现代物流人才是关键，要发展现代物流，还需要大量的现代物流理念和理论知识做基础。公司积极采用各种办法加大对员工的培训力度，除经常选派一些生产、管理干部外出学习参观，积极参加物流论坛会外，还加强对员工服务理念教育。经常开展多种形式的优质服务活动，使员工服务意识得到大幅提升，形成了“以客户为中心、为客户创造价值”的服务理念，“优质高效、便捷周到”的中储服务品牌已经贯穿于工作的各个方面。公司鼓励员工自学成才、岗位成才，对学有所成并取得证书的员工给予一定的经济补助。自推出物流师执业资格认证考试以来，公司已经有45人获得中级物流师职称证书，为企业今后的管理和发展奠定了良好基础。

随着公司内部改造、整合完成，并进一步加大传统储运设施的改造、技术改造和项目投资，一个更为规范、设备先进、功能齐全、管理科学、服务一流的中储股份西安分公司将让世人瞩目！

（资料来源：锦程物流网．http：//www.jctrans.com.）

思考题

通过案例分析为什么中储发展股份有限公司西安分公司“又好又快”发展？

思考与练习

一、单项选择题

1. 仓库最基本的传统功能是（　　）。

A. 储存和保管　　B. 集散货物　　C. 调节供需

D. 信息传递　　　　　　　E. 防范风险

2. 当企业的存货周转量较高，需求较稳定时，可选择（　　）。

A. 公共仓库　　　　　　　B. 营业仓库　　　　　　　C. 租赁仓库

D. 自有仓库　　　　　　　E. 保税仓库

3. 置于集装箱内的货物的装卸搬运活性为（　）。

A. 0 级　　　　　　　　B. 1 级　　　　　　　　C. 2 级

D. 3 级　　　　　　　　E. 4 级

二、多项选择题

1. 以下属于库存的是（　　）。

A. 放在仓库中的原材料、产成品

B. 运输工具中的原材料、产成品

C. 为了满足未来需要而暂时闲置的资源

D. 医院里的药品　　　　　E. 运输部门的车辆

2. 仓库按使用对象及权限分为（　　）。

A. 自备仓库　　　　　　　B. 营业仓库　　　　　　　C. 公共仓库

三、填空题

1. ________是国家和公共团体为了公共利益而建设的仓库。

2. 仓库最基本的传统功能是________。

四、问答题

1. 仓储有哪些作用？
2. 仓库中主要有哪些计量装置？
3. 货架主要有哪些类型？
4. 简述仓库的作业流程。
5. 简述自动化立体仓库的优点。
6. 适合物资储存的环境条件有哪些？
7. 物资储存合理化的主要标志有哪些？
8. 简述 ABC 分析法的步骤。
9. 某单位采用无安全库存量的存储策略。每年使用某种零件 20 万件，每件每年的保管费为 4 元，每次订购费为 80 元。试问：（1）经济订购批量是多少？（2）如每次订购费为 1 元，每次应订购多少件？

本章参考资料

1. 魏兆中．企业物流管理．北京：科学出版社，2007.
2. 肖旭．物流管理基础．北京：机械工业出版社，2005.
3. 陈文安，胡焕绩．新编物流管理．上海：立信会计出版社，2003.
4. 李培亮．物流作业方法．广州：广东经济出版社，2003.
5. 杨海容．现代物流系统与管理．北京：北京邮电大学出版社，2003.
6. 孙明贵．物流管理学．北京：北京大学出版社，2002.

第四章　装卸搬运

学习目标

1. 掌握现代装卸搬运的基本概念、作业方式及准则。
2. 熟悉装卸搬运设备的分类。
3. 了解装卸搬运的意义与目的。

主要概念

装卸搬运，堆垛，拆垛，托盘

第一节　装卸搬运的概念、特点和作用

一、现代装卸搬运的含义

装卸搬运与运输、储存不同，运输是解决物品空间距离的，储存是解决时间距离的，装卸搬运没有改变物品的时间或空间价值，因此往往不会引起人们的重视。可是一旦忽略了装卸搬运，生产和流通领域轻则发生混乱，重则造成生产活动停顿。

根据国家标准，装卸（Loading and Unloading）是指物品在指定地点以人力或机械装入运输设备或从运输设备上卸下的活动。

搬运（Handling/Carrying）是指在同一场所内将物品进行水平移动为主的物流作业。

装卸搬运就是指在同一地域范围内（如车站范围、工厂范围、仓库内部等）以改变“物”的存放、支承状态的活动称为装卸，以改变物料的存放状态和空间位置为主要内容和目的活动，具体包括装上、卸下、移送、拣选、分类、堆垛、入库、出库等活动。

在习惯使用中，物流领域（如铁路运输）常将装卸搬运这一整体活动称作“货物装卸”；在生产领域中常将这一整体活动称作“物料搬运”。实际上，活动内容都是一样的，只是领域不同而已。

在实际操作中，装卸与搬运是密不可分的，两者是伴随在一起发生的。因此，在物流科学中并不过分强调两者差别而是作为一种活动来对待。

搬运的“运”与运输的“运”，区别之处在于，搬运是在同一地域的小范围内发生的，

而运输则是在较大范围内发生的，两者是量变到质变的关系，中间并无一个绝对的界限。

二、装卸搬运作业的特点

（一）装卸搬运是附属性、伴生性的活动

装卸搬运是物流每一项活动开始及结束时必然发生的活动，因而有时常被人忽视，有时被看做其他操作不可缺少的组成部分。例如，一般而言的“汽车运输”，就实际包含了相随的装卸搬运，仓库中泛指的保管活动，也含有装卸搬运活动。

（二）装卸搬运是支持、保障性活动

装卸搬运的附属性不能理解成被动的，实际上，装卸搬运对其他物流活动有一定决定性。装卸搬运会影响其他物流活动的质量和速度，例如，装车不当，会引起运输过程中的损失；卸放不当，会引起货物转换成下一步运动的困难。许多物流活动在有效的装卸搬运支持下，才能实现高水平。

（三）装卸搬运是衔接性的活动

在任何其他物流活动互相过渡时都是以装卸搬运来衔接，因而，装卸搬运往往成为整个物流“瓶颈”，是物流各功能之间能否形成有机联系和紧密衔接的关键，而这又是一个系统的关键。建立一个有效的物流系统，关键看这一衔接是否有效。比较先进的系统物流方式——联合运输方式就是着力解决这种衔接而实现的。

（四）装卸搬运是增加物流成本的活动

传统物流装卸搬运，延长物流时间，又要投入大量不带来附加值的活劳动和物化劳动，增大物流成本。由于装卸搬运反复进行的次数多，累计成本的数量是不可忽视的。例：我国对生产物流的统计，机械工厂每生产 1 吨成品，需进行 252 吨次的装卸搬运，间接的增加了产品成本，其成本为加工成本的 15.5%。①

（五）装卸搬运作业量大

我国年产煤炭十几亿吨，年产钢材上亿吨，5 万多亿元的工业总产值，1 万多亿元的农业总产值。在这些生产结果的背后和生产过程中，装卸搬运的作业量是根本无法算清的。②

在同一地区生产和消费的产品，物资的运输量会因此而减少，然而物资的装卸搬运量却不一定减少。在远距离的供应与需求过程中，装卸搬运作业量会随着运输方法的变更、仓库的中转、货物的集疏和物流的调整等而大幅度提高。

（六）装卸搬运对象复杂

在物流过程中，货物是多种多样的，它们在性质上（物理、化学性质）、形态上、重量

① 资料来源：中国物流企业网：http：//www. 02156. cn.

② 资料来源：中国物流企业网：http：//www. 02156. cn.

上、体积上以及包装方法上都有很大区别。即使是同一种货物在装卸搬运前的不同处理方法，可能会产生完全不同的装卸搬运作业。单件装卸和集装化装卸，水泥的袋装装卸搬运和散装的装卸搬运都存在着很大差别。从装卸搬运的结果来看，有些货物经装卸搬运后要进入储存，有些物资装卸搬运后将进行运输。不同的储存方法和不同的运输方式，导致在装卸搬运设备运用、装卸搬运方式的选择上都提出了不同的要求。

（七）装卸搬运作业不均衡

在生产领域中，由于生产活动要有连续性、比例性和力求均衡，故企业内装卸搬运相对也比较均衡。然而，物资一旦进入流通，由于受到商品产需衔接和市场机制的制约，物流量便会出现较大的波动性。商流是物流的前提，某种货物的畅销和滞销、远销和近销，销售批量的大与小，围绕货物实物流量便会发生巨大变化。从物流领域内部观察，运输路线上的“限制口”，“跑在中间、窝在两头”的现象广泛存在，装卸搬运量也会出现忽高忽低的现象。从另一方面看，各种运输方式由于运量上的差别，运速的不同，使得港口、码头和车站等不同物流结点也会出现集中到货或停滞等待的不均衡装卸搬运。

（八）装卸搬运对安全性要求高

装卸搬运作业需要人与机械、货物和其他劳动工具相结合，工作量大，情况变化多，作业环境复杂，这些都导致了装卸作业中存在着不安全的因素和隐患。创造装卸搬运作业适宜的作业环境，改善和加强劳动保护，对任何可能导致不安全的现象都应设法根除，防患于未然。装卸搬运的安全性一方面直接涉及人身，另一方面涉及物资。在装卸搬运中，发生机毁人亡的事故已屡见不鲜，造成货物损失的数量也要以亿元计。装卸搬运同其他物流环节相比安全系数较低，因此，更要加强装卸搬运的安全生产问题。

三、装卸搬运在物流中的地位与作用

装卸搬运是伴随着输送和保管而产生的必要的物流活动，在物流过程中占有重要地位。物流过程中的主要环节，如运输和存储等是靠装卸、搬运活动联结起来的，物流活动其他各个阶段的转换也需要通过装卸搬运联结起来：在物流过程中，装卸搬运活动是不断出现和反复进行的，它出现的频率高于其他各项物流活动，每次装卸搬运活动都要花费很长时间，装卸搬运往往成为决定物流速度的关键；装卸搬运作业内容复杂，又是劳动密集型、耗费人力的作业，它所消耗的费用在物流费用中也占有相当大的比重。

装卸搬运活动是影响物流效率、决定物流技术经济效果的重要环节。装卸搬在物流中的地位与作用主要表现在以下几个方面：

（一）地位

1. 装卸搬运在物流活动转换中起承上启下的联结作用

装卸搬运决定着物流的运行速度。装卸活动的基本动作包括装车（船）、卸车（船）、堆垛、入库、出库以及联结上述各项动作的短程输送，是随运输和保管等活动而产生的必要活动。

2. 装卸搬运是提高物流效率的关键

在物流活动中，装卸活动是不断出现和反复进行的，它出现的频率高于其他各项物流活动，每次装卸活动都要花费很长时间，所以往往成为决定物流速度的关键。例：美国与日本之间的远洋船运，一次往返需25天，其中运输时间13天，装卸时间12天。而据我国统计，火车货运以500公里为分歧点，运距超过500公里，运输在途时间多于起止的装卸时间；运距低于500公里，装卸时间则超过实际运输时间。

3. 装卸搬运在物流成本中占有较高比重

装卸活动所消耗的人力也很多，所以装卸费用在物流成本中所占的比重也较高。以我国为例，铁路运输的始发和到达的装卸作业费大致占运费的20%左右，船运占40%左右。因此，为了降低物流费用，装卸是个重要环节。

4. 装卸搬运影响物流活动的质量

在物流活动中，进行装卸操作时往往需要接触货物，因此，这是在物流过程中造成货物破损、散失、损耗、混合等损失的主要环节。例如袋装水泥纸袋破损和水泥散失主要发生在装卸过程中，玻璃、机械、器皿、煤炭等产品在装卸时最容易造成损失。

（二）作用

1. 提高生产力

顺畅的装卸搬运系统能够消除瓶颈，以维持及确保生产水平，使人力得到有效利用，减少设备闲置。

2. 降低装卸搬运成本

减少每人及每单位货品的搬运成本，并减少延迟、损坏及浪费。

3. 提高库存周转率，以降低存货成本

有效率地装卸搬运，可加速货品移动及缩减搬运距离，进而减少总作业时间，使得库存成本及其他相关成本得以降低。

4. 改善工作环境，增加人员、货品搬运的安全性

良好的装卸搬运系统能使工作环境大为改善，不但能保证物品搬运的安全，减少保险费用，且能使员工保持良好的工作情绪。

5. 提高产品品质

良好的装卸搬运可以减少产品的毁损，使产品品质提升，减少客户投诉。

6. 促进配销效率

良好的装卸搬运可增进系统作业效率，不但能缩短产品总配销时间，提高客户服务水平，还能提高空间利用率，从而提高公司的营运水平。

由此可见，装卸活动是影响物流效率、决定物流技术经济效果的重要环节。

四、装卸搬运作业内容

（一）装卸搬运作业的主要内容

装卸搬运作业的基本动作包括装车（船）、卸车（船）、入库、堆垛、分拣、备货、出

库以及联结上述各项动作的短程运输，是随运输和保管等活动而产生的必要活动。具体来说，装卸搬运主要有以下 4 种作业内容：

1. 商品装货卸货作业

向载货汽车、铁路货车、货船、飞机等运输工具装货以及从这些运输工具上卸货的活动。

2. 货物搬运移送

对货品进行短距离的移动活动，包括水平、垂直、斜行搬运或由这几种方式组合在一起的搬运移送活动，显然，这类作业是改变物品空间位置的作业。

3. 堆垛拆垛作业

堆垛是将物品整齐、规则地摆放成货垛的作业活动。拆垛是与堆垛相反的作业活动。

4. 分拣配货作业

分拣是在堆垛、拆垛作业之前发生的作业，它是将物品按品种、出入库先后顺序进行分门别类堆放的作业活动。配货是指把物品从所定的位置，按品种、作业先后顺序和发货对象等整理分类所进行的堆放拆垛作业，把分拣出来的物品按规定的配货分类集中起来的作业和以一定的批量移动到一端的分拣场指定位置的作业。

（二）装卸作业的基本要求

为了提高物流质量和效率，装卸作业还应当注意以下几项要求。

1. 减少不必要装卸环节

从物流过程分析，装卸作业环节不仅不增加货物的价值和使用价值，反而有可能增加货物破损的可能性和相应的物流成本。系统地分析研究物流过程各个装卸作业环节的必要性，取消、合并装卸作业和次数，避免进行重复的或可进行也可不进行的装卸作业，这是减少不必要装卸环节的重要保证。

2. 提高装卸作业的连续性

必须进行的装卸作业应按流水作业原则运作，各工序间应密切衔接，必须进行的换装作业，也应尽可能采用直接换装方式。

3. 相对集中的装卸地点

装载、卸货地点的相对集中，可以提高装卸工作量，易于采用机械化作业方式。在货物堆场上，应将同类货物的作业集中在一起进行，以便于采用装卸作业的机械化、自动化作业。

4. 力求装卸设备、设施、工艺等标准化

为了促进物流各环节的协调，就要求装卸作业各工艺阶段间的工艺装备、设施、效率与组织管理工作相协调。装卸作业的工艺、装备、设施、货物单元或包装、运载工具、集装工具、信息处理等作业的标准化、系列化、通用化，这是装卸作业实现机械化、自动化的基本前提。

5. 提高货物集装化或散装化作业水平

成件货物集装化，粉粒状货物散装化是提高作业效率的重要方向。所以，成件货物尽可能集装成托盘系列、集装箱、货捆、货架、网袋等货物单元再进行装卸作业。各种粉粒状货物尽可能采用散装化作业，直接装入专用车、船、库。不宜大量化的粉粒状货物也可装入专用托盘箱、集装箱内，提高货物活化指数，便于采用机械设备进行装卸作业。

6. 做好装卸现场组织工作

使装卸现场的作业场地、进出口通道、作业线长度、人机配置等布局设计合理，能使现有的和潜在的装卸能力充分发挥或发掘出来。避免由于组织管理工作不当造成装卸现场拥挤、阻塞、紊乱现象，确保装卸工作能够安全顺利地进行。

五、装卸搬运的分类

（一）按装卸搬运施行的物流设施、设备对象分类

以此可分为仓库装卸、铁路装卸、港口装卸、汽车装卸、飞机装卸等。仓库装卸配合出库、入库、维护保养等活动进行，并且以堆垛、上架、取货等操作为主。铁路装卸是对火车车皮的装进及卸出，特点是一次作业就实现一车皮的装进或卸出，很少有像仓库装卸时出现的整装零卸或零装整卸的情况，港口装卸包括码头前沿的装船，也包括后方的支持性装卸运，有的港口装卸还采用小船在码头与大船之间“过驳”的办法，因而其装卸的流程较为复杂，往往经过几次的装卸及搬运作业才能最后实现船与陆地之间货物过渡的目的。汽车装卸一般一次装卸批量不大，由于汽车的灵活性，可以少或根本减去搬运活动，而直接、单纯利用装卸作业达到车与物流设施之间货物过渡的目的。

（二）按装卸搬运的机械及机械作业方式分类

以此可分成使用吊车的“吊上吊下”方式，使用叉车的“叉上叉下”方式，使用半挂车或叉车的“滚上滚下”方式，“移上移下”方式及散装方式等。

1. 吊上吊下方式

采用各种起重机械从货物上部起吊，依靠起吊装置的垂直移动实现装卸，并在吊车运行的范围内或回转的范围内实现搬运或依靠搬运车辆实现小搬运。由于吊起及放下属于垂直运动，这种装卸方式属垂直装卸。

2. 叉上叉下方式

采用叉车从货物底部托起货物，并依靠叉车的运动进行货物位移，搬运完全靠叉车本身，货物可不经中途落地直接放置到目的处。这种方式垂直运动不大而主要是水平运动，属水平装卸方式。

3. 滚上滚下方式

主要指港口装卸的一种水平装卸方式。利用叉车或半挂车、汽车承载货物，连同车辆一起开上船，到达目的地后再从船上开下，称“滚上滚下”方式。利用叉车的滚上滚下方式，在船上卸货后，叉车必须离船，利用半挂车、平车或汽车，或拖车将半挂车、平车拖拉至船上后，拖车开下离船而载货车辆连同货物一起运到目的地，再原车开下或拖车上船拖拉半挂车、平车开下。滚上滚下方式需要有专门的船舶，对码头也有不同要求，这种专门的船舶称“滚装船”。

4. 移上移下方式

两车之间（如火车及汽车）进行靠接，然后利用各种方式，不使货物垂直运动，而靠

水平移动从一个车辆上推移到另一车辆上，称移上移下方式。移上移下方式需要使两种车辆水平靠接，因此，对站台或车辆货台需进行改变，并配合移动工具实现这种装卸。

5. 散装散卸方式

对散装物进行装卸。一般从装点直到卸点，中间不再落地，这是集装卸与搬运于一体的装卸方式。

（三）按被装物的主要运动形式分类

以此可分垂直装卸、水平装卸两种形式。

（四）按装卸搬运对象分类

以此可分成散装货物装卸、单件货物装卸、集装货物装卸等。

（五）按装卸搬运的作业特点分类

以此可分成连续装卸与间歇装卸两类。连续装卸主要是同种大批量散装或小件杂货通过连续输送机械，连续不断地进行作业，中间无停顿，货间无间隔。在装卸量较大、装卸对象固定、货物对象不易形成大包装的情况下适用采取这一方式。间歇装卸有较强的机动性，装卸地点可在较大范围内变动，主要适用于货流不固定的各种货物，尤其适于包装货物、大件货物，散粒货物也可采取此种方式。

第二节 装卸搬运的操作实务

一、现代装卸搬运的作业方式

决定装卸方法的条件可以分为两大类：一类是由运输（配送）、保管、装卸三者相互关系决定的外部条件，一类是由装卸本身所决定的内在条件。此外，在装卸作业组织工作中还要考虑货车装卸的一般条件。

（一）决定装卸方法的外在条件

决定装卸作业方法的外在条件主要有以下几方面：

1. 货物特征

货物经由包装、集装等形成的形态、质量、尺寸（如件装、集装、散装货物）等，对装卸作业方法的选择有至关重要的影响。

2. 作业内容

装卸作业中的重点是堆码、装车、拆垛、分拣、配载、搬运等作业，其中以哪一种作业为主或哪几种作业组合，也影响到装卸作业方法的选择。

3. 运输设备

不同的运输设备，例如汽车、轮船、火车、飞机等的装载与运输能力、装运设备尺寸都影响到装卸作业方法的选择。

4. 运输、仓储设施

运输、仓储设施的配置情况、规模、尺寸大小影响到作业场地、作业设备以及作业方法的选择。

（二）决定装卸方法的内在条件

由装卸作业本身所决定的装卸方法的内在条件主要有以下几方面：

1. 货物状态

主要指货物在装卸前后的状态。

2. 装卸动作

指在货物装卸各项具体作业中的单个动作及组合。

3. 装卸机械

装卸机械所能实现的动作方式、能力大小、状态尺寸、使用条件、配套工具等以及与其他机械的组合也成为影响装卸方法选择的因素。

4. 作业组织

参加装卸作业的人员素质、工作负荷、时间要求、技能要求对装卸作业方法的选择有重要的影响作用。

（三）货车装卸一般条件

1. 零担货物装卸

较多地使用人力和手推车、台车和输送机等作业工具，也可使用笼式托盘（托盘笼）、箱式托盘（托盘箱），以提高货车装卸、分拣及配货等作业的效率。

2. 整车货物装卸

较多采用托盘系列及叉车进行装卸作业。

3. 专用货车装卸

往往需要适合不同货物的固定设施、装卸设备，以满足装卸时需要的特殊技术要求。

以上所述的决定装卸作业方法的外在条件，同时也是决定其内在条件的因素，而内在条件受外部条件影响，所采取的货物状态、作业动作、装卸机械、工作环境和方式方法，成为直接决定装卸方法的因素。

二、装卸搬运的作业方法

装卸搬运作业的基本方法，可以分别按作业对象、作业手段、装卸设备作业原理、作业方式不同进行分类。

（一）按作业对象分类

按作业对象（货物形态）分类，可分为单件作业法、集装作业法、散装作业法等三种方法。

1. 单件作业法

单件、逐件的装卸搬运是人力作业阶段的主导方法。目前，长大笨重货物、集装会增加危险性的危险货物以及行包等仍采取传统的单件作业法。

2. 集装作业法

先将货物集零为整（集装化）再行装卸搬运的方法称为集装作业法。它包括集装箱作业法、托盘作业法、网袋作业法、货捆作业法、滑板作业法及挂车作业法等。

（1）集装箱作业法。集装箱的作业可分为两类，吊上吊下方式和滚上滚下方式。

① 吊上吊下方式。专用集装箱码头前沿一般都是配备岸边集装箱起重机进行船舶装卸作业。按货场上使用的机械类型可分为以下主要机械化方式：

A. 底盘车方式。岸边集装箱起重机将集装箱从船上直接卸到底盘车上，用牵引车把底盘拖到货场，按顺序排列起来；或者相反，用牵引车将货场上装有集装箱的底盘车拖到码头前沿，再用岸边集装箱起重机把集装箱装上船。

B. 跨运车方式。岸边集装箱起重机将集装箱从船上卸到码头前沿，然后用跨运车把集装箱搬运到货场排列起来；或者相反，用跨运车将货场上的集装箱搬运到码头前沿，再用岸边集装箱起重机把集装箱装上船。

C. 轮胎式龙门起重机方式。岸边集装箱起重机将集装箱从船上卸到码头前沿的拖挂车上，然后挂到货场，采用轮胎式龙门起重机堆码；或者相反，在货场上用轮胎式龙门起重机将集装箱装到拖挂车上，然后拖到码头前沿，用岸边集装箱起重机把集装箱装上船。一般轮胎式龙门起重机可跨六列集装箱和一条拖挂车道，并可堆码四层。

D. 轨道式龙门起重机方式。岸边集装箱起重机将集装箱从船上卸到码头前沿的拖挂车上，然后拖到货场，采用轨道式龙门起重机堆码；或者相反，在货场上用轨道式龙门起重机将集装箱装到拖挂车上，然后拖到码头前沿，用岸边集装箱起重机把集装箱装上船。轨道式龙门起重机与轮胎式龙门起重机比较，可跨越的集装箱列数更多，可堆码的集装箱高度更大。轨道式龙门起重机用在后方货场。还可装卸铁路车辆。

② 滚上滚下方式。近几年来，世界各国开始发展滚装运输，采用滚装船，用于国内沿海、大陆与岛屿、近邻国家之间，运输各种车辆、载货（集装箱或其他货物）挂车以及可以用叉车进入船舱进行装卸的集装箱和托盘货物。对于近距离航线，采用滚装运输可以大大缩短船舶在港口装卸货物的时间，从而减少船舶在港停泊时间，提高船舶运输效率。对于单航程在一个星期以内的航线，采用滚装运输最为合理。

采用滚装船运输集装箱，是将集装箱放置在挂车（底盘车）上，船舶到港后，牵引车通过船艏门、艉门或舷门跳板进入船舱，用叉车把集装箱放到挂车上，由牵引车拖带到码头货场。或者仅用叉车通过跳板搬运集装箱。这种方式称为滚上滚下方式。

采用滚上滚下方式，比吊上吊下方式装卸集装箱，其装卸速度要快30%左右；无需在港口装备价格昂贵的大型专用机械设备；装卸费用低；有利于组织集装箱“门到门”运输；减少集装箱在港口的装卸环节，降低集装箱的破损率。但滚装集装箱船的造价比吊上吊下集装箱船约高10%左右；其载重利用系数仅为吊上吊下集装箱船的50%；每一载重吨的运费比吊上吊下集装箱船要高；滚装集装箱码头所需要的货场面积比一般吊上吊下集装箱码头要大。

（2）托盘作业法。托盘化就是以托盘为基本工具，最大限度地应用集装单元的原则，以及除此之外的货物的搬运的灵活性、标准化、流水作业、作业次数最少、机械化等物料搬运的原则，使搬运作业组织化，从原来的静态搬运发展到动态搬运的新的搬运作业体制。

托盘就是使静态货物转变为动态货物的媒介物。托盘是一种载货台，也可以说是“可移的地面”。即使放在地面上失去了活性的货物，一经装上了托盘，便立即取得活性，成为流动的货物，因为装盘的货物在任何时候都处于可以转入运动的预备状态中。以托盘为基本工具组成的动态装卸方法就叫做托盘作业法或者托盘化。

托盘作业法的主要机械有：叉车、托盘搬运车、托盘移动升降机、桥式堆垛机、巷道堆垛机等。

托盘化常用托盘有：

① 平托盘。如图 4－1、图 4－2、图 4－3 所示。

图 4－1　LK－1111A 川字型托盘

图 4－2　LK－1111 田字型托盘

图 4－3　LK－1210 轻型托盘

② 笼式托盘。一些不宜采用平托盘的散件货物可采用笼式托盘形成组货物单元，如图 4－4 所示。

③ 箱式托盘。一些批量不很大的散装货物，如粮食、食糖、啤酒等可采用专用箱式托盘形成组货物单元，再辅之以相应的装载机械、泵压设备等配套，实现托盘作业法。箱式托盘如图 4－5 所示。

(3) 网、袋作业法。将粉粒状货物装入多种合成纤维和人造纤维编织成的集装袋（如图 4－6 所示）、将各种袋装货物装入多种合成纤维或人造纤维编织成的网、将各种块状货物装入用钢丝绳编成的网，这种先集装再进行装卸作业的方法称为网袋作业法。

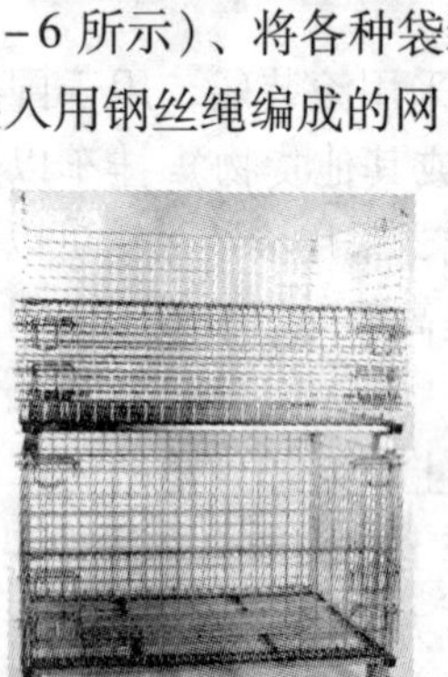

图 4－4　笼式托盘

图 4－5　箱式托盘

图 4－6　集装袋

① 网、袋作业法的适用范围

适宜于粉粒状货物、各种袋装货物、块状货物、粗杂物品的装卸作业。

② 网、袋作业法的特点

网袋集装工具体积小、自重轻，回收方便，可一次或多次使用。

(4) 货捆作业法。货捆作业法是用捆装工具将散件货物组成一个货物单元，使其在物流过程中保持不变，从而能与其他机械设备配合，实现装卸作业机械化。

① 货捆作业法的适用范围

木材、建材、金属之类货物最适于采用货捆作业法。

② 货捆作业法常见机械

带有与各种货捆配套的专用吊具的门式起重机和悬臂式起重机是货捆作业法的主要装卸机械，叉车、侧叉车、跨车等是配套的搬运机械。

(5) 滑板作业法。滑板是用纸板、纤维板、塑料板或金属板制成，与托盘尺寸一致的、带有翼板的平板，用以承放货物组成的搬运单元。

① 匹配的装卸作业机械。与其匹配的装卸作业机械是带推拉器的叉车（如图4-7所示）。叉货时推拉器的钳口夹住滑板的翼板（又称勾百或卷边），将货物支上货叉，卸货时先对好位，然后叉车后退、推拉器前推，货物放置就位。

图4-7　推拉器的叉车

② 特点。滑板作业法虽具有托盘作业法的优点且占用作业场地少，但带推拉器的叉车较重、机动性较差，对货物包装与规格化的要求很高，否则，不易顺利作业。

滑板搬运不仅具有托盘搬运的优点，而且解决了木材消耗大、流通周转很繁杂、运载工具净载重、占用作业场地多等问题，但是与滑板匹配的带推拉器的叉车比较笨重（推拉器本身重0.5吨~0.9吨），机动性差，堆取货物时操作比较困难，装卸效率比托盘低，对货物包装与规格化的要求高，与工业发达国家已形成的成套搬运储存设备不配套，因此，到底采用托盘还是滑板尚在争议之中。

(6) 挂车作业法。先将货物集装到挂车里，然后由拖车将挂车牵引到铁路平车上。或用大型门式起重机将挂车吊到铁路平车上的装卸搬运方法。通常将此作业完成后形成的运输组织方式称背负式运输，是公铁联运的常用组织方式。

3. 散装作业法

建材、煤炭、矿石等大宗货物历来采用散装作业的方式。近来，粮谷、食糖、原盐、水泥、化肥、化工原料等随着作业量增大，为提高装卸搬运效率、降低成本亦趋向散装散卸。

散装散卸方法基本上可分为：倾翻法、重力法、气力输送法、机械法四种。

(1) 倾翻法：将运载工具的载货部分倾翻，使货物卸出的方法，主要用于铁路敞车和自卸汽车的卸货，敞车被送入翻车机，夹紧固定后，敞车和翻车机一起翻转，货物倒入翻车机下面的受料槽。带有可旋转车钩的敞车和一次翻两节车的大型翻车机配合作业，可以实现列车不解体卸车，卸车效率可达5 000吨/小时。汽车一般依靠液压油缸顶起货厢实现卸载。

(2) 重力法：利用货物的策略势能来完成装卸作用的方法。主要适用于铁路运输业，汽车也可用这种方法装载，重力法装车设备有筒仓（如图4-8所示）、溜槽（如图4-9所示）、隧洞三类。筒仓、溜槽装铁路车辆时效率可达5 000吨~6 000吨/小时。以直径6.5米左右的钢管埋入矿石堆或煤堆，制成装车隧洞，洞顶有风动闸门，列车徐行通过隧洞，风动闸门开启，货物流入车内，每小时可装1万~1.2万吨。一次可装5至7辆车的长隧洞斗车效率高达15万吨/小时。重力卸车主要指底开门车或漏斗车在高轫线或卸车坑道上自动开启车门，煤或矿石依靠重力自行流出的卸车方法。列车边走边卸，整列的卸车效率可达1万吨/小时。

图4-8　筒仓

图4-9　溜槽

（3）气力输送法：利用风机在管道内形成气流，依靠气体的动能或压差来输送货物的方法。这种方法的装置结构紧凑、设备简单、劳动条件好、货物损耗少，但消耗功率较大，噪声较高。近年发展起来的依靠压差的推送式气力输送，正在克服上述缺点。气力输送法主要用于装卸粮谷和水泥等。

（4）机械法：系采用各种机械，使其工作机械直接作用于货物，通过舀、抓、铲等作业方式，从而达到装卸目的的方法。常用的机械有：胶带输送机（如图4-10所示）、堆取料机（如图4-11所示）、装船机（如图4-12所示）、链斗装车机、单斗和多斗装载机（如图4-13所示）、挖掘机（如图4-14所示）、斗式、带式和螺旋卸船机和卸车机、各种抓斗等。

图4-10　带式输送机

图4-11　堆取料机

图4-12　装船机

图4-13　装载机

图4-14　挖掘机

港口装船推荐采用移动式装船机，卸船以抓斗为主，正在积极研制连续卸船机，堆场作业采用旋臂堆料机、斗轮机及门式斗轮堆取料机等。铁路货场年装车作业量10万吨以上时即可采用机械法进行装车作业，一次装车10辆车以下时，优先采用单斗装载机，一次装车数在10～30辆之间时采用抓斗龙门起重机、单斗装载机、链斗装车机均可，一次装车30辆以上时优先采用抓斗龙门起重机。如：铁路货场年卸车作业量16万吨以上时即可采用机械法卸车，一次卸车5辆以下时采用抓斗龙门起重机或链斗卸车机均可，一次卸车5辆以上时优先采用抓斗龙门起重机。当作业量达不到上述10万吨和16万吨的标准时，可以采用吊钩、抓斗两用龙门起重机，散堆货物与笨重货物在同一条线路上分段作业。

（二）按装卸搬运的作业特点分类

按装卸搬运的作业特点分类可分成间歇装卸与连续装卸两类。

1. 间歇装卸

货物支承状态和空间位置的改变系断续、间歇、重复、循环进行的，主要使用起重机械、工业车辆、专用机械进行作业，包件货物和笨重货物一般采用此法作业。

2. 连续装卸

主要是同种大批量散装或小件杂货通过连续输送机械，连续不断地进行作业，中间无停顿，货间无间隔或少间隔。在装卸量较大、装卸对象固定、货物对象不易形成大包装的情况下适用采取这一方式。

（三）按装卸搬运施行的物流设施、设备对象分类

1. 汽车装卸

由于汽车灵活性大，可减少搬运活动，而且一次装卸量不大，所以可以利用装卸作业达到车与物流设施间货物过渡的目的。

2. 铁路装卸

其实质是对车皮的装卸，特点是一次作业就需实现一车皮的装进或卸出，很少有像仓库装卸时出现的整装零卸或零装整卸的情况。

3. 港口装卸

包括码头前沿装卸及后方支持装卸搬运，有的还需采用小船与大船之间的“过驳”方法，比较复杂。

4. 仓库装卸

配合出库、入库、维护、保养等活动进行，并且以堆垛、上架、取货等操作为主。

（四）按被装物的主要运动的形式分类

1. 垂直装卸

使用各种起重机械或输送机械，以改变货物的铅垂方向的位置为主要特征，来完成其支承状态和空间位置改变的作业方法，这是一种历史最久、应用面最广的装卸方法，如图4－15所示。

2. 水平装卸

货物或货物的各种集装单元靠自力、拖曳、承推、浮移等方式，以改变货物的水平方向的位置为主要特征，在货物重心高度变化不大的前提下，来完成其支承状态和空间位置改变的作业方法，如图4－16所示。各种轮式、履带式车辆通过站台、活动站车或渡板开上开下铁路车辆和船舶，拖挂车、底盘车、带轮集装箱等牵上曳下车船，用叉车装卸集装箱、托盘，平移机装卸集装箱等都属此法。

图4－15 集装箱垂直装卸法

图4－16 水平装卸法

第三节 装卸搬运的合理化原则与合理化途径

一、装卸搬运的基本原则

装卸搬运的基本原则是指装卸搬运活动应当遵循的原则或要求达到的目标。根据装卸搬运活动的特征和作用，为了提高装卸搬运作业的效率和经济效益，在长期实践中总结出装卸搬运的基本原则，可以归纳为：

（1）减少环节，简化流程。是指根据物流规律，设法取消、合并装卸搬运环节和次数，杜绝重复性、不必要作业；必须进行的作业，尽可能流水作业。

（2）文明装卸，科学运营。是指杜绝“野蛮装卸”，保证货物、装卸设施、设备安全；针对不同的装卸作业，科学组织管理。

（3）集中作业，集散分工。主要是指装载点和卸载点要尽量集中，同一类货物尽量集中在一起。“集散分工”是指成件货物集装化作业，粉粒状袋装货物散装化作业，要作为装卸搬运作业的两个发展方向。

（4）协调兼顾，标准通用。是指装卸搬运与其他物流环节之间、装卸搬运各工序、工步之间，要相互协调，实行通用标准化管理。

（5）步步活化，省力节能。主要指提高装卸搬运工序之间的装卸活性。

（6）巧装满载，牢固稳定。是指充分利用运输工具的装载利用率；货物装上车船或在货场、仓库堆码要稳固，减少货损。上述原则都是一些基本性要求。但落实起来涉及面广，难度很大，也不是装卸搬运行业自身所能解决的。应当从物流系统的整体上统筹规划，合理安排，各个环节要紧密配合，才有助于这些原则落实。

二、装卸搬运合理化措施

装卸搬运的合理化措施可以从以下几方面考虑：

（一）防止无效装卸

无效装卸含义是消耗于有用货物必要装卸劳动之外的多余劳动。一般装卸操作中，无效装卸具体反映在以下几方面：

1. 过多的装卸次数

物流过程中，货损发生的主要环节是装卸环节。而在整个物流过程中，装卸作业又是反复进行的。从发生的频数来讲，超过任何其他活动，所以过多的装卸次数必然导致损失的增加。从发生的费用来看，一次装卸的费用相当于几十公里的运输费用，因此，每增加一次装卸，费用就会有较大比例的增加。此外，装卸又会大大阻缓整个物流的速度，装卸又是降低物流速度的重要因素。

2. 过大的包装装卸

包装过大、过重，在装卸时实际上反复在包装上消耗较大的劳动，这一消耗不是必须的，因而形成无效劳动。

3. 无效物质的装卸

进入物流过程的货物，有时混杂着没有使用价值或对用户来讲使用价值不符的各种掺杂物，如煤炭中的矸石、矿石中的表面水分、石灰中的未烧熟石灰及过烧石灰等。在反复装卸时，实际对这些无效物质反复消耗劳动，因而形成无效装卸。

由此可见，装卸搬运如能防止上述无效装卸，则大大节约装卸劳动，使装卸合理化。

（二）充分利用重力和消除重力影响，进行少消耗的装卸

在装卸时考虑重力因素，可以利用货物本身的重量，进行有一定落差的装卸，以减少或根本不消耗装卸的动力，这是合理化装卸的重要方式。例如，从卡车、铁路货车卸物时，利用卡车与地面或小搬运车之间的高度差，使用溜槽、溜板之类的简单工具，可以依靠货物本身重量，从高处自动滑到低处，这就无需消耗动力。如果采用吊车、叉车将货物从高处卸到低处其动力消耗虽比从低处装到高处小，但是仍需消耗动力，两者比较，利用重力进行无动力消耗的装卸显然是合理的。

在装卸时尽量消除或削弱重力的影响，也会求得减轻体力劳动及其他劳动消耗的合理性。例如在进行两种运输工具的换装时，可以采取落地装卸方式，即将货物从甲工具卸下并放到地上，一定时间之后，或搬运一定距离之后再从地上装到乙工具之上，这样起码在“装”时，要将货物举高，这就必须消耗改变位能的动力。如果进行适当安排，将甲、乙两工具进行靠接，从而使货物平移，从甲工具转移到乙工具上，这就能有效消除重力影响，实现合理化。

在人力装卸时，一装一卸是爆发力，而搬运一段距离，这种负重行走，要持续抵抗重力的影响，同时还要行进，因而体力消耗很大，是出现疲劳的环节。所以，人力装卸时如果能配合简单机具，做到“持物不步行”，则可以大大减轻劳动量，做到合理化。

（三）充分利用机械，实现规模装卸

规模效益早已是大家所接受的，在装卸时也存在规模效益问题。主要表现在一次装卸量或连续装卸量要达到充分发挥机械最优效率的水准。为了更多降低单位装卸工作量的成本，对装卸机械来讲，也有规模问题，装卸机械的能力达到一定规模，才会有最优效果。追求规模效益的方法，主在是通过各种集装实现间断装卸时一次操作的最合理装卸量，从而使单位装卸成本降低，也通过散装实现连续装卸的规模效益。

（四）提高物的装卸搬运活性

装卸搬运活性的含义是，从物的静止状态转变为装卸搬运运动状态的难易程度。如果很容易转变为下一步的装卸搬运而不需过多做装卸搬运前的准备工作，则活性就高；如果难于转变为下一步的装卸搬运，则活性低。为了对活性有所区别，并能有计划地提出活性要求。使每一步装卸搬运都能按一定活性要求进行操作，对于不同放置状态的货物做了不同的活性规定，这就是“活性指数”，分为0～4共5个等级。

散乱堆放在地面上的货物，进行下一步装卸必须要进行包装或打捆，或者只能一件件操作处置，因而不能立即实现装卸或装卸速度很慢，这种全无预先处置的散堆状态，定为“0”级活性；将货物包装好或捆扎好，然后放置于地面，在下一步装卸时可直接对整体货载进行操作，因而活性有所提高，但操作时需支起、穿绳、挂索，或支垫入叉，因而装卸搬运前预操作要占用时间。不能取得很快的装卸搬运速度，活性仍然不高，定为“1”级活性；将货物形成集装箱或托盘的集装状态，或对已组合成捆、堆或捆扎好的货物，进行预垫或预挂，装卸机具能立刻起吊或入叉，活性有所提高，定为“2”级活性；将货物预置在搬运车、台车或其他可移动挂车上，动力车辆能随时将车、货拖走，这种活性更高，定为“3”级；如果货物就预置在动力车辆或传送带上，即刻进入运动状态，而不需做任何预先准备，活性最高，定为“4”级。

活性指数分为0～4共5个等级，如表4－1所示。

表4－1　不同放置状态货物的活性指数

放置状态	需要进行的作业				活性指数
	整理	架箱	提起	拖运	
散放地上	需要	需要	需要	需要	0
置于一般容器	0	需要	需要	需要	1
集装化	0	0	需要	需要	2
无动力车	0	0	0	需要	3
动力车辆或传送带	0	0	0	0	4

（五）提高物的运输活性

装卸搬运操作有时是直接为运输服务，下一步直接转入运输状态，因而只有进行合理的装卸操作，将货物预置成容易转入运输的状态，装卸搬运才称得上合理。对这种活性的质量用货物的运输活性指数表示。很明显，运输活性越高，货物越容易进入运输状态，可能带来直接缩短运输时间的效果。

（六）选择最好搬运方式或节省体力消耗

在物流领域，即使是现代化水平已经很高了，也仍然避免不了要有人力搬运的配合，因此，人力搬运合理化问题也是很重要的。

（七）单元化原则

所谓单元化原则是指将物品集中成一个单为进行装卸搬运的原则。单元化是实现装卸合理化的重要手段。在物流作业中广泛使用托盘，通过叉车与托盘的结合提高装卸搬运的效率。通过单元化不仅可以提高作业效率，而且还可以防止损坏和丢失，数量的确认也变得更加容易。

（八）机械化原则

所谓机械化原则是指在装卸搬运作业中用机械作业代替人工作业的原则。实现作业的机械化是实现省力化和效率化的重要途径，通过机械化改善作业环境，将人从繁重的体力劳动中解放出来。机械化的程度除了技术因素外，海域物流费用的承担能力等经济因素有关。机械化的原则同时也包含了将人与机械合理的组合到一起，发挥各自的长处。在许多场合，简单机械的配合同样可以达到省力化和提高效率的目的。片面强调全自动化会造成物流费用过剩，在经济上增加企业的成本。

（九）系统化原则

所谓系统化原则是指将各个装卸搬运活动作为一个有机地整体实施系统化管理。也就是说，运用综合系统化的观点，提高装卸搬运活动之间的协调性，提高装卸搬运系统的柔性，以适应多样化、高度化物流需求，提高装卸搬运效率。

根据科学研究的结论，采用不同搬运方式和不同移动重物方式，其合理使用体力的效果不同。科学地选择一次搬运重量和科学地确定包装重量也可促进人力装卸的合理化。

本章小结

装卸搬运是指在同一地域范围内进行的，以改变物的存放状态和空间位置为主要内容和目的的活动，具体包括装上、卸下、移送、拣选、分类、堆垛、入库、出库等活动。装卸搬运在物流活动中起承上启下的联结作用。装卸搬运活动的基本动作包括装车（船）、卸车（船）、堆垛、入库、出库以及联结上述各项动作的短程输送，是随运输和保管等活动而产生的必要活动。本章简要介绍了装卸搬运的概念、分类，装卸搬运的特点，装卸搬运的一般工具以及装卸搬运的意义与目的。

案例阅读与分析

码头装卸费究竟压疼了谁

一、祸起码头装卸费

“船货是冤家”的行话近期终于在中国市场应验。就像一对从来不吵架的夫妻吵起来就无法控制一样，保持了多年君子之交的中国船东协会与中国货主协会，半年来因为严重的意见分歧，甚至无法心平气和地坐到谈判桌前，而事情的起因竟是一笔看起来毫不起眼的码头装卸费。

4月27日，经历了几次失败的谈判之后，中国货主协会号召几百家企业发表了《关于抵制国际航运公会强制推行码头装卸费的联合声明》，声明从多个角度指出了国际班轮公会在中国收取THC的不合理之处，并暗示将对个别有扣押提单、拒绝放货等过激行为的班轮公司进行“封杀”。中国货主协会一位负责人还不点名的批评了中国船东协会，指责其对THC收费甚至比国外班轮公司还热心。据其初步估算，因为THC收费，中国外贸企业今年将额外支出120亿人民币，这对于面临严峻外贸形势的中国企业无异于雪上加霜。

5月9日，一直低调的中国船东协会也按捺不住满腹的委屈，向记者出示了一份尚未公开的《致中国货主的公开信》。据了解，这封公开信原本计划2个月前就在十几家媒体上公开发表，最后关头因为某部委的干涉而作罢。中国船东协会一位副秘书长援引权威部门的统计数据反驳说：“如果说从今年1月15日开始收取的THC费用让外贸企业不堪重负，那么今年一季度我国外贸增长与去年同期相比提高7.7%、出口增长9.9%该作何解释？事实上，货主支付给船东的费用占外贸出口货值的比例不足5%，而THC更是其中很小的一部分。”

二、外贸企业再也无法承受任何额外收费了

中国货主协会有关负责人指出，根据国际惯例，码头装卸费一向是包含在海运运费里的。这一点，国际班轮运输条款中有明确的规定，中国货主与其国际贸易伙伴也都有明确的约定，从未有过分歧或争议。班轮公会声称应境外买方的要求由船公司在运价不调整的情况下向中国货主额外加收THC费用，完全没有事实依据。

此外，这位负责人指出，船公司纷纷称航运市场低迷，船公司亏损经营，难以为继，遂不得已才决定加收THC以弥补损失。然而，当前国际航运市场上集装箱运力仍以远远超过国际集装箱货运量增长的速度在增长。因此，各国际航运公会当务之急是把更多的精力放在组织协调各航线运力、防止恶性竞争、避免自相残杀，而不是联合起来强行逼迫货主接受不合理收费项目。

这位负责人最后指出，当前国际经济形势非常严峻，国际贸易保护主义明显抬头，中国外经贸发展的阻力在增加，外贸出口成本居高不下。上百亿元的外贸运输成本的不合理增加必然严重影响到中国外经贸的健康发展，而最终也将不可避免地损害船公司自身的利益。

“THC对于货值低的初级产品影响尤其大，以我们公司为例，THC已经导致利润普遍下降了一半，现在卖一吨花生也就挣30元，一标箱的利润也不过1 000元。”电话的那头，中粮河北贸易有限公司储运部经理梁红钢无奈地回答着记者的提问，“尤其是一些近洋的船只，本来运费也就300美元/标箱，现在再加上46美元的THC，涨幅太明显了。更为被动的是，船公司并不将THC划入运价，我们也就无法做到卖价里，没处消化。”梁红钢最后情绪激动地表示，今年以来为了应对欧盟等国的技术或绿色壁垒，外贸企业已经付出了巨大的成本，现在不能再承受任何额外收费了，他表示目前该公司“拖欠”了十几万元的THC，一旦支出，只能靠出口退税维持经营了。

格兰仕公司船务部一位女士也表示，仅出口量该公司每月就达800个集装箱（40英尺），以每箱收THC560元计算，额外支出巨大。再加上进口原料也要交THC，这对于一向重视成本压缩、以价格取胜的格兰仕可谓腹背受敌。

三、一根稻草压死一只骆驼

与中国货主协会指责THC是垄断行为不同，中国船东协会认为THC只是一次早该进行的市场价格调整。按照中国船东协会的解释，THC是传统的船舷边交货发展到集装箱堆场交货后，为适当弥补承运人额外负担的部分码头操作费用而产生的，主要是集装箱在港口的装卸费、平移费、吊上吊下费等。此外，近年来海运运价不断下跌也是不争的事实，以远东——欧洲航线为例，从最初的2 000美元/标箱跌到了如今的500美元~600美元，货主从中得到了充分的实惠，而船公司却背负了越来越沉重的成本负担，在这一背景下，船公司适当收取THC应该是可以理解的。

至于为何THC要从海运运价里分离出来单独计算，中国船东协会认为这样能更清楚地反映海运运价随市场供求变化而相应变化的情况，增加运费报价的知名度，这也是当前国际贸易的大趋势。

为了说明问题，这位负责人还专门画了一张图解释收取THC的理由。他指出，现代物流手段已使传统的海运运输链条被延长，派生出了从船舷边到码头堆厂这一段的运输装卸费用；此外，除了纯粹的海运运费，船公司还要承担港口附加费、燃油附加费、货币附加费等多种因素导致的成本支出，因此，班轮行业普遍主张分段计费。

记者又电话采访了美国总统轮船公司和丹麦马士基公司，他们均承认已从1月份起在中国港口加收了THC，“并且不会回避THC问题”，但除此以外不愿发表任何看法。据一位业内人士透露，随着近些年来海运市场运力的过剩和竞争的加剧，即使一些世界知名的公司其海运业务也是亏损至多持平的，全靠多元化经营的其他项目“帮衬”。

四、“尴尬”的中外运

在THC纠纷中，处境最尴尬的莫过于中外运了。作为一家船公司，中外运无疑是支持收取THC的；同时作为一家货运代理公司，它又必须抵制收取THC。其实这也正像眼下的事态进展，各方看来均有充分的理由，THC就像一根稻草，谁都宣称如果压在自己的身上会无法承受。此外，中国货主协会指责班轮公司应该为近些年的过度膨胀付出代价，换言之应该死掉——THC不能适应市场竞争的船公司。中国船主协会对此欣然接受，同时指出如果THC将使一些外贸公司无法生存，那这些公司也应该公平地被淘汰掉。也许，THC究竟该不该收，本来就该是由市场来决定，只是这将不只是中国货主协会与中国船主协会的斗争，而是世界范围内的船货之争。

THC背景：2001年12月，泛太平洋稳定协议组织（TSA）、西行泛太平洋稳定协议组织（WTSA）、亚洲区内讨论协议组织（IADA）、远东班轮公会（FEFC）、亚洲西行运价协议组织（AWRA）等航运公会组织宣布：已决定从2002年1月15日起向货主收取THC（码头装卸费），标准如下：干货，20英尺集装箱370元人民币，40英尺集装箱560元人民币；

冷藏货，20英尺集装箱410元人民币，40英尺集装箱610元人民币。已在广东、广西、海南、云南现行收取的始发地接货费（ORC）改名为THC，其原收费标准（20英尺集装箱141美元，40英尺集装箱269美元）不变。在此之前，THC已被船公司在世界范围内单独实施12年，其间纠纷不断。据报道，美国企业的出口货物无需支付THC，进口时的THC费率也极低；2000年5月，欧盟以违反欧盟竞争法为由，对15家船公司收取附加费的行为，处以700万欧元的罚款；最近，澳大利亚货主协会也把收取ORC和THC的船公司告上法庭。

（资料来源：中国经营报.）

思考题

1. 装卸搬运在物流环节中所处的地位是什么？
2. 如何改善码头装卸搬运费用？

思考与练习

一、单项选择题

1. 把物料和物料的存放状态随装卸搬运的作业的难易程度称为（　　）。
   A. 搬运指数　B. 搬运活性指数　C. 灵活性指标　D. 状态
2. 将物品放在托盘或支架上，其搬运活性指数为（　　）。
   A. 0级　B. 1级　C. 2级　D. 3级
3. 装卸搬运中提高机械性原则是使货物处于搬运活性指数（　　）的状态。
   A. 低　B. 运动　C. 静止　D. 高
4. 放于搬运车、台车或其他可移动挂车上的货物，其搬运活性指数为（　　）。
   A. 0级　B. 1级　C. 2级　D. 3级
5. 物流每一项活动开始及结束时必然发生的活动是（　　）。
   A. 装卸搬运　B. 配送　C. 分拣　D. 配装

二、多项选择题

1. 装卸搬运在物流中是（　　）性的活动。
   A. 附属性、伴生性的　B. 支持、保障性
   C. 衔接性　D. 主导性
2. 装卸搬运的作业方法按作业对象（货物形态）分类，可分为（　　）方法。
   A. 单件作业法　B. 集装作业法　C. 散装作业法　D. 托盘作业法
3. 先将货物集零为整（集装化）再行装卸搬运的方法称为集装作业法。它包括（　　）、滑板作业法及挂车作业法等。
   A. 集装箱作业法　B. 托盘作业法　C. 网袋作业法　D. 货捆作业法

三、填空题

1. 装卸（Loading and Unloading）是指物品在指定地点以________或从________卸下的活动。
2. 搬运（Handling/Carrying）是指________物流作业。

3. 装卸搬运主要的作业内容有__________、__________、_________、_________。

四、问答题

1. 装卸搬运的基本原则是什么？
2. 装卸搬运合理化的措施是什么？

本章参考资料

1. 何明珂．物流系统论．北京：中国审计出版社，2001.
2. 唐纳德 J. 鲍尔索克斯，戴维 J. 克劳斯．物流管理－供应链过程的一体化．北京：机械工业出版社，1999.
3. 王之泰．现代物流学．北京：中国物资出版社，1995.
4. 李振．物流学．北京：中国铁道出版社，1996.
5. 吴清一．物流基础．北京：清华大学出版社，2000.
6. 梅绍祖，李伊松，鞠颂东．电子商务与物流．北京：中国邮电出版社，2001.
7. 郭振宇．中国物流现状及改善建议．物流技术与应用，2001（1）．
8. 王之泰．物流基础．北京：高等教育出版社，2005.
9. 徐勇谋．现代物流管理基础．北京：化学工业出版社，2003.
10. 汝宜红．物流学导论．北京：清华大学出版社，2004.

第五章　包　　装

学习目标

1. 掌握包装的基本概念。
2. 掌握包装的合理化和标准化的内容。
3. 知道包装的类型、主要功能和在物流系统中的作用。
4. 了解包装的器材和标识。

主要概念

包装，刚性容器，绿色包装

第一节　包装的概述

包装有两个基本的功能：营销和物流。在营销活动中，包装是“无声的推销员”，它通过商标、形状、图案和色彩等因素向消费者提供产品的信息，同时吸引消费者购买该产品。无论是产品或是材料，在搬运输送以前都要加以某种程度的包装捆扎或装入适当的容器，以保证产品完好地运送到消费者手中。包装的作用是保护物品，使物品的形状、性能、品质在物流过程中不受损坏。通过包装还使物品形成一定的单位，作业时便于处置。此外，由于包装使物品醒目、美观，可以促进销售。

在社会再生产的过程中，包装处于生产过程和物流过程的开始，现代物流认为包装是生产的终点，物流的起点。作为物流的起点，包装完成后的产品便具有物流的能力。包装在整个物流过程中始终发挥着的作用有保护产品、方便整个物流流程的运作、识别产品、提供产品的信息和最终促进产品的销售。在做包装管理决策时，除了根据产品的性质考虑包装的上述功能外，还应当考虑包装材料的成本、包装操作工序所消耗的人力成本、包装在物流中所占用的运输、存储空间和增加产品的质量。在物流的活动中，物流企业可以通过协调包装模数与物流模数、采用机械化包装作业、大型化和集装化包装、轻薄化包装、标准化包装作业以及包装的循环利用；周转包装等办法最大限度地利用包装的优点，克服包装的缺点等措施以实现包装的合理化。

一、包装的概念

《中华人民共和国国家标准物流术语》中认为“包装（Package/Packaging）在流通过程中保护产品、方便储运、促进销售，按照一定的技术方法而采用的容器、材料及辅助物等的总体名称。也指为了达到上述目的而采用容器、材料和辅助物的过程中施加一定技术方法等的操作活动。”，所以包装是包装物及包装操作的总称。

其他国家对包装的定义。美国对其的定义为：“包装是使用适当的材料、容器和技术，使物品安全到达目的地。即在物品运送过程中的每一个阶段，不论遇到任何外在影响，都能保证产品完好，而且不影响物品价值”。

英国对包装的定义为：“包装是为货物的运输和销售所做的艺术、科学和技术上的准备工作”。

加拿大则认为：“包装是将物品由供应者送达客户或消费者手中而能保持物品完好状态的工具”。

二、包装的类型

按照不同的分类标准，包装可以分为下述不同的类型。

（一）按照在流通过程中的作用分类

按照在流通过程中的作用不同，包装可以分为销售包装和运输包装。

1. 销售包装（Sales Package）

又称商业包装或内包装，是“直接接触商品并随商品进入零售网点和消费者或用户直接见面的包装。”它主要是以促进市场销售为主要目的的包装，这种包装的特点是外形美观，有必要的装潢，包装单位适于顾客的购买量以及商店陈设的要求。在流动过程中，商品越接近顾客，越要求包装有促进销售的效果。

2. 运输包装（Transport Package）

也称工业包装或物流包装。是为了方便物流各项活动的包装，其目的是为了方便对产品的装卸、搬运、存储、保管、运输，是以满足物流要求为基础的。运输包装又有内包装和外包装之分，如卷烟的条包装为内包装，大箱包装为外包装。运用包装手段，将单个的商品或零部件用盒、包、袋、箱、桶等方式集中成组，以提高物流管理的效率。这种将单个分散的商品组装成一个更大单元的方式称为成组化或集装化，这是物流包装中的一个重要研究课题。

在物流管理中，包装主要讨论的还是运输包装。

（二）按照包装的形态分类

按照包装的形态不同，包装可分为单个包装、内包装和外包装。

1. 单个包装

它也称为小包装，是物品送到使用者手中的最小单位。用袋或其他容器对物体的一部分或全部包裹起来的状态，并且印有作为商品的标记或说明等信息资料。这种包装一般属于商业包装，应注意美观，能起到促进销售的作用。

2. 内包装

它是将物品或单个包装，或一至数个归整包装，或置于中间容器中，为了对物品及单个包装起保护作用，中间容器内有时采用一定措施。

3. 外包装

基于物品输送的目的，要起到保护作用并且考虑输送搬运作业方便，一般置入箱、袋之中，根据需要对容器有缓冲防震、固定、防温、防水的技术措施要求。一般外包装有密封、增强功能，并且有相应的标识说明。

内包装和外包装属于工业包装，更着重于对物品的保护，其包装作业过程可以认为是物流领域内的活动。而单个包装作业一般属于生产领域活动。

（三）按照包装适用的广泛性分类

按照包装适用的广泛性不同，包装可以分为专用包装、通用包装。

1. 专用包装

是指根据被包装物的特点进行专门设计、专门制造、只适用于某种专门产品的包装。例如：定制化生产后的产品包装。

2. 通用包装

是指产品包装不进行专门的设计制造，而根据标准系列尺寸制造的包装，用以包装各种标准尺寸的产品。例如：啤酒生产商使用的标准玻璃瓶包装。

（四）按照包装技术分类

按照包装的技术的不同，可以将包装分为防潮包装、防锈包装、防虫包装、防腐包装、防震包装、集合包装、拉伸包装与收缩包装、危险品包装等。

（五）按照容器进行分类

按照包装容器的不同，可以将包装包分为包装袋、包装箱、包装盒、包装瓶及包装罐等。

（六）按照包装使用的次数分类

按照包装使用次数不同，可以将包装分为一次性包装、多次包装和周转用包装。一次性包装只能使用一次，不再回收使用。多次包装指的是回收后经适当加工整理仍可使用的包装。周转用包装是专门设计和制作的能够反复使用的包装容器。

（七）按照包装材料进行分类

按照包装材料的不同，可以将包装分为木质包装、纸质包装、塑料包装、金属包装、陶瓷包装、玻璃包装、草制包装、纤维包装和复合材料包装等。

（八）按照产品的经营习惯分类

按照产品的经营习惯不同，包装可分为内销包装、出口包装和特殊商品包装。

三、包装的特性与功能

（一）包装的特性

包装具有三大特性：保护性、单位集中性及便利性。

（二）包装的功能

包装主要有保护功能、成组化功能、跟踪功能、促销功能、便利功能、效率功能六种功能。

1. 保护功能

包装的第一项功能，是对物品起保护作用。货物在整个流动过程中，要经过多次的装卸、存取、运输，甚至拆卸和再包装，会受到各种各样的外力冲击、碰撞、摩擦。另外，有可能在恶劣环境中受到有害物质的侵蚀。为了保护货物、避免不必要的损失，货物必须包装。

2. 成组化功能

即为了材料搬运或运输的需要而将物品整理成适合搬动、运输的单元，如适合使用托盘、集装箱、货架或载重汽车、货运列车等运载的单元。

3. 跟踪功能

良好的货物包装能使物流系统在收货、储存、取货、出运等各个过程中跟踪商品。如将印有时间、品种、货号、编组号等信息的条形码标签贴在物品上供电子仪器识别，能使生产厂家、批发商和仓储企业迅速准确地采集、处理和交换有关信息，加强了对货物的控制，减少了物品在流通过程中的货损货差，提高了跟踪管理的能力和效率。

4. 促销功能

包装能起到广告宣传的效果，良好的包装，往往能为广大消费者或用户所瞩目，从而激发其购买欲望，成为产品推销的一种主要工具和有力的竞争手段。产品包装后，可与同类竞争产品相区别。精美的包装，不易被仿制假冒、伪造，有利于保持企业的信誉。

5. 便利功能

货物的形态是各种各样的，有固体、液体、气体之分，有大有小，有规则与不规则，有块状与粉末状，有硬与软等各种特性，而装卸、运输的工具式样要少得多，为了提高处理的效率，也必须对货物进行包装。良好的包装能有利于物流各个环节的处理方便。如对运输环节来说，包装尺寸、重量和形状，最好能配合运输、搬运设备的尺寸、重量，以便于搬运和保管；对仓储环节来说，包装则应方便保管、移动简单、标志鲜明、容易识别、具有充分的强度。管理工作中的劳动生产率指标一般都用包装后所组成的货物单元来描述。

6. 效率功能

为了提高货物的搬运效率，多数货物都需要经过成组包装后进行运输，以便于运输过程中的搬运和装卸，缩短作业时间，减轻劳动强度，提高机械化作业的效率。另一方面，一类货物的统一包装能使货物堆放、清点变得更加容易，从而提高了仓储工作的效率。

四、包装在物流中的地位

在现代物流观念形成之前，包装被天经地义地看成生产的终点，一直是生产领域的活动，包装的设计往往主要从生产终结的要求出发，因而常常不能满足流通的需要。

包装在物流中有如下地位。

（1）包装处于生产过程的末尾和物流过程的开头，既是生产的终点，又是物流的始点。

（2）包装属于物流系统。物流的研究认为，包装与物流的关系，比之与生产之间的关系密切得多，作为物流始点的意义比作为生产终点的意义要大得多。因此，在现代物流的观念里，包装属于物流系统的范畴，是现代物流的一个新的观念。

（3）包装本身就是一种产品，而产品必须经过包装才算生产结束；因此包装实现代物流管理的一项重要内容。

五、包装与其他物流分系统的关系

包装是物流要素之一，与其他物流分系统之间是相互影响、相互促进、相互制约的关系。

（一）包装和运输的关系

（1）合适的包装能够增加物品在运输环节中的安全性。

合理的包装能够保护商品的物理性能、化学性能不发生变化。如，家用空调的包装，内、外包装的涉及就充分考虑到了运输过程中可能发生的问题，使用了加固了边角有一定强度的纸箱——防挤压；内包装塑料袋——防水、防潮；塑料填充物——防震等合理的包装措施。

（2）在不同的运输环节，对于商品的包装有不同的要求。

如，在陆路运输过程中，商品的包装要着重考虑陆路运输过程中对包装的要求，如防震，防挤压等，而在海运过程中，例如采用集装箱运输，就需要着重考虑海运过程中的防水、防潮等方面的要求。

（3）特殊的商品对于包装和运输条件、运输过程中的防护措施，有更高的要求。需要采用特殊的包装，以及与之相对应的特殊的运输条件等。如一些药品，化工产品等。

（二）包装与搬运装卸的关系

1. 合适的包装能够增加物品在搬运装卸过程中的安全性

碰撞、刺破是搬运装卸过程中常见的两种损害方式。而增强包装以减少货物损害，就显得非常重要。如，平板玻璃在运输过程中，就采用了钢托架、木托架等包装器具。

2. 不同的搬运装卸方式需要不同的包装进行配合

如采用人工搬运装卸方式为主，就需要按照人工可胜任的重量单位进行包装。若采用机械化操作方式为主，就无需包装成小单位，只要交易许可，则可以尽可能包装成大的单位，以提高运作效率。

（三）包装和储存的关系

1. 合适的包装能够使得商品在储存过程中避免受到损害

如，在堆垛的过程中，过高的堆垛可能会使底层的货物受压变形甚至压碎，因此需要强度较大的外包装。以 10KG 的货箱为例，如果货物码放 8 层，那么，最底层箱子的最低承重重量应为 70KG。又如，在仓库中存放的过程中，绝大多数的货物在潮湿的环境中都会受到不同程度的损害。因此，除了仓库中必要的防护措施以外，防水防潮功能的包装也是必需的。

2. 储存环节又受到包装的制约

如上例中，如果纸箱的设计承重为 70KG，那么，即使仓库很高，货物能够堆垛很多层，也只能码放 8 层。这样，就又可能造成仓库空间的浪费。

（四）包装与物流信息的关系

商品包装与商品条码、物流条码等信息相结合，构成了现代商品信息的重要部分。

条码技术的普遍使用，是物流行业快速发展的重要基础。

商品的条码，就是商品的“身份证”。条码技术大大改进了信息采集与处理的准确性、快速性，也从根本上改变了信息处理的流程和方法。1991 年，中国物品编码中心代表中国加入了国际物品编码协会 EAN，2003 年，国家质量监督检验检疫总局下发文件，正式批准了条码推进工作计划纲要。我国的条码工作处于一个飞速发展的时期。

商品的条码都在商品的包装上印刷或者进行标识。以标准版商品条码为规则，确定的商品条码，是物流信息处理的重要信息来源。

按照编码规则确定的商品的物流条码，也成为企业物流运作的重要信息来源。

六、包装器材

包装器材包括包装器具和包装材料。

（一）包装器具

一般的器具形式有刚性容器、托盘用具和集装箱。

1. 刚性容器

是以一定的材料为原料制成的具有一定物理性能的容器。具体包括，以纸制品、塑料、木料、玻璃、陶瓷、各类金属为材料制成的箱子、瓶子、罐子等容器。

（1）纸制容器。运输用大型纸袋可用 3 层～6 层牛皮纸多层叠合而成，也可用牛皮纸和塑料薄膜做成复合多层构造。纸箱的原料是各种规格的白纸板和瓦楞纸板，但要求其强度和耐压能力必须达到一定指标，在选材和尺寸设计时应加以注意。

（2）塑料制品容器。塑料包装制品的应用日益广泛，塑料袋及塑料交织袋已成为牛皮纸袋的代用品。塑料制品还用于酒、食油等液体运输容器的革新，开发了纸袋结合包装，其方法是将折叠塑料袋容器放入瓦楞纸箱中，以代替传统的玻璃瓶、金属罐、木桶等。塑料成型容器也得到广泛的应用，如聚乙烯容器，包括箱、罐等，特别是颜料和食品业等塑料通用箱发展很快。

（3）木制容器。木制容器包括木箱、胶合板箱及木桶。为了节省木材，常使用框架箱、栅栏箱或木条胶合板箱，为了增加强度也有加铁箍的。对于重物包装，常在底部加木制垫货板。

（4）金属容器。输送用的金属容器有罐和箱，材料有镀锌铁板等。罐用于装食品、化学药品、牛奶、油质类物品，而桶则主要用于装以石油为主的非腐蚀性的半流体及粉体、固体。

2. 托盘用具

托盘用具，特别是联运用平托盘，是包装的主要用具之一，也是物流的主要器具之一。托盘用具的标准化，是我国物流标准化的内容之一。

虽然我国尚未从物流系统角度全面开展物流各环节的标准化工作，但是已经制定了一些分系统的标准，其中如汽车、叉车、吊车已经全部实现了标准化，而包装模数、包装尺寸、联运用平托盘，也参照国际标准，制定了国家标准。联运用平托盘的外部尺寸规定为优先选用尺寸两种，各为：TP2 - 800 MM × 1200MM，TP3 - 1000 × 1200MM，可选用尺寸为 TP1 - 800 × 1000MM，托盘高度的基本尺寸为 100MM 与 70MM 两种。

3. 集装箱

集装箱又称货柜，是一种具有一定规格和强度的、专门为运输周转使用并便于装卸机械操作的大型货物容器。它是物流的重要器具，也是包装的重要器具。由于集装箱与货物的外包装和其他容器不同，使用集装箱转运货物，可以直接在发货人的仓库装货，运到收货人的仓库卸货，中途更换车船时，无需把货物从箱内取出，所以它既是一种包装容器，又是一种运输工具。

（二）包装材料

我国常用的包装材料有纸、塑料、木材、金属、及玻璃等。从各个国家包装材料的使用情况来看，使用最广泛的是纸和纸制品，其次是木材，塑料材料的使用数量正在以很快的速度增长。随着各国对环境保护的要求，再生资源利用的包装制品、可多次利用的包装材料以及新型材料也在物流行业中开始使用。

（1）纸以及纸制品。

（2）塑料以及塑料制品。包括聚乙烯、聚丙烯、聚苯乙烯、聚氯乙烯、钙塑制品等。

（3）木材以及木材制品。

（4）金属：镀锌薄板、涂铁板、铝合金等。

（5）玻璃、陶瓷。

（6）复合材料。

（三）包装用辅助材料

包装用的辅助材料主要有：

1. 粘合剂

用于材料的制造、制袋、制箱及封口作业。粘合剂有水型、溶液型、热融型和压敏型的区分。近年来由于普遍采用高速制箱及封口的自动包装机，所以大量使用短时间内能够粘结的热融粘合剂。

2. 粘合带

它有橡胶带、热敏带、粘结带三种。橡胶带遇水可直接溶解，结合力强，粘结后完全固化，封口很结实；热敏带一经加热活化便产生粘结力，一旦结合，不好揭开且不易老化；粘结带是在带的一面涂上压敏性结合剂，如纸带、布带、玻璃纸带、乙烯树脂带等，也有两面涂胶的双面胶带，这种带子用手压便可结合，十分方便。

3. 捆扎材料

捆扎的作用是打捆、压缩、缠绕、保持形状、提高强度、封口防盗、便于处置和防止破损等。现在已很少用天然捆扎材料，而多用聚乙烯绳、聚丙烯绳、纸带、聚丙烯带、钢带、尼龙布等。

(四) 绿色包装材料

在社会经济得到发展的同时，如何减少资源的消耗，如何减少对环境的污染，走可持续发展的道路已成为当今各行各业关心的重点，绿色包装就是顺应了这种趋势而发展起来的。绿色包装就是指在包装设计、包装材料的应用等方面要充分考虑资源的尽可能少的消耗，尽可能避免环境的污染，走可持续发展的道路，在中国的物流及包装行业的素质不断提高、包装材料多样化发展、包装设备与技术不断更新改进的今天，更应该大力提倡绿色物流。

我国绿色包装发展面临的主要困难和问题是：环境污染问题还没有引起足够的重视；缺少与国外包装法规相配套的法规和条例；行业管理散乱；包装材料受限；废弃包装回收利用技术和力度不到位。结合中国的国情，应采取变革绿色包装观念，完善产业服务体系，组织技术开发，寻求政策支持等对策。通过绿色包装促进绿色包装材料的推广普及是一个重要的措施。绿色包装材料的种类有如下几种。

1. 重复再用和再生的包装材料

重复再用包装，如啤酒、饮料、酱油、醋等包装采用玻璃瓶可反复使用。

再生利用包装，例如聚酯瓶在回收之后，可用两种方法再生。物理方法是指直接彻底净化粉碎，无任何污染物残留，经处理后的塑料再直接用于再生包装容器；化学方法是指将回收的 PET 粉碎后，用解聚剂在碱性催化剂作用下，全部或部分解聚为单体或低聚物，纯化后再重新聚合成再生的 PET 树脂包装材料。

包装材料的重复利用和再生，仅仅延长了塑料等高分子材料作为包装材料的使用寿命，当达到其使用寿命后，仍要面临对废弃物的处理和环境污染问题。

2. 可食性包装材料

几十年来，大家熟悉的糖果包装上使用的糯米纸及包装冰激凌的玉米烘烤包装杯都是典型的可食性包装。

人工合成可食性包装膜中比较成熟的是 20 世纪 70 年代已工业化生产的普鲁兰树脂，它是无味、无嗅、非结晶、无定形的白色粉末，在水中容易溶解，可为黏性、中性、非离性的不胶化水溶液，经干燥或热压能制成透明、无色、无嗅、无毒，具有韧性、高抗油性，能食用的薄膜，也可做仪器包装。可食性包装材料在食品工业，尤其在果蔬保鲜方面，具有广阔的应用前景。

3. 可降解材料

可降解材料是指在特定时间内造成性能损失的特定环境下，其化学结构发生变化的一种塑料。可降解塑料包装材料既具有传统塑料的功能和特性，又可以在完成使用寿命之后，通过阳光中紫外线的作用或土壤和水中的微生物作用，在自然环境中分裂降解和还原，最终以无毒形式重新进入生态环境中，回归大自然。

可降解塑料主要分为合成光降解塑料、添加光敏剂的光降解塑料和生物降解塑料，以及多种降解塑料复合在一起的多功能降解塑料。

七、包装的标识

在物流领域，识别标识主要用于货物的运输包装上标识，就是标志与识别。在物流系统中，识别系统是重要的组成部分之一，同时，识别系统也是最早实现标准化的系统之一。传统的包装标识标准化，将包装标识分为三类：即识别标识、储运标识和危险货物标识。

（一）识别标记

包括主要标记、批数于件数号码标记、目的地标记、体积重量标记、附加标记和运输号码标记。

（二）储运标记

包括向上标记、防潮防水标记、小心轻放标记、由此起吊标记、由此开启标记、重心点标记、防热标记、防冻标志以及其他诸如“切勿用钩”、“请勿斜放”标记等，如图 5－1 所示。

图 5－1　包装指示标志

（三）危险货物标记

包括爆炸品标记、氧化剂标记、无毒不燃压缩气体标记、易燃压缩气体标记、有毒压缩气体标记、易燃物品标记、有毒品标记、剧毒品标记、腐蚀性物品标记、放射性物品标记，如图 5－2 所示。

采用标记的识别办法，最主要的目的是引起人们的注意，对人们的处理起着简明扼要的提示作用，因此标记必须牢固、醒目、简单、正确、方便阅读，以使使用者掌握要领，发现错误并即使纠正。

在现代物流实践发展的过程中，也采用了标记加条码的方式进行标识。因为条码有比较大的数据存储空间，可以将与物流相关的信息都包括在内。这个是图形等传统标志所不能比拟的。但是由于条码缺乏读取的直观性，而与标志联合使用，取得了非常好的效果。

图5－2　包装危险品标志

第二节　包装的操作技法

一、包装技法

产品包装技法是指包装操作时所采用的技术和方法。这是多数产品都需要考虑采用的技术和方法，故称之为一般包装技法。通过包装技法才能使销售包装件和运输包装体成为一个整体。包装技法往往与包装设备联系在一起，有时它的完成还需要一些辅助材料和衬垫材料、防潮材料、防锈材料、包扎材料等。产品包装技法还包括包装操作中所完成的一系列工作，如置放、排列、加固、捆扎等，以及包装操作中所采用的各种技术如缓冲、保鲜、防潮、防霉、防锈等。

（一）产品包装的一般技法

1. 对内装物进行合理置放、固定和加固

在运输包装体中装进形态各异的产品，需要具备一定的技巧，只有对产品进行合理置放、固定和巧妙加固，就能达到缩小体积、节省材料、减少损失的目的。例如，对于外形有规则的产品，要注意套装；对于薄弱的部件，要注意加固；包装内重量要注意均衡；产品与产品之间要注意隔离和固定。

2. 对松泡产品进行压缩

对于一些松泡产品，包装时所占用容器的容积太大，相应的也就多占用了运输空间和储存空间，增加了运输储存费用，所以对于松泡产品要压缩体积。一般采用真空包装技法，可大大缩小松泡产品的体积，缩小率可达50%～85%。

3. 合理选择外包装的形状尺寸

有的商品运输包装件，还需要装入集装箱，这就存在包装件与集装箱之间的尺寸配合问题。如果配合得好，就能在装箱时不出现空隙，有效地利用箱容，并有效地保护商品。包装尺寸的合理配合主要指容器底面尺寸的配合，即应采用包装模数系列。至于外包装高度的选择，则应由商品特点来决定，松泡商品可选高一些，沉重的商品可选低一些。包装件装入集装箱只能平放，不能立放或侧放。在外包装形状尺寸的选择中，要注意避免过高、过扁、过大、过重包装。过高的包装会重心不稳，不易堆码；过扁的包装则给标志刷字和标志的辨认带来困难；过大包装量太多，不易销售，而且体积大也给流通带来困难；过重包装则纸箱容易破损。

4. 合理选择内包装（盒）的形状尺寸

内包装一般属于销售包装。在选择其形状尺寸时，要与外包装形态尺寸相配合，内包装的底面尺寸必须与包装模数协调，而且高度也应与外包装高度相匹配。

5. 包装外的捆扎

外包装捆扎对包装起着重要作用，有时还能起关键性作用。捆扎的直接目的是将单个物件或数个物件捆紧，以便于运输、储存和装卸。此外，捆扎还能防止失盗而保护内装物，能压缩容积而减少保管费和运输费，能加固容器，一般合理捆扎能使容器的强度增加20～40%。捆扎的方法有多种，一般根据包装形态、运输方式、容器强度，内装物重量等不同情况，分别采用井字、十字、双十字和平行捆等不同方法。对于体积不大的普通包装，捆扎一般在打包机上进行，而对于集合包装，用普通捆扎方法费工费力，一般采用收缩薄膜包装技术和拉伸薄膜包装技术。

（二）产品包装的特殊技法

由于产品特性不同，在流通过程中受到内外各种因素影响，其物性会发生人们所不需要的变化，或称变质，有的受潮变质，有的受震动冲击而损坏。所以需要采用一些特殊的技术和方法来保护产品免受流通环境各因素的作用。因此，此类技术和方法也称特殊包装技法。它所包括的范围极为广泛，有缓冲、保鲜、防潮、防锈、脱氧、充气、灭菌等。

1. 缓冲包装技法（或称防震包装技法）

缓冲包装技法又称防震包装技法，是解决包装物品免受外界的冲击力，振动力等作用，从而防止损伤的包装技术和方法。

（1）全面防震方法。全面防震包装方法是指产品或内包装的整个表面都用缓冲材料衬垫的包装方法，如图5－3所示。

（2）部分防震包装方法。对于整体性较好的产品和有内容器的产品，仅在产品或内包装的拐角或局部地方采用缓冲材料衬垫即可满足防震的要求，常用的包装材料有泡沫塑料防震垫、充气型塑料薄膜防震垫、橡胶弹簧，部分缓冲可以有天地盖、左右套、四棱衬垫、八角衬垫和侧衬垫等，如图5－4，5－5所示。

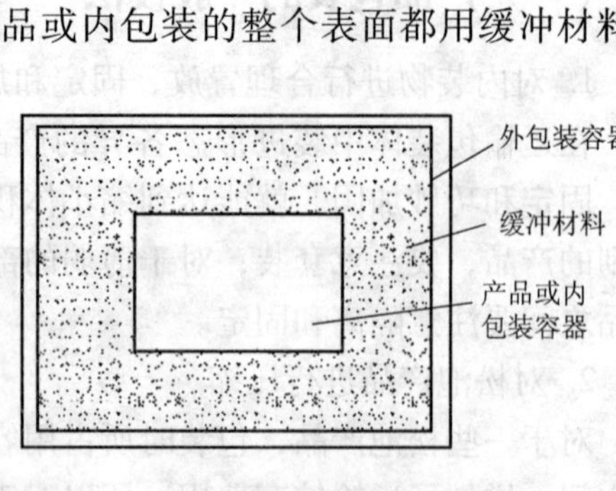

图5－3　全面缓冲包装

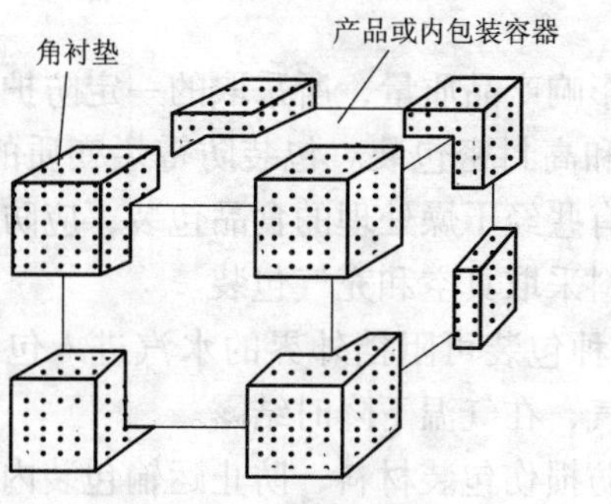

图 5－4 八角衬垫包装

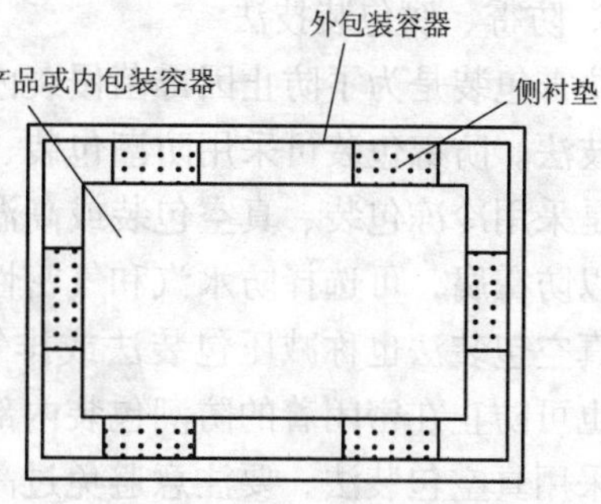

图 5－5 侧衬垫包装

(3) 悬浮式缓冲防震包装方法。对于某些贵重易损的物品，为了有效地保证在流通过程中不被损坏，外包装容器比较坚固，采用绳、带、弹簧等将被装物悬吊在包装容器内，使其悬浮吊起，内装物都被稳定地悬吊而不与包装容器发生碰撞，从而减少损坏，如图 5－6 所示。这种方法适用于极易受损，且要求确保安全的产品，如精密机电设备、仪器、仪表等。

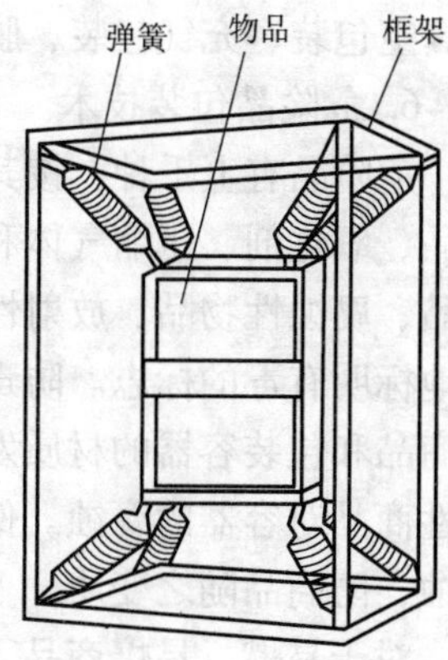

图 5－6 悬浮式缓冲包装

2. 防潮包装技法

防潮包装技法就是采用防潮材料对产品进行包装，以隔绝外部空气相对湿度变化对产品的影响，使得包装内的相对湿度符合产品的要求，从而保护产品质量。

采取的基本措施是以防潮性能良好的密封容器或薄膜包装材料将已干燥的物品密闭起来，以避免外部空气中潮气变化对内装物的影响。常用的包装容器有陶瓷容器、金属罐、玻璃瓶等。

3. 防锈包装技法

防锈包装技法是运输储存金属制品与零部件时，为了防止其生锈而降低使用价值或性能所采用的包装技术和方法。在运输储存金属制品与零部件时，为防止因锈蚀而降低价值或性能所采用的技术和方法。目的是消除和减少致锈的各种因素，采取适当的防锈处理。

(1) 防锈油（黄油）防锈蚀包装技术。大气锈蚀是空气中的氧、水蒸气及其他有害气体等作用于金属表面引起电化学作用的结果。如果使金属表面与引起大气锈蚀的各种因素隔绝，即将金属表面保护起来，就可达到防止金属大气锈蚀的目的。防锈油包装技术就是根据这一原理在金属表面上涂覆防锈油（俗称黄油），使金属表面与空气和水隔绝，达到防锈的目的。用防锈油封装金属制品，要求油层有一定厚度，涂层完整。不同类型的防锈油要采用不同的方法进行涂覆。

(2) 气相防锈包装技术。气相防锈包装技术就是用气相缓蚀剂（挥发性缓蚀剂），在密封包装容器中对金属制品进行防锈处理的技术。气相缓蚀剂是一种能减慢或完全停止金属在侵蚀性介质中的破坏过程的物质，它在常温下即具有挥发性。气相缓蚀剂在密封包装容器中，在很短的时间内挥发或升华出的缓蚀气体就能充满整个包装容器内的每个角落和缝隙，同时吸附在金属制品的表面上，从而起到抑制大气对金属锈蚀的作用。

4. 防霉、腐包装技法

防霉包装是为了防止因霉菌侵袭内装物长霉而影响产品质量，所采取的一定防护措施的包装技法。防霉包装可采用防潮包装、耐低温包装和高封密包装。包装防霉烂变质的措施，通常是采用冷冻包装、真空包装或高温灭菌方法。有些经干燥处理的食品包装，应防止水汽浸入以防霉腐，可选择防水汽和气密性好的包装材料采取真空和充气包装。

真空包装法也称减压包装法或排气包装法。这种包装可阻挡外界的水汽进入包装容器内，也可防止在密闭着的防潮包装内部存有潮湿空气，在气温下降时结露。

采用真空包装法，要注意避免过高的真空度以防损伤包装材料，防止运输包装内货物发霉，还可使用防霉剂，防霉剂的种类较多用于食品的必须选用无毒防霉剂。机电产品的大封闭箱，可酌情开设通风孔或通风窗等相应的防霉措施。

5. 防虫包装技术

防虫包装技术常用的是驱虫剂，即在包装中放入有一定毒性和臭味的药物，利用药物在包装中挥发气体杀灭和驱除各种害虫。常用驱虫剂有萘、对位二氯化苯、樟脑精等，也可采用真空包装、充气包装、脱氧包装等技术。使害虫无生存环境，从而防止虫害。

6. 危险品包装技术

危险品有上千种，按其危险性质，交通运输及公安消防部门规定分为十大类，即爆炸性物品、氧化剂、压缩气体和液化气体、自燃物品、遇水燃烧物品、易燃液体、易燃固体、毒害品、腐蚀性物品、放射性物品等，有些物品同时具有两种以上危险性能。对有毒物品需明显地标明有毒的标志。防毒的主要措施是包装严密不漏、不透气。对有腐蚀性的商品，要注意商品和包装容器的材质发生化学变化。金属类的包装容器，要在容器壁涂上涂料，防止腐蚀性商品对容器的腐蚀。例如包装合成脂肪酸的铁桶内壁要涂有耐酸保护，防止铁桶被商品腐蚀，防商品随之变质。

对于易燃、易爆商品，防爆炸包装的有效方法是采用塑料桶包装，然后将塑料桶装入铁桶或木箱中，每件净重不超过50公斤，并应有自动放气的安全阀，当桶内达到设定气体压力时能自动放气。

7. 特种包装技术

主要有以下几种技术：

（1）充气包装。充气包装是采用二氧化碳气体或氮气等不活泼气体置换包装容器中空气的一种包装技术方法，因此也称为气体置换包装。这种包装方法的根据是：好氧性微生物需要氧代谢，在密封的包装容器中改变气体的组成成分，降低氧气的浓度，可以抑制微生物的生理活动、酶的活性和鲜活商品的呼吸强度，达到防霉、防腐和保鲜的目的。

（2）真空包装。真空包装是将物品装入气密性容器后，在容器封口之前抽成真空，使密封后的容器内基本没有空气的一种包装方法。一般的肉类商品、谷物加工商品以及某些容易氧化变质的商品都可以采用真空包装，真空包装不但可以避免或减少脂肪氧化，而且抑制了某些霉菌和细菌的生长。同时在对其进行加热杀菌时，由于容器内部气体已排除，因此加速了热量的传导。提高了高温杀菌效率，也避免了加热杀菌时，由于气体的膨胀而使包装容器破裂。

(3) 收缩包装。收缩包装就是采用收缩薄膜物品（或内包装件）进行裹包，然后对薄膜进行适当加热处理，使薄膜收缩而紧贴于物品（或内包装件）的包装技术方法。收缩膜是一种经过特殊拉伸和冷却处理的聚乙烯薄膜，由于薄膜在定向拉伸时产生残余收缩应力，这种应力受到一定热量后便会消除，从而使其横向和纵向均发生急剧收缩，同时使薄膜厚度增加，收缩率通常为30% ~70%，收缩力在冷却阶段达到最大值，并能长期保持。

(4) 拉伸包装。拉伸包装是20世纪70年代开始采用的一种新包装技术，它是由收缩包装发展而来的，拉伸包装是依靠机械装置在常温下将弹性薄膜围绕被包装件拉伸、紧裹，并在其末端进行封合的一种包装方法。由于拉伸包装不需进行加热，所以消耗的能源只有收缩包装的1/20。拉伸包装可以用于捆、包单件物品，也可用于托盘的集合包装。

(5) 脱氧包装。脱氧包装是在密封的包装容器中，使用能与氧气起化学作用的脱氧剂，从而除去包装容器中的氧气，以达到保护包装内物品的目的。脱氧包装方法适用于某些对氧气特别敏感的物品，使用于那些即使有微量氧气也会促使品质变坏的食品包装中。

二、包装操作技术

(1) 充填技术。充填是将商品装入包装容器的操作，分为装放、填充与灌装三种形式。

(2) 封口和捆扎技术。

(3) 裹包。裹包是用一层挠性材料包覆商品或包装件的操作。

(4) 加标和检重。加标就是将标签粘贴或拴挂在商品或包装件上，标签是包装装潢和标志，因此加标也是很重要的工作。检重是检查包装内容物的重量，目前大多采用电子检重机进行检测。

第三节 包装的合理化与标准化

一、影响包装的因素

(一) 商品的自身特性

包装需要首先考虑商品自身的特性，以此进行必要的包装。如易碎商品、不规则商品、保鲜商品、在一定环境条件下如光照潮湿等易变质商品，都要根据具体的特性采用相应的包装。

(二) 物流其他环节的要求

为了避免在物流的过程中，由于包装不善而在商品造成不必要的损害，就需要在商品进行包装的时候，考虑到物流其他环节的要求。如以防震、防水、防挤压、防潮、防阳光照射等为目的进行的包装。此外，还需要考虑到物流其他操作环节可能使用的机械和用具，合理的确定包装的尺寸、规格和强度、硬度等物理性能。

（三）集装单元化和标准化的要求

为了更好地适应国际经济交流的需要，要求企业按照国际标准、国家标准，进行集装化、单元化包装。如，采用便于大规模装卸的包装规格、普遍的使用条码、使用国际通用的包装标识和包装器具。这是现代化企业参与竞争必须要采用的。

（四）成本

包装成本与流通损失是一个此消彼长的关系，也是符合“二律背反”的。加强商品的包装，会引起包装成本的提高，但也可以防止流通过程中的损失。企业需要找到一个合理包装的平衡点，使得包装成本与流通中损失的总成本最低。盲目的加强包装，或者减少包装，都是不正确的。

（五）环保的要求

实现国家经济的可持续发展，改善和保护环境，是每个企业需要承担的社会责任。而绿色包装，是包装发展的趋势。因此，在包装的过程中，无论是包装材料，还是包装过程，都要尽可能地用绿色环保的标准来要求，为国家和社会作出更大的贡献。

二、包装管理存在的问题

（一）包装不足

（1）包装强度不足，从而使包装防护性不足，造成被包装物的损失；

（2）包装材料水平不足，由于包装材料选择不当，材料不能很好承担与保护的作用；

（3）包装容器的层次及容积不足，缺少必要的层次或所需体积不足造成商品破坏和损失；

（4）包装成本过低，由于企业一味地追求成本降低，使包装的防护功能下降，从而不能保证有效的包装。

（二）包装过剩

（1）包装物强度设计过高。如包装材料截面过大，包装方式大大超过强度要求等，从而使包装的防护性过高。

（2）包装材料选择不当，选择过高。如可以用纸板却采用镀锌、镀锡材料等；

（3）包装技术成本过高。一方面可能使包装成本支出大大超过减少损失可能获得的效益，另一方面，包装成本在商品成本中的比重过高，损害了消费者利益。

（三）包装模数问题

包装模数是关于包装基础尺寸的标准化及系列尺寸选定的一种规定。包装模数标准确定之后，各种进入流通领域的商品便需按模数规定的尺寸进行包装，按模数包装之后，各种包装货物可以按一定规定随意组合，这就有利于小包装的集合，有利于集装箱用托盘装箱、装盘。包装模数如能和仓库设施、运输设施尺寸模数统一化，也有利于运输和保管。包装模数尺寸的标准化，有一定局限性，大部分工业产品，尤其是散杂货可以实现包装标准化。有些产品则无法实现其标准化。

（四）包装管理最优化问题

物流过程中的物流因素随着现代科技的进步和人为自然环境的变化而不断地发生变化。现代企业在物流活动过程中必须正确地确定包装形式，选择包装方法；适应物流因素的变化。在确定包装时，必须针对企业不同的装卸、保管和运输的条件及其方式来确定最优化包装。

三、包装的发展趋势

（一）包装的大型化和集装化

包装大型化和集装化十分有利于物流系统在装卸、搬运、保管等过程的机械化；有利于加快这些环节的作业速度从而加快全物流过程的速度；有利于减少单位包装，节约包装材料的包装费用；还有利于货体保护。可以认为，为实现物流过程的机械化、自动化，提高物流效率，包装的大型化和集装化是必不可少的。

采用大型和集装方式还要考虑大型包装和集装这种运输包装形态和销售的结合。办法是，使大型包装和集装的货物个体的工业包装实现商业包装化，即货物个体由于大型包装和集装的保护作用，可省去单独的工业包装，而使之商业包装化，从大型包装或集装中取出后，拆除工业包装即可成为销售单位并有促销效果。

（二）包装的多次、反复使用和废弃包装处理

包装产业现今已是世界各国的重要产业之一，在有的国家已占到国民经济的5%。这么大的产业，资源消耗巨大，因而资源回收利用、梯级利用、资源再循环是包装领域现代化的重要课题。

在这方面，有许多有效的管理措施，如通用包装、周转包装、梯级利用和再生利用。

四、包装合理化

（一）包装合理化的概念

包装合理化一方面包括包装总体的合理化，这种合理化往往用整体物流效益与微观包装效益的统一来衡量，另一方面也包括包装材料、包装技术、包装方式的合理组合及运用。

（二）不合理包装的形式

1. 包装不足

由于包装不足，造成的主要问题是在流通过程中的损失及降低促销能力。这一点不可忽视。我国曾经举行过的全国包装大检查，经过统计分析，认定由于包装不足引起的损失，一

年达 100 亿元以上。因此物流包装材料的选择应该遵循以下原则：

包装材料应与包装物相适应，在满足功能的基础上尽量降低材料费；包装器材与包装类别相协调；包装器材与流通条件相适宜。

2. 物流包装过剩

包装过剩的浪费不可忽视，对于消费者而言，购买的主要目的是内装物的使用价值，包装物大多作为废物甩弃，因而会形成浪费。此外过重、过大的包装，有时适得其反，反而会降低促销能力，所以也不可取。根据日本的调查，目前发达国家包装过剩问题很严重，约在 20% 以上。

（三）对包装合理化的要求

（1）包装材料和包装容器应当安全无害。包装材料要避免有害物质，包装容器的造型要避免对人体造成伤害。

（2）包装的容量要适当。包装的容量一方面要适应商品的消费，使得商品在消费中不致造成不必要的损失；另一方面，同一类商品的包装容量不应千差万别，以致造成顾客难以判断商品的贵贱。

（3）包装容器的内装物要有贴切的标志或说明。商品包装物上关于商品质量的规格等标志说明，一定要便于顾客识别和选择，要能贴切的表示内装物的性状，不得言过其实。

（4）包装内商品空闲空间不能过大。

（5）包装费用要与内装商品相适应。包装费包括包装本身的费用和包装作业的费用。包装费用与内装商品相适应，但不同商品对包装要求不同。包装费用的比率是不相同的，很难有一个统一的要求。一般来说，对于普通商品，包装费应低于商品售价的 15%，这只是一个平均指标，不是说高了一定不合理，低了就一定合理。例如，有些包装如金属罐作用大，实际已成为商品的一部分，包装费用的比率超过 15% 也是合理的，又如手纸的包装，其作用小，包装费用比率不超过 15%，仍然有不合理的可能。

（6）从物流管理角度，用科学方法确定最优包装。

物流影响包装的因素有：

① 确定包装形式，选择包装方法，都要与物流诸因素的变化相适应。

② 保管。在确定包装时，必须对保管的条件和方式有所了解。例如，采用高垛，就要求包装有很高的强度，否则就会压坏。

③ 输送。输送工具类型、输送距离长短、道路情况如何都对包装有影响，例如道路情况比较好的短距离汽车输送，就可以采用轻便的包装。

（四）包装合理化的途径

包装合理化主要包括以下五个方面：

1. 包装的轻薄化

由于包装只是起保护作用，对产品使用价值没有任何意义，因此，在强度、寿命、成本相同的条件下，更轻、更薄、更短、更小的包装，可以提高装卸搬运的效率。而且轻薄短小的包装一般价格比较便宜，如果是一次性包装也可以减少废弃包装材料的数量。

2. 包装的单纯化

为了提高包装作业的效率，包装材料及规格应力求单纯化，标准规格还应标准化，包装形状和种类也应单纯化。

3. 包装的标准化

包装的规格和托盘、集装箱关系密切，也应考虑到和运输车辆、搬运机械的匹配，从系统的观点制定包装的尺寸标准。

4. 包装的集装化

包装的集装化有利于物流系统在装卸、搬运、保管等过程的机械化；有利于加快这些环节的作业速度，满足顾客对时间的要求；有利于减少单位包装，节约包装材料的包装费用还有利于商品的保护。现代企业要特别注重对包装集装化的运用，提高物流效率。

5. 包装模数与物流模数的协调化

物流模数是指以模数包装最大设计尺寸为基础，研究有关的托盘、集装箱等集装器具、铁路货车、轮船和飞机等运载工具，起重机、叉车、搬运车等装卸搬运机械的模数，以便与包装模数相互配合和相互协调。包装模数与物流模数的协调有利于运输和保管，提高物流的运作效率。现代企业必须选择集装单元、集装容器具的模数尺寸作为媒介来过渡从而达到整体物流系统的相关性和协调性。

6. 包装的循环利用化

采用通用包装。按标准模数尺寸制造瓦楞纸、纸板及木制、塑料制造通用外包装箱，不用专门安排回返使用，由于其通用性强，无论在何处，都可转用于其他包装；有一定数量规模并有固定供应流转渠道的商品，可采用周转包装，多次反复周转使用的办法；梯级利用，即一次使用后的包装物，用毕转做他用或用毕进行简单的处理转做他用；包装的再生利用，即对废弃的包装再生处理转化为其他的用途或制成新材料。

7. 包装的绿色化

绿色包装是指无害少污染的符合环保要求的各类包装物品。主要包括：纸包装、可降解塑料包装、生物包装和可食用包装等，这是包装合理化的发展主流。

（五）包装设计合理化

由于本章讨论的是物流包装，因此，设计中考虑的首要因素是货物的保护功能。包装设计基本上决定了货物的保护程度。包装设计不能忽视费用问题，过度的包装会增加包装费用，包装设计应正好符合保护货物的要求；包装的尺寸大小会影响运输工具和仓库容积使用率，这也是一个重要的影响费用的因素。

1. 包装设计要点

（1）保护性：包装是否能够达到货物的保护要求。

（2）装卸性：货物在运输工具上装卸及仓库中取存是否方便、高效。

（3）作业性：对货物的包装作业是否简单容易操作。

（4）便利性：货物开包是否方便，包装物处理是否容易。

（5）标志性：包装物内物品的有关信息（如品名、数量、重量、装运方法、保管条件等）是否清楚。

（6）经济性：包装费用是否恰当。

2. 保护设计

包装保护功能是第一位的。在设计时要充分考虑到流通中的各种损害因素。一般为堆码负荷、震动、冲击、温湿度、虫害、发霉等。

堆压发生在保管和运输中。货物在仓库中多数是多层堆码，近年来由于普及托盘化包装，常采用高层堆码。根据叉车的举升高度一般为5米左右，所以仓库内的最大堆码高度应定为5米，以此计算包装的抗堆压强度；车辆中的堆码高度一般为2.4米；轮船上的堆码高度与船型有关，一般为4米~6米。

震动与冲击一般发生在装卸和运输过程中，这些机械力的数值可参照运输工具的设计及强度标准。如汽车设计中，都规定有负荷计算标准，包括上下、左右、前后三维的标度。此外还要考虑人力装卸时的冲击，物流中人力装卸机会最多，且产生的冲击力特别大，尤其发生在人力不易握住的货物的搬运过程中，所以在包装设计时，要考虑有利于人力装卸的包装形状和重量。

货物的易损性又直接与自身的特性有关，在同样的外力作用下，不同的货物遭受损坏的程度是完全不同的，例如玻璃器皿比金属制品更容易破碎。货物的易碎性可以通过对货物的包装测试来测定，测试的结果可初步选定货物的包装材料和垫层厚度。之所以是初步选定，是因为还要对这种包装设计方案作成本分析，如果成本过高，就应该考虑其他的设计方案，如是否可选用其他包装材料、包装方式，等等。

3. 成组化包装设计

成组化包装设计对于提高物流运作的效率起着非常重要的作用，所以是物流管理中的一项重要任务。该项作业的直接目的就是提高劳动生产率。

五、包装标准化

包装标准化是实现包装合理化需要研究的重要课题。它是对包装类型、规格、材料、结构、造型、标志及包装实验等所作的统一规定以及相关的技术政策和技术措施，其中主要包括统一材料、统一规格、统一容量、统一标记和统一封装方法。

商品包装标准化主要内容是使商品包装适用、牢固、美观，达到定型化、规格化和系列化。对同类或同种商品包装，需执行“七个统一”，即：统一材料，统一规格、统一容量、统一标记、统一结构、统一封装方法和统一捆扎方法。

推行标准化是任何国家的一项重要技术经济政策，它适应于日益扩大了的国际贸易发展的需要，成为产品走向国际市场的重要条件之一。若包装不按国际标准包装，产品的国际集装袋、集装箱运输就会受到影响，最终会影响产品的出口。

目前，我国的产品包装标准主要包括建材、机械、电工、轻工、医疗器械、仪器仪表、中西药、食品、农畜水产、家电、军工等14大类。

（一）推行包装标准化的意义

（1）适应输送、保管、装卸的要求。包装的标准化是提高物流效率、减少损失的有效手段，它是运输工具和运输机械标准化的基础。

（2）适应于包装机械化的要求。现代工业生产是采用机械化、自动化、系列化的社会化大生产，只有实现包装的标准化，才能适应大规模、大批量生产的要求，才能促进包装机械化、自动化的发展，迅速形成现代包装工程体系。

(3) 有利于国际贸易的发展和物资流通范围的扩大。

(二) 包装标准的分类

包装标准包括以下内容:

1. 包装基础标准和方法标准

包装工业基础性的通用标准包括包装通用术语、包装尺寸系列、运输包装件实验方法等。

2. 产品包装标准

它是对产品（包括工业品和农副产品）包装的技术要求和规定。一种是产品质量标准中对产品包装、标志、运输、储存等作的规定；另一种是专门单独制定的包装标准。

3. 包装工业的产品标准

它是指包装工业产品的技术要求和规定，如普通食品包装低、高压聚乙烯重包装袋、塑料打包带等。

(三) 商品包装标准化的内容

1. 包装材料标准化

商品包装材料应尽量选择标准材料，少用或不用非标准材料，以保证材料质量和材料来源的稳定。要经常了解新材料的发展情况，结合企业生产的需要，有选择地采用。

包装材料主要有纸张、塑料、金属、木材、玻璃、纤维织物等。对这几大类包装材料的强度、伸长每平方米重量、耐破程度、水分等技术指标应作标准规定，以保证包装材料制成包装容器后能够承受流通过程中各损害商品的外力和其他条件。

2. 包装容器的标准化

包装容器的外形尺寸与运输车辆的内部尺寸和包装商品所占的有效仓库容积有关。因此应对包装外形尺寸作严格规定。运输包装的内尺寸和商品中包装的外尺寸也有类似的关系，因此对运输包装的内尺寸和商品中包装的外尺寸，也应作严格规定。为了节约包装材料和便于搬运、堆码，一般情况下，包装容器的长与宽之比为3∶2，高与长相等。

3. 包装工艺标准化

凡是包装箱、桶等，必须规定内装商品数量、排列顺序、合适的衬垫材料，并防止包装箱、桶内空隙太大、商品游动。如木箱包装箱，必须规定箱板的木质、箱板的厚度、装箱钉子的规格、相邻钉子距离，包角的技术要求及钉子不得钉在夹缝里等。纸箱必须规定如何封口，腰箍的材料，腰箍的松紧及牢固度等。布包则要规定针距及捆绳的松紧度等。回收复用的木箱、纸箱及其他包装箱也都必须制定标准。

4. 装卸作业标准化

在车站、港口、码头、仓库等处装卸物时，都要制定装卸作业标准。要搞好文明操作。机械化装卸要根据商品包装特点选用合适的机具，如集装袋、托盘等。工业、商业、交通运输部门交接货物时，要实行验收责任制，以做到责任分明。

5. 集合包装标准化

集合包装即适合机械化装卸，又能保护商品安全。我国集合包装近几年有较快的发展，并制订了部分国家标准，其中，20 吨以上的集装箱采用国际标准。托盘的标准应和集装箱的标准规定的尺寸相配套合。

（四）商品包装标准化的作用

包装标准化工作是提高产品包装质量，减少消耗和降低成本的重要手段，主要作用表现在以下几个方面。

1. 包装标准化有利于包装工业的发展

包装标准化是有计划发展包装工业的重要手段，是保证国民经济各部门生产活动高度统一，协调发展的有利措施。商品质量与包装设计、包装材料或容量、包装工艺、包装机械等有着密切关系。由于商品种类繁多，形状各一，为了保证商品质量，减少事故的发生，根据各方面的需要，制定出行业标准及互相衔接标准，逐步形成包装标准化体系，有利于商品运输、装卸和贮存；有利于各部门、各生产单位有机地联系起来，协调相互关系，促进包装工业的发展。

2. 包装标准化有利于提高生产效率，保证商品安全可靠

根据不同商品的特点，制定出相应的标准，使商品包装在尺寸、重量、结构、用材等方面都有统一的标准。使商品在运转过程中免受损失。同时也为商品贮存养护提供了良好条件，使商品质量得到保证。特别是运输危险品和有危险的商品时，由于包装比较适宜、妥当，减少了发热、撞击、因此运输安全也得到了保证。

3. 包装标准化有利于合理利用资源、减少材料损耗、降低商品包装成本

包装标准化可使包装设计科学合理，包装型号规格统一。过去纸箱规格参差不齐，质量不好，实行包装标准化以来，纸箱统一简化为 27 种规格，降低半成品损耗 5‰。沪、津两市，仅针织内衣包装实行标准化，一年就可降低包装费上百万元。

4. 包装标准化有利于包装的回收复用，减少包装、运输、贮存费用

商品包装标准的统一，使各厂各地的包装容器，可以互通互用，便于就地组织包装回收复用，节省了回收空包装容器在地区间的往返运费，降低了包装贮存费用。

5. 包装标准化便于识别和计量

标准化包装，简化了包装容器的规格，统一包装的容量。明确规定了标志与标志书写的部位，便于从事商品流通的工作人员识别和分类。同时，整齐划一的包装，每箱中或者每个容器中的重量一样，数量相同，对于商品使用计量非常方便。

6. 包装标准化，对提高我国商品在国际市场上的竞争力，发展对外贸易有重要意义

当前，包装标准化已成为发展国际贸易的重要组成部分，包装标准化已成为国际交往中互相遵循的技术准则。国际间贸易往来都要求加速实行商品包装标准化、通用化、系列化。

（五）包装标准化的效果

（1）增强了通用性。实行包装标准化，包装的规格、型号减少，同类产品的包装可以通用。

（2）提高了效率。实行包装标准化，在生产过程中，减少了机器更换规格尺寸和印刷标志的时间，一方面减轻了工人操作的劳动强度，另一方面又提高了劳动生产率。

（3）降低了包装费用。包装标准化使包装设计简易化，避免过重包装，从而节约了包装材料，降低了容器的制作费用；同时还降低了包装的作业费，提高了仓库的利用率，减少了贮存费等。

（4）促进了产品销售。由于推行包装标准化，可以降低产品价格，包装整齐美观，可以促使消费者发生兴趣，扩大产品销售。

本章小结

包装有两个基本的功能：营销和物流。在营销活动中，包装是“无声的推销员”，它通过商标、形状、图案和色彩等因素向消费者提供产品的信息，同时吸引消费者购买该产品。无论是产品或是材料，在搬运输送以前都要加以某种程度的包装捆扎或装入适当的容器，以保证产品完好地运送到消费者手中。包装的作用是保护物品，使物品的形状、性能、品质在物流过程中不受损坏。通过包装还使物品形成一定的单位，作业时便于处置。此外，由于包装使物品醒目、美观，可以促进销售。

在社会再生产的过程中，包装处于生产过程和物流过程的开始，因此，包装被称为生产的终点，同时也是社会物流的起点。在现代物流观念形成以前，包装被天经地义地看作生产地终点。因而一直是生产领域的活动，包装的设计往往主要从身产中介的要求出发，因而常常不能满足流通的要求。本章主要介绍了包装的概述、包装的操作技法、包装的合理化等包装相关的知识。

案例阅读与分析

耐克公司包装管理的创新

美国耐克公司在过去的几年中，为了减小包装对于生态环境的影响，进行了大量的包装创新工作。1995 年，该公司的包装盒进行了一次全面的重新设计，将原来的 18 种包装盒改为两种，最后选择了一种良性的生态包装，用来盛放该公司生产的运动鞋、滑雪板、太阳镜等商品。这种包装采用了一种开创性的折叠式设计，其结构不使用重金属、油墨、胶水等有害环境的材料，就这一项创新每年就为耐克公司节约 8 000 吨的纤维材料。

该公司将旧的包装盒回收后，作为一种再生材料，被投放到一个封闭的循环系统的粉碎设备中进行处理。这样对周围的环境不造成污染，可以起到良好的环境保护作用。甚至这些纸箱的环保标准超过了美国国家制定的环保标准。1998 年 5 月，该公司将新型的设备运用到纸箱的生产中，提高了纸箱的性能，减轻了纸箱的重量 10%，但强度不变。仅此一项，可以每年节约 4 000 吨的纤维原料。

（资料来源：物流天下网．http.//www. 56885 net/.）

思考题

1. 耐克公司进行包装管理的改革的原因是什么？

2. 耐克公司包装管理的创新具体体现在哪些方面？取得了什么样的效果？

思考与练习

一、单项选择题

1. 包装一般可以分为：运输包装和（　　）。

   A. 防潮包装　　B. 防锈包装　　C. 危险品包装　　D. 商业包装

2. 按包装层次及防护要求，包装可分为（　　）。

   A. 消费包装、工业包装　　B. 个装、内装、外装

   C. 专用包装、通用包装　　D. 硬包装、软包装

3. 包装设计往往考虑制造和市场营销方面的要求而忽视物流要求的包装是（　　）。

   A. 消费包装　　B. 工业包装　　C. 集中包装　　D. 运输包装

二、多项选择题

1. 包装的功能有（　　）。

   A. 货物保护功能　　B. 效率提高功能　　C. 信息传递功能

   D. 使用功能　　E. 增值功能

2. 按照在流通中的作用分类，包装可分为（　　）。

   A. 商业包装　　B. 运输包装　　C. 木材包装

   D. 纸箱包装　　E. 塑料包装

3. 常用的包装材料有（　　）。

   A. 纸质包装材料　　B. 木材包装材料　　C. 草制包装材料

   D. 金属包装材料　　E. 纤维包装材料

三、填空题

1. 包装的功能________、________、________、________、________、________。

2. 包装的类型有________、________。

3. 包装合理化主要包括五个方面，即__________、__________、__________、__________、__________。

四、问答题

1. 谈谈你对包装定义的理解。

2. 我们日常生活中常见的包装材料有哪些？试举例说明。

3. 什么是包装合理化？通过哪些途径可使包装合理化？

本章参考资料

1. 汝宜红．物流学．北京：中国铁道出版社，2003.

2. 唐纳德 J. 鲍尔索克斯，戴维 J. 克劳斯．物流管理－供应链过程的一体化．北京：机械工业出版社，1999.

3. 李振．物流学．北京：中国铁道出版社，1996.
4. 吴清一．物流基础．北京：清华大学出版社，2000.
5. 梅绍祖，李伊松，鞠颂东．电子商务与物流．北京：中国邮电出版社，2001.
6. 郭振宇．中国物流现状及改善建议．物流技术与应用，2001（1）.

第六章　流通加工

学习目标

1. 懂得流通加工在物流中的重要意义。
2. 掌握各种流通加工的内容和方法、合理化途径。
3. 了解流通加工的特点、作用和形式。
4. 理解流通加工和一般加工的区别以及产生的原因。

主要概念

流通加工，流通加工合理化

第一节　流通加工概述

一、流通加工的含义

流通加工（Distribution Processing）指在物品从生产领域向消费领域流动过程中，为了满足消费者多样化需求和促进销售、维护产品质量、提高物流效率，对物品进行的加工作业的总称。

《中华人民共和国国家标准物流术语》中，流通加工是物品在生产地到使用地的过程中，根据需要施加包装、分割、计量、分拣、刷标志、拴标签、组装等简单作业的总称。

流通加工是为了提高物流速度和物品的利用率，在物品进入流通领域后，按客户的要求进行的加工活动，即在物品从生产者向消费者流动的过程中，为了促进销售、维护商品质量和提高物流效率，对物品进行一定程度的加工。流通加工通过改变或完善流通对象的形态来实现“桥梁和纽带”的作用，因此流通加工是流通中的一种特殊形式。随着经济增长，国民收入增多，消费者的需求出现多样化，促使在流通领域开展流通加工。目前，在世界许多国家和地区的物流中心或仓库经营中都大量存在流通加工业务，在日本、美国等物流发达国家则更为普遍。

二、流通加工产生的原因

流通加工的出现，反映了物流理论的发展，反映了人们对物流、生产分工与观念的变革，它是大生产发展的必然和必须。

流通加工产生的背景及观念变化反映在以下几方面：

（一）与现代生产方式有关

现代生产发展趋势之一是生产规模大型化、专业化。依靠单品种、大批量的生产方法，降低生产成本，获取较高的经济效益。这样就出现了生产相对集中的趋势，这种规模大型化、专业化程度越高，生产相对集中的程度也越高。生产的集中化进一步引起产、需之间的分离。即生产与消费不在同一个地点，有一定空间距离；生产及消费在时间上不能同步，存在着一定的“时间差异”；生产者及消费者并不处于一个封闭圈内，某些人生产的产品供给成千上万人消费，而某些人消费的产品又来自许多生产者。弥补上述分离的手段则是运输、储藏及交易。近年来，人们进一步认识到，现代生产引起的产需分离并不局限于上述三个方面，还有一种重大的分离就是生产及需求在产品功能上的分离。大生产的特点之一便是“少品种、大批量、专业化”，产品的功能（规格、品种、性能）往往不能和消费需要密切衔接。弥补这一分离的方法，就是流通加工。所以，流通加工的诞生，是现代生产发展的一种必然结果。

（二）与消费的个性化有关

消费的个性化和产品的标准化之间存在着矛盾，使本来就存在的产需分离变得更严重。本来，弥补这种分离可以采取增加一道生产工序或消费单位加工改制的方法，但在个性化问题十分突出之后，采取上述弥补措施将会使生产及生产管理复杂性及难度增加，按个性化生产的产品也难以组织高效率、大批量流通。所以，在出现了消费个性化的新形势及新观念之后，为流通加工开辟了道路。

（三）与人们对流通作用的观念转变有关

在生产不太复杂，生产规模不大时，所有的加工、制造几乎全部集中于生产及再生产过程中，而流通过程只是实现商品价值及使用价值的转移而已。

在社会生产向大规模、专业化生产转变之后，社会生产越来越复杂，生产的标准化和消费的个性化出现，生产过程中的加工制造则常常满足不了消费的要求，由于流通的复杂化，生产过程中的加工制造也常常不能满足流通的要求。于是，部分加工活动开始由生产及再生产过程向流通过程转移，在流通过程中形成了某些加工活动，这就是流通加工。

流通加工的出现使流通过程明显地具有了某种“生产性”，改革了长期以来形成的“价值及使用价值转移”的旧观念，这就从理论上明确了：流通过程是可以主动创造价值的。而不单是被动地“保持”和“转移”价值的过程。因此，人们必须研究流通过程中孕育着多少创造价值的潜在能力，这就有可能通过努力在流通过程中进一步提高商品的价值和使用价值，同时，以很少的代价实现这一目标。这样，就引起了流通过程从观念到方法的巨大变化，流通加工则适应这种变化而诞生。

（四）效益观念的树立也是促使流通加工形式得以发展的重要原因

20 世纪 60 年代后，效益问题逐渐引起人们的重视。过去人们盲目追求高技术，引起了燃料、材料投入的大幅度上升，结果新技术、新设备是采用了，但往往得不偿失。20 世纪 70 年代初，第一次石油危机的发生证实了效益的重要性，使人们牢牢树立了效益观念，流通加工可以以少量的投入获得很大的效果，是高效益的加工方式，自然得以促进和发展。

所以，流通加工从技术来讲，可能不如生产技术复杂，但这种方式是现代观念的反映，在现代的社会再生产过程中起着重要作用。

三、流通加工的特点

与生产加工相比较，流通加工具有以下特点：

（1）从加工对象看，流通加工的对象是进入流通过程的商品，具有商品的属性，以此来区别多环节生产加工中的一环。流通加工的对象是商品，而生产加工的对象不是最终产品，而是原材料、零配件或半成品。

（2）从加工程度看，流通加工大多是简单加工，而不是复杂加工，一般来讲，如果必须进行复杂加工才能形成人们所需的商品，那么，这种复杂加工应该专设生产加工过程。生产过程理应完成大部分加工活动，流通加工则是对生产加工的一种辅助及补充。特别需要指出的是，流通加工绝不是对生产加工的取消或代替。

（3）从价值观点看，生产加工的目的在于创造价值及使用价值，而流通加工的目的则在于完善其使用价值，并在不做大的改变的情况下提高价值。

（4）从加工责任人看，流通加工的组织者是从事流通工作的人员，能密切结合流通的需要进行加工活动。从加工单位来看，流通加工由商业或物资流通企业完成，而生产加工则由生产企业完成。

（5）从加工目的看，商品生产是为交换、为消费而进行的生产，而流通加工的一个重要目的是为了消费（或再生产）所进行的加工，这一点与商品生产有共同之处。但是流通加工有时候也是以自身流通为目的，纯粹是为流通创造条件，这种为流通所进行的加工与直接为消费进行的加工在目的上是有所区别的，这也是流通加工不同于一般生产加工的特殊之处。

四、流通加工的作用

流通加工的作用有以下几方面：

（一）提高原材料利用率

利用流通加工环节进行集中下料，可将生产厂直接运来的简单规格产品，按使用部门的要求下料。集中下料可以优材优用、小材大用、合理套裁，取得很好的技术经济效果。北京、济南、丹东等城市对平板玻璃进行流通加工（集中裁制、开片供应），玻璃利用率从

60%左右提高到85%～95%。

（二）方便用户

进行初级加工。用量小或临时需要的使用单位，缺乏进行高效率初级加工的能力，依靠流通加工可使使用单位省去进行初级加工的设备及人力，从而方便了用户。目前发展较快的初级加工有：将水泥加工成生混凝土，将原木或板方材加工成门窗，冷拉钢筋及冲制异型零件，钢板打孔等。

（三）提高加工效率及设备利用率

建立集中加工点，可以采用效率高、技术先进、加工量大的专门机具和设备。这样做可提高加工质量，提高设备利用率，提高加工效率。从而降低了加工费用及原材料成本。例如，一般的使用部门在对钢板下料时，采用气割的方法，留出较大的加工余量，出材率低，加工质量也不好。集中加工后，利用高效率的剪切设备，在一定程度上防止了上述缺点。

（四）充分发挥各种输送手段的最高效率

流通加工环节将实物的流通分成两个阶段。一般说来，从生产厂到流通加工点这段输送距离长，而从流通加工点到消费环节这段距离短。第一阶段是在数量有限的生产厂与流通加工点之间进行定点、直达、大批量的远距离输送，因此，可以采用船舶、火车等大量输送的手段；第二阶段则是利用汽车和其他小型车辆来输送经过流通加工后的多规格、小批量、多用户的产品。这样可以充分发挥各种输送手段的最高效率，加快输送速度，节省运力运费。

（五）改变功能，提高收益

在流通过程中可以进行一些改变产品某些功能的简单加工。其目的除上述几点外，还在于提高产品销售的经济效益。例如，内地的许多制成品（如洋娃娃玩具、时装、轻工纺织产品、工艺美术品等）在深圳进行简单的装潢加工，改变了产品外观功能，仅此一项，就可使产品售价提高20%以上。所以，在物流领域中，流通加工可以成为高附加值的活动。这种高附加值的形成，主要着眼于满足用户的需要，提高服务功能而取得的，是贯彻物流战略思想的表现，是一种低投入、高产出的加工形式。

第二节　流通加工形式与内容

一、流通加工的形式

按加工目的的不同，有以下基本的流通加工形式：

（一）为弥补生产领域加工不足的深加工

有许多产品在生产领域的加工只能到一定程度，这是由于存在许多限制因素限制了生产领域不能完全实现终极的加工。例如钢铁厂的大规模生产只能按标准规定的规格生产，以使产品有较强的通用性，使生产能有较高的效率和效益。

（二）为满足需求多样化进行的服务性加工

需求存在着多样化和多变化两个特点，为满足这种要求，经常是用户自己设置加工环节。

（三）为保护产品所进行的加工

在物流过程中，直到用户投入使用前都存在对产品的保护问题，防止产品在运输、储存、装卸、搬运、包装等过程中遭到损失，保障使用价值能顺利实现。

（四）为提高物流效率，方便物流的加工

有一些产品本身的形态使之难以进行物流操作，进行流通加工，可以使物流各环节易于操作。

（五）为促进销售的流通加工

流通加工可以从若干方面起到促进销售的作用。如将零配件组装成用具、车辆以便于直接销售；将蔬菜、肉类洗净切块以满足消费者要求等等。这种流通加工可能是不改变“物”的本体，只进行简单改装的加工，也有许多是组装、分块等深加工。

（六）为提高加工效率的流通加工

许多生产企业的初级加工由于数量有限加工效率不高，也难以投入先进科学技术。流通加工以集中加工的形式，克服了单个企业加工效率不高的弊病。以一家流通加工企业代替了若干生产企业的初级加工工序，促使生产水平发展。

（七）为提高原材料利用率的流通加工

流通加工利用其综合性强、用户多的特点，可以实行合理规划、合理套裁、集中下料的办法，这就能有效提高原材料利用率，减少损失浪费。

（八）衔接不同运输方式，使物流合理化的流通加工

在干线运输及支线运输的结点，设置流通加工环节，可以有效解决大批量、低成本、长距离干线运输与多品种、少批量、多批次末端运输之间的衔接问题，在流通加工点与大生产企业间形成大批量、定点运输的渠道，又以流通加工中心为核心，组织对多用户的配送。也可在流通加工点将运输包装转换为销售包装，从而有效衔接不同目的的运输方式。

（九）以提高经济效益，追求企业利润为目的的流通加工

流通加工的一系列优点，可以形成一种“利润中心”的经营形态，这种类型的流通加工是经营的一环，在满足生产和消费的基础上取得利润，同时在市场和利润引导下使流通加工在各个领域中能有效地发展。

（十）生产—流通一体化的流通加工形式

依靠生产企业与流通企业的联合，或者生产企业涉足流通，或者流通企业涉足生产，形成的对生产与流通加工进行合理分工、合理规划、合理组织，统筹进行生产与流通加工的安排，这就是生产—流通一体化的流通加工形式。这种形式可以促成产品结构及产业结构的调整，充分发挥企业集团的经济技术优势，是目前流通加工领域的新形式。

二、各种流通加工内容与方法

（一）输送水泥的熟料在使用地磨制水泥的流通加工

在需要长途调入水泥的地区，变调入成品水泥为调进熟料这种半成品，在该地区的流通加工据点（粉碎工厂）粉碎，并根据当地资源和需要掺入混合材料及外加剂，制成不同品种及标号的水泥，供应当地用户，这是水泥流通加工的重要形式之一。在国外，采用这种物流形式已有一定的比重。

在需要经过长距离输送供应的情况下，以熟料形态代替传统的粉状水泥，有很多优点：

（1）可以大大降低运费、节省运力。调运普通水泥和矿渣水泥约有 30% 以上的运力消耗在运输矿渣及其他各种加入物上。在我国水泥需用量较大的地区，工业基础大都较好，当地又有大量工业废渣，如果在使用地区对熟料进行粉碎，可以根据当地的资源条件选择混合材料的种类，这样就节约了消耗在混合材料上的运力和运费。

（2）可按照当地的实际需要，大量掺加混合材料，生产廉价的低标号水泥，发展低标号水泥的品种，在现有生产能力的基础上，更大限度地满足需要。我国大、中型水泥厂生产的水泥，平均标号逐年提高，但是目前我国使用水泥的部门，大量需要较低标号的水泥，而大部分施工部门没有在现场加入混合材料来降低水泥标号的技术力量和设备，因此，不得已使用标号较高的水泥，造成很大浪费。如果以熟料为长距离输送的形态，在使用地区加工粉碎，就可以按实际需要生产各种标号的水泥，减少水泥长距离输送的数量。

（3）容易以较低的成本实现大批量、高效率的输送。从国家的整体利益来看，利用率比较低的输送方式显然不是发展方向。如果采用输送熟料的形式，可以充分利用站、场、仓库现有的装卸设备，又可以利用普通车皮装运，比之以散装水泥方式，更具有好的技术经济效果，更适合于我国的国情。

（4）可以大大降低水泥的输送损失。水泥的水硬性在充分磨细之后才表现出来，而未磨细的熟料，抗潮湿的稳定性很强。输送熟料，可以基本防止由于受潮而造成的损失。此外，颗粒状熟料不像粉状水泥那样易于散失。

（5）能更好地衔接产需，方便用户。采用长途输送熟料的方式，水泥厂就可以和有限的熟料粉碎工厂之间形成固定的直达渠道，能实现经济效果较好的物流。用户也可以不出本地区，直接向当地的熟料粉碎工厂订货，因而更容易沟通产需关系，具有明显的优越性。这对于加强计划性、简化手续、保证供应等方面都有利。

（二）集中搅拌供应商品混凝土

水泥的运输与使用，以往习惯上以粉状水泥供给用户，由用户在建筑工地现制现拌混凝土使用。而现在将粉状水泥输送到使用地区的流通加工据点（集中搅拌混凝土工厂或称生混凝土工厂，在那里搅拌成生混凝土，然后供给各个工地或小型构件厂使用。这是水泥流通加工的另一种重要方式。它具有很好的技术经济效果，因此，受到许多工业发达国家的重视。这种流通加工的形式有以下优点：

（1）把水泥的使用从小规模的分散形态，改变为大规模的集中加工形态，可充分应用现代化的科学技术，组织现代化的大生产；可以发挥现代设备和现代管理方法的优势，大幅度地提高生产效率和混凝土质量。集中搅拌可以采取准确的计量手段和最佳的工艺；可以综合考虑添加剂、混合材料的影响，根据不同需要，大量使用混合材料，拌制不同性能的混凝土；又能有效控制骨料质量和混凝土的离散程度，可以在提高混凝土质量、节约水泥、提高生产率等方面获益，具有大生产的一切优点。

（2）在相等的生产能力下，集中搅拌的设备在吨位、设备投资、管理费用、人力及电力消耗等方面较分散搅拌，都能大幅度降低。由于生产量大，可以采取措施回收使用废水，防止各分散搅拌点排放洗机废水的污染，有利于环境保护。由于设备固定不动，还可以避免因经常拆建所造成的设备损坏，延长设备的寿命。

（3）采用集中搅拌的流通加工方式，可以使水泥的物流更加合理。在集中搅拌站（厂）与水泥厂（或水泥库）之间，可以形成固定的供应渠道，这些渠道的数目大大少于分散使用水泥的渠道数目，在这些有限的供应渠道之间，就容易采用高效率、大批量的输送形态，有利于提高水泥的散装率。在集中搅拌场所内，还可以附设熟料粉碎设备，直接使用熟料，实现熟料粉碎及拌制生混凝土两种流通加工形式的结合。

另外，采用集中搅拌混凝土的方式，也有利于新技术的推广应用；大大简化了工地材料的管理，节约施工用地等。

（三）钢板剪板及下料加工

热连轧钢板和钢带、热轧厚钢板等板材最大交货长度常可达 7~12 米，有的是成卷交货，对于使用钢板的用户来说，大、中型企业由于消耗量大，可设专门的剪板及下料加工设备，按生产需要剪板、下料。但对于使用量不大的企业和多数中、小型企业来讲，单独设置剪板、下料的设备，设备闲置时间长、人员浪费大、不容易采用先进方法。钢板的剪板及下料加工可以有效地解决上述弊病。剪板加工是在固定地点设置剪板机，下料加工是设置各种切割设备，将大规格钢板裁小，或切裁成毛坯，便利用户。

钢板剪板及下料的流通加工有如下优点：

（1）由于可以选择加工方式，加工后钢材的晶相组织较少发生变化，可保证原来的交货状态，有利于进行高质量加工。

（2）加工精度高，可减少废料、边角料，也可减少再进行精加工的切削量，既可提高再加工效率，又有利于减少消耗。

（3）由于集中加工可保证批量及生产的连续性，可以专门研究此项技术并采用先进设备，从而大幅度提高效率和降低成本。

(4) 使用户能简化生产环节，提高生产水平。

圆钢、型钢、线材的集中下料和线材冷拉加工与钢板的流通加工类似。

(四) 木材的流通加工

1. 磨制木屑压缩输送

这是一种为了提高流通（运输）效益的加工方法。木材容量小，往往使车船满装不能满载，同时，装车、捆扎也比较困难。从林区外送的原木中，有相当一部分是造纸材料，美国采取在林木生产地就地将原木磨成木屑，然后采取压缩方法，使之成为容量较大、容易装运的形状，然后运至靠近消费地的造纸厂，取得了较好的效果。采取这种办法比直接运送原木节约一半的运费。

2. 集中开木下料

在流通加工点将原木锯裁成各种规格的锯材，同时将碎木、碎屑集中加工成各种规格板，甚至还可进行打眼、凿孔等初级加工。用户直接使用原木，不但加工复杂、加工场地大、设备多，更严重的是资源浪费大，木材平均利用率不到 50%，平均出材率不到 40%。实行集中下料，按用户要求供应规格下料，可以使原木利用率提高到 95%，出材率提高到 72% 左右，有相当大的经济效果。

(五) 煤炭及其他燃料的流通加工

1. 除矸加工

除矸加工是以提高煤炭纯度为目的的加工形式。矸石有一定发热量，煤炭混入一些矸石是允许的，也是较经济的。但在运力十分紧张的地区，要求充分利用运力，多运“纯物质”，少运矸石，在这种情况下，可以采用除矸的流通加工排除矸石。

2. 为管道输送煤浆进行的加工

煤炭的运输方法主要采用容器载运方法，运输中损失浪费较大，又容易发生火灾。采用管道运输，是近年来兴起的一种先进技术，目前，某些发达国家已开始投入运行。有些企业内部也采用这一方法进行燃料输送。

在流通的起始环节将煤炭磨成细粉，再用水调和成浆状，使之具备了流动性。可以像其他液体一样进行管道输送。这种方式输送连续、稳定而且快速，是一种经济的运输方法。

3. 配煤加工

在使用地区设置集中加工点，将各种煤及其一些其他发热物质，按不同配方进行掺配加工，生产出各种不同发热量的燃料，称作配煤加工。这种加工方式可以按需要发热量生产和供应燃料，防止热能浪费或者发热量过小的情况出现。工业用煤经过配煤加工，还可以起到便于计量控制、稳定生产过程的作用，在经济及技术上都有价值。

4. 天然气、石油气的液化加工

由于气体输送、保存都比较困难，天然气及石油气往往只好就地使用，如果有过剩往往就地燃烧掉，造成浪费和污染。天然气、石油气的输送可以采用管道，但因投资大、输送距离有限，也受到制约。在产出地将天然气或石油气压缩到临界压力之上，使之由气体变成液体，可以用容器装运，使用时机动性也较强。这是目前采用较多的形式。

（六）平板玻璃的流通加工

平板玻璃的“集中套裁，开片供应”是重要的流通加工方式。这种方式是在城镇中设立若干个玻璃套裁中心，按用户提供的图纸，统一开片，供应用户成品。在此基础上，可以逐渐形成从工厂到套裁中心的稳定的、高效率、大规模的平板玻璃“干线输送”，以及从套裁中心到用户的小批量、多户头的“二次输送”的现代物流模式。这种方式的好处是：

（1）平均玻璃的利用率可由不实行套裁时的62%～65%，提高到90%以上。

（2）可以促进平板玻璃包装方式的改革。从工厂向套裁中心运输平板玻璃，如果形成固定渠道，便可以大规模集装，这样，节约了大量包装用木材，同时防止了流通中的大量破损。

（3）套裁中心按需要裁制，有利于玻璃生产厂简化规格，搞单品种大批量生产。这不但能提高工厂生产率，而且简化了工厂切裁、包装等工序，使工厂集中力量解决生产问题；此外，现场切裁玻璃劳动强度大、废料也难于处理，搞集中套裁，可以广泛采用专用设备进行裁制，废玻璃相对数量少，并且易于集中处理。

（七）生鲜食品的流通加工

1. 冷冻加工

为解决鲜肉、鲜鱼在流通中保鲜及搬运装卸的问题，采取低温冻结方式的加工。这种方式也用于某些液体商品、药品等。

2. 分选加工

农副产品离散情况较大，为获得一定规格的产品，采取人工或机械分选的方式加工，称分选加工。广泛用于果类，瓜类、谷物、棉毛原料等。

3. 精制加工

农、牧、副、渔等产品，精制加工是在产地或销售地设置加工点，去除无用部分，甚至可以进行切分、洗净、分装等加工。这种加工不但大大方便了购买者，而且，还可对加工的淘汰物进行综合利用。比如，鱼类的精制加工所剔除的内脏可以制某些药物或饲料，鱼鳞可以制高级粘合剂，头尾可以制鱼粉等；蔬菜的加工剩余物可以制饲料、肥料等。

4. 分装加工

许多生鲜食品零售起点量较小，而为保证高效输送，出厂包装可较大，也有一些是采用集装运输方式运达销售地区；这样，为了便于销售，在销售地区按所要求的零售起点量进行新的包装，即大包装改小、散装改小包装、运输包装改销售包装，这种方式称为分装加工。

（八）机械产品及零配件的流通加工

1. 组装加工

自行车及机电设备储运困难较大，主要是不易进行包装，如进行防护包装，包装成本过大，并且运输装载困难，装载效率低，流通损失严重，但装配较简单，装配技术要求不高，主要功能已在生产中形成，装配后不需进行复杂检测及调试，所以，为解决储运问题，降低储运费用，以半成品（部件）高容量包装出厂；在消费地拆箱组装。组装一般由流通部门进行，组装之后随即进行销售。这种流通加工方式近年来已在我国广泛采用。

2. 石棉橡胶板的开张成型加工

石棉橡胶板是机械装备、热力装备、化工装备中经常使用的一种密封材料，单张厚度3毫米左右，单张尺寸有的达4米，在储运过程中极易发生折角等损失。此外，许多用户所需的垫塞圈，规格比较单一，不可能安排不同尺寸垫圈的套裁，利用率也很低。石棉橡胶板开张成型加工，是按用户所需垫塞物体尺寸裁制，不但方便用户使用及储运，而且可以安排套裁，提高利用率，减少边角余料损失。降低成本。这种流通加工套裁的地点，一般设在使用地区，由供应部门组织。

第三节　流通加工管理

一、流通加工的生产管理

在物流系统和社会生产系统中，经过可行性研究确定设置流通加工中心后，则组织与管理流通加工生产是运作成败的关键。流通加工的生产管理与运输、存储等方法有较大区别，而与生产组织和管理有许多相似。流通加工的组织和安排的特殊性，在于内容及项目很多，而不同的加工项目有不同的加工工艺。一般而言，都有如劳动力、设备、动力、财务、物资等方面的管理。对于套裁型流通加工其最具特殊性的生产管理是出材率的管理。这种主要流通加工形式的优势在于利用率高、出材率高，从而获取效益。为提高出材率，需要加强消耗定额的审定及管理，并应采取科学方法，进行套裁的规划及计算。

二、流通加工的质量管理

流通加工的质量管理，主要是对加工产品的质量控制。由于加工成品，一般是国家质量标准上没有的品种规格，因此，进行这种质量控制的依据，主要是用户要求。各用户要求不一，质量宽严程度也不一，流通加工据点必须能进行灵活的柔性生产才能满足质量要求。

此外，全面质量管理中采取的工序控制、产品质量监测、各种质量控制图表等，也是流通加工质量管理的有效方法。

三、流通加工合理化组织

流通加工合理化（Rationalization of Distribution Processing）的含义是实现流通加工的最优配置，在满足社会需求这一前提的同时，合理组织流通加工生产，并综合考虑运输与加工、加工与配送、加工与商流的有机结合，以达到最佳的加工效益。

（一）不合理流通加工的几种主要形式

流通加工是在流通领域中对生产的辅助性加工，从某种意义上讲，它有效地补充和完善了生产产品的使用价值，但是，设计不当，会对生产加工和流通加工产生负效应，所以应尽量避免不合理的流通加工。

不合理的流通加工主要表现在以下方面：

1. 流通加工地点设置不合理

流通加工布局是否合理是流通加工能否有效的根本性因素。

（1）一般而言，为衔接少品种、大批量生产与多样化需求的流通加工，加工地应该设置在需求地区，才有利于实现大批量的干线运输与多品种末端配送的物流优势。

如果将流通加工地设置在生产地区，其不合理之处在于：

① 多样化需求要求的产品多品种、小批量，由产地向需求地的长距离运输会出现体积、重量增加的不合理现象。

② 在生产地增加了一个流通加工环节，同时增加了近距离运输、装卸、储存等一系列物流活动。在这种情况下，不如由原生产单位完成这种加工而无需另外设置专门的流通加工环节，社会效益与企业效益会更好。

（2）一般而言，为方便物流的流通加工应设在产出地。如果将其设置在消费地，则不但不能解决物流问题，又在流通中增加了一个中转环节，因而也是不合理的。

（3）即使是产地或需求地设置流通加工的选择是正确的，还有流通加工在小地域范围的正确选址问题，如果处理不善，仍然会出现不合理。这种不合理主要表现在交通不便，流通加工与生产企业或客户之间距离较远，流通加工点的投资过高（如受选址的地价影响），加工点周围社会、环境条件不良等。

2. 流通加工作用不大，形成多余环节

有的流通加工过于简单，或对生产及消费者作用都不大，甚至有时流通加工盲目，同样未能解决品种、规格、质量、包装等问题，相反却实际增加了环节与成本，这也是流通加工设置（无论设置在何地）不合理而容易被忽视的一种形式。

3. 流通加工方式选择不当

流通加工方式包括流通加工对象、流通加工工艺、流通加工技术、流通加工程度等。流通加工方式的确定，实际上是同生产加工的合理分工与否有关。分工不合理，本来应由生产加工完成的，却错误地由流通加工完成，都会造成不合理。

流通加工不是对生产加工的代替，而是一种补充；所以，一般而言，如果工艺复杂，技术装备要求较高，或加工可以由生产过程延续或轻易解决者，都应由生产加工完成。如果流通加工方式选择不当，就会出现与生产加工争夺市场、争夺利益的恶果。

4. 流通加工成本过高，效益不好

流通加工之所以能够有生命力，重要优势之一是有较大的产出投入比，因而起着有效补充完善的作用。如果流通加工成本过高，则不能实现以较低投入实现更高使用价值的目的。除了一些必需的、从政策要求进行的加工外，都应看成是不合理的流通加工。

（二）实现流通加工合理化的途径

1. 加工和合理运输结合

在干、支线运输转运点，设置流通加工，既充分利用了干、支线转换本来就必须停顿的环节，又可以大大提高运输效率及运输转载水平。

2. 加工和配送结合

将流通加工设置在配送点中，一方面按用户和配送的需要进行加工，另一方面加工又是配送业务流程中分货、拣货、配货之一环节，加工后的产品直接投入配货作业，这就无需单独设置一个加工中心环节，使流通加工有别于独立的生产，而使流通加工与中转流通紧密地结合起来。同时，配送之前有加工，可使配送服务水平大大提高。这是当前对流通加工做合理选择的重要形式，如煤炭、水泥等产品的流通中已表现得较为突出。

3. 加工和配套结合

在流通中往往有"配套"需求，而配套的主体来自各个生产单位，但全部依靠现有的生产单位有时无法实现完全配套，如进行适当流通加工，可以有效促成配套，大大提高流通的桥梁与纽带作用。

4. 加工和商流相结合

通过加工有效促进销售，使商流合理化，也是流通加工合理化的考虑方向之一。

5. 加工和节约相结合。节约能源、节约设备、节约人力、节约耗费是流通加工合理化考虑的重要因素，也是目前我国设置流通加工，考虑其合理化较普遍的形式。

对于流通加工合理化的最终判断，是看其是否能实现社会和企业本身的效益，而且是否取得了最优效益。对流通加工企业而言，与一般生产企业一个重要不同之处是，流通加工企业更应树立以社会效益为第一观念，只有这样才有生存价值和发展空间。

四、流通加工的技术经济指标

衡量流通加工的可行性，对流通加工环节进行有效的管理，可考虑采用以下两类指标：

（一）流通加工建设项目可行性指标

流通加工仅是一种补充性加工，规模、投资都必须远低于一般生产性企业，其投资特点是：投资额较低、投资时间短、建设周期短、投资回收速度快且投资收益较大。因此，投资可行性可采用静态分析法。

（二）流通加工环节日常管理指标

由于流通加工的特殊性，不能全部搬用考核一般企业的指标。例如，八项技术经济指标中，对流通加工较为重要的是劳动生产率、成本及利润指标，此外，还有反映流通加工特殊性的指标：

1. 增值指标

反映经流通加工后单位产品的增值程度，以百分率计：

$$增值率 = \frac{产品加工后价值 - 产品加工前价值}{产品加工前价值} \times 100\%$$

增值率指标可以帮助管理人员判断投产后流通加工环节的价值变化情况，并以此观察该流通加工的寿命周期位置，为决策人提供是否继续实行流通加工的依据。

2. 品种规格增加额及增加率

反映某些流通加工方式在满足用户、衔接产需方面的成就，增加额以加工后品种、规格数量与加工前之差决定。增加率计算公式如下：

$$品种、规格增加率 = \frac{品种规格增加额}{加工前品种规格} \times 100\%$$

3. 资源增加量指标

反映某些类型流通加工在增加材料利用率、出材率方面的效果指标。这个指标不但可提供证实流通加工的重要性数据，而且可具体用于计算微观及宏观经济效益。其具体指标分新增出材率和新增利用率两项：

新增出材率 = 加工后出材率 - 原出材率

新增利用率 = 加工后利用率 - 原利用率

本章小结

流通加工是一种低投入、高产出的高附加值活动，能够为企业带来更多的经济效益。本章介绍了流通加工产生的原因、作用、10 种常见的流通加工形式；详细阐述了如输送水泥的熟料在使用地磨制水泥等 8 种典型的流通加工方法以及流通加工的生产、质量、管理的相关内容、主要的技术经济指标；在此基础上分析了 4 种不合理形式以及实现流通加工合理化的 5 个途径。

案例阅读与分析

◎ 案例一：

阿迪达斯的流通加工

阿迪达斯公司在美国有一家超级市场，设立了组合式鞋店，摆着不是做好了的鞋，而是做鞋用的半成品，款式花色多样，有 6 种鞋跟，8 种鞋底，均为塑料制造的，鞋面的颜色以黑、白为主，搭带白颜色有 80 种，款式有百余种，顾客进来可任意挑选自己所喜欢的各个部位，交给职员当场进行组合。只要 10 分钟，一双崭新的鞋便唾手可得。这家鞋店昼夜营业，职员技术熟练，鞋子的售价与成批制造的价格差不多，有的还稍便宜些。所以顾客络绎不绝，销售金额比邻近的鞋店多 10 倍。

（资料来源：物流知识网，http：//www. siod. cn. ）

思考题

1. 阿迪达斯为何采用这种销售方式？

2. 阿迪达斯的流通加工环节有什么特点？
3. 为什么这样的销售方式却没有增加成本？
4. 阿迪达斯的该模式是否可推广到其他产品的销售上？
5. 你作为一个消费者会对这样的产品质量放心吗？

◎ 案例二：

上海友谊集团为客户提供的个性化物流服务

上海友谊集团物流有限公司是由原上海商业储运公司分离、改制而来的。公司的主要物流基地处于杨浦区复兴岛，占地面积15.1万平方米，库房面积8万平方米，货车及货柜车200辆，设施齐全，交通便捷，距杨浦货运站1.5公里。拥有一支近500人的专业技术人员队伍，长期储存国家重点储备物资和各类日用消费品，积累了近50年的物流管理丰富经验。20世纪90年代初，上海友谊集团物流有限公司为联合利华有限公司提供专业的物流服务，并与其建立了良好的物流合作伙伴关系。在合作的过程中，友谊物流为联合利华提供了个性化的物流服务，具体做法是：

一、改变作业时间

由于联合利华采用JIT（即时制生产方式），要求实现“零库存”管理，如生产力士香皂的各种香精、化工原料，需从市内外及世界各地采购而来，运到仓库储存起来，然后根据每天各班次的生产安排所需的原料配送到车间，不能提前也不能推迟。提前将造成车间里原料积压，影响生产；推迟将使车间流水线因原料短缺而停产。因此，友谊物流改革了传统储运的白天上班、夜间和双休日休息的惯例，实施24小时作业制和双休日轮休制，法定的节假日与物流需求方实施同步休息的方法，来满足市场和客户对物流服务的需求，保证了全天候物流服务。

二、更改作业方式

友谊物流根据不同商品、流向、需求对象，实行不同的作业方式。在商品入库这一环节上，除了做好验收货物有无损坏、数量、品名、规格是否正确等工作之外，针对联合利华公司内部无仓库的特点，友谊物流采取了两条措施来确保其商品迅速及时地入库。

(1) 实行托盘厂库对流，产品从流水线下来后，直接放在托盘上，通过货车运输进入仓库。

(2) 对从流水线上下来的香皂，因为现在工艺上没有冷却到常温这一环节，工厂又无周转仓库，每班生产出来的产品，必须立即运到仓库，这样进仓的香皂箱内温度在50℃～60℃。为保证这样高温的商品不发生质量问题，香皂到库后立即进行翻板，摆置成蜂窝状以利于散热散潮。

商品出库是仓库保管与运输配送两个业务部门之间在现场交接商品的作业，交接优劣直接影响商品送达到商店（中转仓）的时效性和正确性。在出货过程中，为了提高车辆的满载率，将几十种品种及相邻近地区需要的产品，首先进行组配成套装车，送入市内，华东地区的采用货车以商店为单位组合装车；发往中转仓的商品，采用集装箱运输，每箱的装运清单，由仓库复核签字后的一联贴在集装箱门的内侧，使开箱后对该箱所装货物一目了然。

三、仓库重新布局

在商品布局上，友谊物流将联合利华的储备库、配销库分离。储备库储存的物资包括各种原料、半成品、广告促销品、包装材料、退货品及外销品等；配销库则按商品大类进行分区分类管理。

四、商品在库管理

友谊物流对联合利华的所有在库商品实施批号、项目号管理，各种商品根据批号进、出仓，凡同种商品不同批号不得混淆，并用计算机管理，来确保商品的先进先出，保持商品的较长保质期，最大限度地保护消费者的利益。此外，按照要求定期进行仓间消毒，每月进行仓间微生物、细菌测试，确保库存商品质量安全。

五、流通加工

根据市场需要和购销企业的要求，对储存保管的一些商品，进行再加工包装，满足市场需要，提高商品附加值。为此，友谊物流专门开辟出约 1 000 平方米加工场地，为联合利华进行诸如贴标签、热塑包装、促销赠品搭配等加工作业。

这样的流通加工作业在物流企业内进行，能把需要加工的商品最大限度地集中起来，统一地作加工处理，以达到从运输包装改为销售包装、礼品包装或促销包装的要求，从而使商品出库能在超市、各商店直接上柜，可让供应商、制造商、商店、超市各门店节省相当可观的人力和时间成本。

六、信息服务

友谊物流除了每天进行记账、销账、制作各类业务报表外，还按单价、品类、颜色、销售包装分门别类作出商品统计，每天的进出货动态输入计算机，及时将库存信息传送给联合利华，使联合利华能够随时了解销售情况及库存动态。

七、退货整理

退货与坏货作业是物流企业对客户的后续服务。借鉴国外先进经验，两年来，组织人员进行整理、分类，对选拣出来无质量问题的商品，重新打包成箱，将坏货选拣出来，以便集中处理。设立退货整理仓，解除了顾客对能否退货的后顾之忧，改善了供求关系，同时也提高了供应商成品的完好率。

八、为客户提供个性化的服务

物流需求方的业务流程各不一样，所需要的服务也不尽相同，一项独特的物流服务能给客户带来高效、可靠的物流支持，而且使客户在市场中具有特别的、不可模仿的竞争优势，友谊物流就是通过向客户提供个性化的服务，使客户满意而获得成功的。

（资料来源：中国海西工业工程网 . www. fjie. cn. ）

思考题

1. 联合利华的生产特色对其物流管理有哪些要求？
2. 友谊物流在从库存控制方面进行了怎样的改革？
3. 友谊物流在流通加工方面做了哪些工作？
4. 你认为友谊物流应对联合利华进行哪些个性化服务？
5. 这些改革是如何满足联合利华的要求的？

思考与练习

一、单项选择题

1. 以下哪项并不是所有配送中心都必备的作业环节？(　　)

　A. 拣选　　B. 分货　　C. 流通加工

　D. 保管　　E. 配送

2. 下面说法不正确的是（　　）

　A. 流通加工的对象是进入流通过程的商品，具有商品的属性。

　B. 流通加工程度大多是简单加工，而不是复杂加工。

　C. 从价值观点看，流通加工则在于完善其使用价值并在不做大改变情况下提高价值。

　D. 从加工单位来看，流通加工由商业或物资流通企业完成，而生产加工则由生产企业完成。

　E. 以上说法都不对。

二、多项选择题

1. 流通加工是：(　　)。

　A. 生产加工的补充与完善　　B. 残次品的返工

　C. 回收旧货的改造　　D. 满足客户个性化需求的商品再加工

　E. 流通过程中的加工活动

2. 下面对流通加工表述正确的是：(　　)。

　A. 配煤加工　　B. 分装加工

　C. 输送水泥的熟料在使用地磨制水泥的流通加工

　D. 钢板的剪板及下料加工

三、填空题

1. 流通加工大多是________，而生产加工一般是复杂加工。
2. 对于流通加工合理化的最终判断，是看其是否能________________。

四、问答题

1. 流通加工与生产加工的区别是什么？
2. 流通加工的作用是什么？
3. 流通加工的形式主要有哪些？
4. 输送水泥熟料在使用地磨制水泥的流通加工的优点是什么？
5. 钢板剪板及下料加工有何优点？
6. 实现流通加工合理化的主要途径有哪些？
7. 通常哪些情况的流通加工认为是不合理的？
8. 流通加工的技术指标有哪些？如何计算？

本章参考资料

1. 魏兆中．企业物流管理．北京：科学出版社，2007.
2. 肖旭．物流管理基础．北京：机械工业出版社，2005.
3. 陈文安，胡焕绩．新编物流管理．上海：立信会计出版社，2003.
4. 李培亮．物流作业方法．广州：广东经济出版社，2003.
5. 杨海容．现代物流系统与管理．北京：北京邮电大学出版社，2003.
6. 孙明贵．物流管理学．北京：北京大学出版社，2002.

第七章　物流信息管理

学习目标

1. 懂得物流信息化建设在物流发展中的重要性。
2. 掌握物流信息系统开发模式。
3. 了解条码技术中二维条形码的应用范围。
4. 理解射频技术和电子交换技术的工作原理。

主要概念

条形码，射频识别技术，电子数据交换

第一节　物流信息综述

作为我国现代服务业基础性产业，物流业已发展成为国民经济的新增长点。2007 年在国际油价大幅上涨，国内成品油供需偏紧的情况下，社会物流总费用仍然维持了平稳增长，占 GDP 的比重与上年基本持平。尽管我国物流业发展较快，但整体发展水平较低，我国物流各个环节如运输、仓储、配送的成本以及劳动力和设备成本都远远低于发达国家，而整个物流过程的综合成本却大大高于发达国家。其中一个主要原因，就是物流各环节信息化程度低，信息沟通不畅，造成库存大，运力浪费。

一、物流的发展和物流信息化

"物流"这一术语起源于美国，20 世纪 50 年代以前，物流活动基本上以完全传统的方式进行，进入 20 世纪后期，随着计算机技术的突飞猛进，贸易全球化、经济一体化进程的加快，物流的增值服务、综合服务功能日益凸显，强调服务的专业化、系统化、网络化、信息化、规模化，实现物流、资金流、信息流一体化管理的理念渗透到物流活动的每个环节。其中，信息流最为重要，畅通、准确、及时的信息从根本上保证了物流的高质量与高效率运行。物流信息化不仅包括物资采购、销售、存储、运输等物流活动的信息管理和信息传送，还包括了对物流过程中的各种决策活动如采购计划、销售计划、供应商的选择、顾客分析等提供决策支持，并充分利用计算机的强大功能，汇总和分析物流数据，进而作出更好的进销存决策，能够充分利用企业资源，增加对企业的内部挖潜和外部利用，将会大大降低生产成本，提高生产效率，增强企业竞争优势。

二、物流信息化建设的重要性

现代企业发展离不开物流信息化的支持，信息化是现代物流的基础，依靠物流信息系统的支撑，可以实现商品全程监控、可视化管理，降低牛鞭效应和成本，增强企业的反映能力。对于物流企业来说，通过企业自身的信息化可以提高企业在物流行业中的竞争力，增加了客户满意度，提高了商品销售额，保证了供货速度的可获得性以及良好的服务品质。很多成功的案例说明了这一点，宝供集团借助于自己开发的 TOM 系统赢得了诸如宝洁、联合利华、三星等优质客户；当然，在企业的发展过程中，还贯穿了很多其他的信息技术和信息系统的使用，例如宝供集团购买了 EXE 仓储管理软件，在三星的产品存储区应用了 RF 系统，以及对于 RFID 技术的关注与试点，都是企业持续不断的加强与完善自身信息技术和信息系统的体现。宝供集团也逐渐成长为国内知名的第三方物流公司，企业的规模和盈利能力也不断的扩大。

三、物流信息化的目的

（一）信息技术对现代物流发展的影响

传统的物流活动被分散在不同的经营部门，对一家企业内部不同的职能部门来讲，在从生产到消费的过程中，物流活动被分散为若干个阶段和环节来进行。由于没有信息技术的支持，物流信息本身也被分散在不同的职能部门之中，物流与信息之间的交流与共享变得十分困难，对物流领域中的管理活动及其效率很难把握。从 20 世纪 50 年代到 70 年代，发达国家的企业开始注重和强化对物流活动的科学管理，围绕这些环节逐步形成了相应的物流管理信息系统，使物流效率得到了提高。进入 20 世纪 90 年代后，随着计算机软硬件技术、网络通信技术、信息采集技术等信息技术的群体性突破，信息技术开始广泛应用到企业物流管理活动中，使得物流活动发生了根本性的变化。物流信息不再局限于某一个物流环节上，在整个物流活动中，所有的企业、管理者都能得到信息，根据这些信息进行有关的管理、协调和组织工作。信息的共享开始超越企业内部不同职能部门的边界乃至企业的边界，信息资源的共享使得物流活动可以与原有的生产过程和产品销售过程分离开来，成为一种独立的经济活动。

（二）物流系统信息化的目的

物流系统信息化的目的是利用网络化、信息化的优势，通过对整个物流系统资源的优化整合，为社会物流系统提供共享交互的载体，为企业提供高质量、高水平的增值服务，提高资源的利用率，实现物流系统的优化运作。为完善物流系统，减少物流信息的传递层次，提高物流信息利用程度和利用率，引导物流系统的正常运行，应当把物流过程的信息化作为物流系统运行中的一个基本生产要素。力求以最短的流程、最快的速度，最小的费用，传输高品质的信息，完善物流系统的正常运行，提高行业整体效益以及社会效益。

四、物流信息化要求

为实现物流的信息化，首先用标准化的条码技术完成商品数据录入和数据采集，再借助自动识别技术、数据库技术、电子数据交换等现代技术手段建立仓储、保管等各类与物流业务管理有关的基本数据库；应用射频技术（RF）进行物料跟踪、运载工具和货架识别等；应用 GPS 技术，可以全天候、连续地为无限多用户提供任何覆盖区域内目标的三维速度、位置和时间信息，从而大大提高物流网络及其运营的透明度，提供更高质量的物流服务。通过地理信息系统（GIS）能完成车辆路线模型、最短路径模型、网络物流模型等功能。

五、物流信息平台的构建

（一）构建原则

物流信息平台的建设涉及多个行政城市、不同的政府部门、各行各业的物流相关企业，建设资金量大、周期长。因此建设过程要紧密结合物流业发展现状与物流发展的远景规划，重点遵循以下几个原则：

一是系统规划的前瞻性与阶段性结合；二是功能设计的实用性与开放性相结合；三是技术先进性与安全性相结合；四是应用平台的整体优化；五是信息平台建设的可扩展性；六是信息平台规划要纳入区域总体战略规划；七是建设信息平台要从实际出发，量力而行、循序渐进、逐步发展。

（二）构建措施

（1）深化客户需求和物流信息化理论研究，确保物流信息平台构建的发展方向朝向客户需求。客户需求是牵引物流信息平台建设的直接动力，也是对物流能力的前瞻性设计，决定着物流信息化的发展方向、思路等重大问题。推进物流信息平台的建设，必须紧紧围绕客户需求和物流信息化发展等重大理论问题创新物流理论，指导物流信息平台构建的实践。

（2）理顺发展思路，保证物流信息平台构建的顺利进行。一是自上而下搞好顶层设计。物流信息平台构建使整个物流形态的系统质变，必须运用大系统的思维和方法，自上而下进行科学的顶层设计，最大限度的谋求结构和功能的优化，促使各个要素协调发展。二是自下而上搞好综合集成。物流信息平台构建不是凭空而来，也不是推倒重来，必须立足现有，采用综合集成方法，对已有的系统进行改造。各国推进物流信息化建设无不遵循这一思想。我国物流信息平台构建的目标也应当是通过综合集成实现一体化。

（3）加强物流标准化建设，为物流信息平台构建提供保证。物流标准化建设有三个方面的含义。一是物资、设施标准化建设，即对各类物资器材和仓库、港口等设施进行统一编码。二是专业服务规范化、制度化建设，即对物资管理、运输、流通加工等，都建立标准化的实施内容和制度化的实施流程。三是物流信息系统开发的标准化，即统一技术标准、统一应用标准，保证系统的兼容性和资源共享。

（4）发展物流信息化设备，打牢物流信息平台构建的物质基础。物流设备是物流活动顺利开展的重要组成部分，是构成物流服务能力的重要因素。一是研发全新的物流信息化设备。积极引进、吸收国外先进的技术和设备，在消化吸收的基础上自主创新。与此同时，对于那些不可能引进的核心信息技术，要把它们的研发上升为国家意志，运用国家的力量进行技术攻关。二是对旧的物流设备用信息技术进行信息化改造。这种方法是将信息技术成果应用到物流设备的改造中，通过嵌入、融合信息技术，来提高物流设备的信息化程度，使其服务性能得到明显的改善和增强。

第二节　物流信息系统

现代物流企业要为客户提供准确、快捷、安全、优质的服务，必须对仓储、运输、配送、装卸搬运、流通加工等物流业务全过程，利用现代计算机信息技术进行信息的采集、储存、传输、加工分析和管理，对业务流程进行管理、跟踪和控制。信息系统是现代物流企业的核心，是现代物流企业经营成功的必要条件。必须从企业的战略高度，认识、规划和建设企业的信息系统。有效的、先进的信息系统，对保证公司对客户各项服务承诺的实现起着重要的作用。

一、信息技术在物流规划设计中的应用

物流系统的规划设计在于定位于物流服务市场、配置各种物流要素，形成一定的物流生产能力，以最低的总成本完成既定的目标。通过考察分析影响物流系统绩效的内在和外在因素，作出合理的规划设计方案。计算机仿真、可视化平台等技术的发展应用使得物流规划设计工作快速便捷，能够适应社会发展的需要。物流规划设计仿真技术即可视化技术。其应用相当广泛，大到物流园区的规划设计，小到企业生产物流的规划设计，都可以利用该仿真技术对规划和设计方案进行比选和优化。其基本功能包括：可以用三维虚拟模型来模拟实际物流中心；对物流中心建设的效益进行分析；构筑模拟仓库，模拟各种库中作业；提供物流作业效率的评价结果；模拟配车计划及相关配送业务；进行物流作业过程重组分析，优化方案比较等。如今集成化的物流规划设计仿真技术在美日等发达国家发展很快，并在应用中取得了很好的效果。美国的第三方物流公司 Catepillar 开发的 CLS 物流规划设计仿真软件，它能够通过计算机仿真模型来评价不同的仓储、库存、客户服务和仓库管理策略对成本的影响。世界最大的自动控制阀门生产商 Fisher 在应用 CLS 物流规划设计仿真软件后，销售额增加了 70%，从仓库运出的货物量增加了 44%，库存周转率提高了将近 25%，而且其客户对 Fisher 的满意度在许多服务指标上都有所增加。

二、信息技术在物流仓储系统中的应用

现代信息技术和网络技术，以及高科技物流设备的应用是现代物流业不断发展进步的基

础。为提升仓储系统的作业水平和作业效率，增加企业竞争力，进行综合信息改造，建立仓储信息管理系统。信息系统应用后，提高了客户服务水平，设计了库内定位码放，优化了工作流程，规范了工作程序，实现了管理者对仓储各业务部门和作业环节的实时管理，加速了信息在企业内部和企业间的流动，实现了信息共享和统计自动化，提高了工作效率。如利用计算机网络、数据库、自动控制等技术将自动化立体仓库和柔性/刚性输送设备有机地结合起来，可以实现仓库库存管理、出/入库管理自动化运输计划安排、运输调度指挥自动化、智能化，搬运装卸自动化、信息传输网络化。这些信息技术被广泛应用于仓储系统中，将大大提高生产效率、减少库存、降低资金占用，提高了企业效益。美国空军物流部门研发了针对仓储管理和库存控制问题的专家系统——“存货管理辅助系统”（Inventory Management Assistant，IMA），它目前以916 000种零件的存货支持全球的19 000架飞机。IMA能使仓储管理和库存控制人员在处理正常问题的情况下提高效率8%～10%，在处理复杂问题的情况下提高效率15%～18%。还有如货物的自动分拣、货物智能识别、智能化搬运等技术大大提高了货物的仓储能力，减少了出/入库时间，提高了工作效率，这些无不归功于信息技术的应用。

三、信息技术在物流管理系统中的应用

物流管理系统在于实现商品从原料供应商、制造商、分销商、零售商到消费者的各个流通环节的有机结合，以合理费用将确定的商品在需要的时间送达指定位置。信息技术的应用目的在于提高物流速度和服务水平，实现物流系统的高效管理。例如GPRS无线通信网络在物流系统中是GPS车载设备与监控中心信息交互的通道，其将GPS定位信息、求救、图像位置、服务请求等信息准确实时地传回中心；将中心的应答、服务、控制等信息准确及时地传给移动端监控中心，由车辆监管系统及地理信息系统关联构成平台，架构基于C/S模式，模块化设计，支持新业务扩展；兼容多种车台通讯；它与GPS技术的综合运用提高了物流系统的市场竞争力。地理信息技术（GIS）、遥感技术（RS）、多媒体技术 无线通信技术、互联网技术和管理信息技术（MIS）等的应用使得物流现场作业与室内办公系统能够随时联系，物流配送、运输等信息能与管理中心数据实时交换，实现外出活动中实时数据的查询、作业活动的实时监控、紧急情况的通知等功能。采用可扩展的管理平台，注入现代管理思想，把企业外部物流（原料、半成品、配套产品、产品等的采购）和销售与内部物流（产品的生产过程）的相关信息进行整合，以消除物流信息流转的障碍，提高物流效率，从而降低产品整个实现过程的成本。

四、信息技术在物流运输配送中的应用

物流运输配送就是按照用户的货物（商品）订货要求和物流配送计划，在物流配送节点（仓库、商店、货运站、物流配送中心等）进行存储、分拣、加工和配货等作业后，将配好的货物送交收货人的过程。运输系统通过信息技术平台可向物流企业管理提供的服务主要集中在物流配送管理和车货动态控制两方面，如提供当前道路交通信息、线路诱导信息，为物流企业的优化运输方案制订提供决策依据；通过对车辆位置状态的实时跟踪，可向物流

企业甚至客户提供车辆预计到达时间，为物流中心的配送计划、仓库存货战略的确定提供依据。为了将移动的车辆信息纳入物流运转的信息链中，需要使用移动信息系统。物流业中使用移动定位与传输的信息量非常大，其中用户主要是跨国物流企业和大型的物流企业，随着技术的更新及短信息费用的下降，许多中小物流企业对移动信息技术也越来越感兴趣。车辆的实时定位，有助于物流控制中心在任意时刻查询车辆的地理位置并在电子地图上直观地显现出来。动态掌握车辆所在位置可帮助物流企业优化车辆配载和调度。车辆控制系统是现代物流系统中货运车辆运营管理的重要组成部分。车辆控制技术提供支撑物流系统在运输环节对供应链进行全过程管理的功能。

在现代运输网络中，数据越来越多地需要远程输送与交换。采用标准化电子数据交换EDI（Electric Data Interchange）信息网，可使数据具有较好的兼容性与适用性，有利于加速信息流程，降低手工输入错误率，减少纸张需求以及使数据易于检验等。由于互联网络具有低通讯成本、高互联通率的优点，近年来越来越多的货运企业把互联网作为数据交换台进行数据通信。基于网络的及时、准确的信息传递保证了物流系统高度集约化管理的信息需求，保证了物流网络各节点和总部之间以及各节点之间的信息充分共享。

五、信息技术在物流监控系统中的应用

在物流活动过程中，会不断产生作业信息，这些信息是管理工作不可缺少的，因而有必要对其进行监控。如对物流输送来讲，各种控制及作业信息具有动态性，如何将它们及时准确地传送给后方管理部门是需要解决的基本问题，而其关键则在于信息的远程通信。在数据通信中，最普遍的方法是借助于本地局域网及固定电话网进行，但是随着GSM移动通讯网技术的提高及短消息技术的普遍应用，在数据的远程通信中也开始引入短消息技术。通过GPRS技术，可以在任意时刻通过发出指令查询各种运输工具所在的地理位置（经度、纬度、速度等信息），并在电子地图上直观地显示出来。物流监控中心不仅可以监视各车辆的实时运行情况，而且在某些情况下还要能够远程遥控车辆，如监听、断油、车厢门的开关等。物流车辆的运行范围要预先设定并且要受到中心监控。FRID技术利用无线电波对记录媒体进行读写，其识别距离可达几十厘米到几米，且根据读写的方式，可以输入数千字节的信息，同时，还具有极高的保密性。另外，由于信号接收装置无需看到标签即可接收数据，并且RFID的包装方式具有封闭性，因此，无线射频系统对环境的适应性很强，能适应诸如灰尘、油污、振动以及蓬布遮挡物等环境，并且可以有效防止标签撕裂、丢失等情况的发生。将RFID与无线射频系统和GSM技术相结合，可以实现远程的监控，如对集装箱所装物品、冷冻物品在运输过程中的温度，食品的保鲜期，等等。

六、选择适合自己企业状况的物流信息系统开发模式

对企业来说，物流信息系统的开发最终的核心结果是拥有业务处理的软件平台并投入使用，系统开发的核心工作是软件的开发。站在企业的角度看，拥有业务处理的软件的过程就是开发。软件开发方式有购买成熟软件、部分定制、委托从头开发、合作开发、完全独立开发几种方式，企业根据自己的情况采用合适的开发方式。

（一）购买成熟软件

如果有合适的物流软件，购买成熟软件是最快的一种方式，也是综合成本费用最低的方式。购买成熟软件比较适合中小型物流企业，因中小型物流企业没有开发力量。而大型物流企业由于业务类型多，业务流程繁杂，对购买成熟软件应当慎重考虑。购买成熟软件有一个前提，即本企业的业务流程与购买的软件要一致。如果不一致，必须对企业进行企业流程再造，提高本企业的管理水平，规范企业的管理。购买成熟软件的最大优点是可以提升企业的管理水平。如海尔选择了 SAP/R3 成熟的 ERP 系统，而不是请软件公司根据海尔物流的现状进行开发，主要目的是借助于成熟的先进流程提升自己的管理水平。购买成熟软件的一个缺点是通用物流信息系统专用性较差，不一定完全适合本企业的业务要求。得到完全适合本企业的物流信息系统软件是十分困难的，当前企业正处于变革的时期，则更为不易。另外一个缺点是，开始感觉购买的软件还不错，随着使用模块的增多和应用的深入，才发现系统有一些问题，而此时已经投入巨大的资金和人力物力，要么全部报废系统重新开始，要么大大降低系统的目标。

（二）部分定制

针对通用物流信息系统软件的专用性较差、虽然大部分功能可以适用、但仍有一小部分不适合本企业的业务处理要求的特点可以采用购买成熟软件，不适合部分由开发单位或本企业专门开发的部分定制方式，如果这一部分工作量不大，开发单位一般会同意，开发的费用由双方协商解决。如果该部分通用性较差，专用性较强，该部分的维护以后会有一定的麻烦。

（三）委托从头开发

委托从头开发方式适合于资金较为充足的单位。如果企业没有物流信息的系统分析、设计及软件开发人员，开发队伍力量较弱，而又希望拥有物流信息系统的源代码，以方便将来的维护修改，可以选择委托从头开发方式。被委托方应是专业的计算机软件开发公司或大学、研究机构。双方应签订物流信息系统开发项目协议，重点明确被委托方应提交源代码。其他还应明确新系统的目标与功能、开发时间与费用、系统标准与验收方式、人员培训等，以及开发双方的责任、违约的赔偿等。由于提交源代码相当于向委托方转让软件开发技术，因而，提交源代码，价格往往比成熟软件贵许多倍。有些源代码是被委托方的核心机密，一般不愿意提交。在协议中，被委托方也可就委托方对源代码的使用方式、范围、再次转让作出规定。委托开发方式的优点是快速、省事，开发的系统技术水平较高。缺点是费用高，系统维护需要开发单位的长期支持。此种开发方式需要委托单位派业务人员参与系统的分析论证工作，开发过程中需要双方及时沟通，进行充分地协调。

（四）合作开发

合作开发方式适合于有一定的物流信息系统分析与设计人员、程序设计人员、系统维护使用人员、资金充足、时间充裕，但开发队伍力量较弱的企业，这类企业希望通过物流信息系统的开发过程建立并培训提高自己的开发技术队伍，便于将来的系统维护和升级。合作双方共享开发成果，包括共享源代码。合作开发实际上是一种半委托性质的开发方式。优点是可以培养本单位的技术力量，便于系统维护工作。相对于委托开发方式比较节约资金，软件系统的技术水平较高。合作方一般是大学或研究机构，部分的专业计算机软件开发公司也作为合作开发方提供开发技术。缺点是双方在合作中易出现沟通不畅的问题，需要双方及时进行协调达成共识。

（五）完全独立开发

对于有较强的物流信息系统分析与设计人员、程序设计人员、系统维护使用人员、资金充足、时间充裕的组织和单位，如大型集团公司等单位，可以考虑采用完全独立开发方式。独立开发的主要优点是企业可以最终拥有系统的源代码，方便对系统的升级和维护，可以在此基础上开发其他类似系统，开发的系统可以做到完全适合自己的需要而且满意度较高。条件成熟时可以把系统软件推向市场，成立计算机应用软件公司，进一步获得收益。这也是大部分完全独立开发单位自己独立开发系统的主要原因。目前有的地方多家企业共同投资成立计算机软件公司，为本系统的企业开发物流信息系统软件，这也是一种完全独立开发方式，市场化运作，成功的可能性高。独立开发方式开发费用可能少，但最终成本一般比购买的软件要贵，虽然开发软件本身的费用看起来不是很高。由于不是专业开发队伍，软件开发水平较低，容易受当前业务内容的限制和急于见到成果，开发的系统通用性优化不够。且由于大多开发人员是临时从所属各单位抽调出来进行物流信息系统的开发工作，这些人员在其原部门还有其他工作，精力有限，容易造成系统开发时间长，开发人员调动后，系统维护工作没有保证的情况。往往是软件只有第 1 版，而且永远是第 1 版。完全独立开发风险较高，成功的比率很低，系统开发往往拖期。一旦失败，则将造成很大损失。

第三节 条形码技术

一、条形码的历史

条形码技术最早产生在 20 世纪 20 年代，诞生于 Westinghouse 的实验室里。一位名叫 John Kermode 性格古怪的发明家“异想天开”地想对邮政单据实现自动分检，那时候对电子技术应用方面的每一个设想都使人感到非常新奇。

他的想法是在信封上做条码标记，条码中的信息是收信人的地址，就像今天的邮政编码。为此 Kermode 发明了最早的条码标识，设计方案非常的简单（这种方法称为模块比较法），即一个“条”表示数字“1”，两个“条”表示数字“2”，以此类推。然后，他又发明了由基本的元件组成的条码识读设备：一个扫描器（能够发射光并接收反射光）；一个测定反射信号条和空的方法，即边缘定位线圈；使用测定结果的方法，即译码器。

Kermode 的扫描器利用当时新发明的光电池来收集反射光。“空”反射回来的是强信号，“条”反射回来的是弱信号。与当今高速度的电子元器件应用不同的是，Kermode 利用磁性线圈来测定“条”和“空”。就像一个小孩将电线与电池连接再绕在一颗钉子上来夹纸。Kermode 用一个带铁芯的线圈在接收到“空”的信号的时候吸引一个开关，在接收到“条”

的信号的时候，释放开关并接通电路。因此，最早的条码阅读器噪音很大。开关由一系列的继电器控制，“开”和“关”由打印在信封上“条”的数量决定。通过这种方法，条码符号直接对信件进行分检。

此后不久，Kermode 的合作者 Douglas Young，在 Kermode 码的基础上作了些改进。

Kermode 码所包含的信息量相当地低，并且很难编出十个以上的不同代码。而 Young 码使用更少的条，但是利用条之间空的尺寸变化，就像今天的 UPC 条码符号使用四个不同的条空尺寸。新的条码符号可在同样大小的空间对 100 个不同的地区进行编码，而 Kermode 码只能对十个不同的地区进行编码。

直到 1949 年的专利文献中才第一次有了 Norm Woodland 和 Bernard Silver 发明的全方位条形码符号的记载，在这之前的专利文献中始终没有条形码技术的记录，也没有投入实际应用的先例。Norm Woodland 和 Bemard Silver 的想法是利用 Kermode 和 Young 的垂直的“条”和“空”，并使之弯曲成环状，非常像射箭的靶子。这样扫描器通过扫描图形的中心，能够对条形码符号解码，不管条形码符号方向的朝向。

在利用这项专利技术对其进行不断改进的过程中，一位科幻小说作家 Isaac-Azimov 在他的“裸露的太阳”一书中讲述了使用信息编码的新方法实现自动识别的事例。那时人们觉得此书中的条形码符号看上去像是一个方格子的棋盘，但是今天的条形码专业人士马上会意识到这是一个二维矩阵条形码符号。虽然此条形码符号没有方向、定位和定时，但很显然它表示的是高信息密度的数字编码。

直到 1970 年 Iterface Mechanisms 公司开发出“二维码”之后，才有了价格适于销售的二维矩阵条码的打印和识读设备。那时二维矩阵条形码用于报社排版过程的自动化。二维矩阵条形码印在纸带上，由今天的一维 CCD 扫描器扫描识读。CCD 发出的光照在纸带上，每个光电池对准纸带的不同区域。每个光电池根据纸带上印刷条码与否输出不同的图案，组合产生一个高密度信息图案。用这种方法可在相同大小的空间打印上一个单一的字符，作为早期 Kermode 码之中的一个单一的条。定时信息也包括在内，所以整个过程是合理的。当第一个系统进入市场后，包括打印和识读设备在内的全套设备大约要 5 000 美元。

此后不久，随着 LED（发光二极管）、微处理器和激光二极管的不断发展，迎来了新的标识符号（象征学）和其应用的大爆炸，人们称之为“条码工业”。今天很少能找到没有直接接触过既快又准的条形码技术的公司或个人。由于在这一领域的技术进步与发展非常迅速，并且每天都有越来越多的应用领域被开发，用不了多久条形码就会像灯泡和半导体收音机一样普及，将会使每一个人的生活都变得更加轻松和方便。

二、条形码的识别原理

要将按照一定规则编译出来的条形码转换成有意义的信息，需要经历扫描和译码两个过程。物体的颜色是由其反射光的类型决定的，白色物体能反射各种波长的可见光，黑色物体则吸收各种波长的可见光，所以当条形码扫描器光源发出的光在条形码上反射后，反射光照射到条码扫描器内部的光电转换器上，光电转换器根据强弱不同的反射光信号，转换成相应的电信号。根据原理的差异，扫描器可以分为光笔、CCD、激光三种。电信号输出到条码扫描器的放大电路增强信号之后，再送到整形电路将模拟信号转换成数字信号。白条、黑条的宽度不同，相应的电信号持续时间长短也不同。然后译码器通过测量脉冲数字电信号 0，1 的数目来判别条和空的数目，通过测量 0，1 信号持续的时间来判别条和空的宽度。此时所得到的数据仍然是杂乱无章的，要知道条形码所包含的信息，则需根据对应的编码规则（例如：EAN－8 码），将条形符号换成相应的数字、字符信息。最后，由计算机系统进行数据处理与管理，物品的详细信息便被识别了。

三、条形码的优越性

（1）可靠性强。条形码的读取准确率远远超过人工记录，平均每 15 000 个字符才会出现一个错误。

（2）效率高。条形码的读取速度很快，相当于每秒 40 个字符。

（3）成本低。与其他自动化识别技术相比较，条形码技术仅仅需要一小张贴纸和相对构造简单的光学扫描仪，成本相当低廉。

（4）易于制作。条形码的编写很简单，制作也仅仅需要印刷，被称作为“可印刷的计算机语言”。

（5）易于操作。条形码识别设备的构造简单，使用方便。

（6）灵活实用。条形码符号可以手工键盘输入，也可以和有关设备组成识别系统实现自动化识别，还可和其他控制设备联系起来实现整个系统的自动化管理。

四、条形码的扫描

（一）条形码的构成

条形码的扫描需要扫描器，扫描器利用自身光源照射条形码，再利用光电转换器接受反射的光线，将反射光线的明暗转换成数字信号。不论是采取何种规则印制的条形码，都由静区、起始字符、数据字符与终止字符组成。有些条码在数据字符与终止字符之间还有校验字符。

（1）静区：顾名思义，不携带任何信息的区域，起提示作用。

（2）起始字符：第一位字符，具有特殊结构，当扫描器读取到该字符时，便开始正式读取代码了。

（3）数据字符：条形码的主要内容。

（4）校验字符：检验读取到的数据是否正确。不同编码规则可能会有不同的校验规则。

（5）终止字符：最后一位字符，一样具有特殊结构，用于告知代码扫描完毕，同时还起到只是进行校验计算的作用。

（二）条码扫描器的种类

为了方便双向扫描，起止字符具有不对称结构。因此扫描器扫描时可以自动对条码信息重新排列。条码扫描器有光笔、CCD、激光三种。

（1）光笔：最原始的扫描方式，需要手动移动光笔，并且还要与条形码接触。

（2）CCD：以CCD作为光电转换器，LED作为发光光源的扫描器。在一定范围内，可以实现自动扫描。并且可以阅读各种材料、不平表面上的条码，成本也较为低廉。但是与激光式相比，扫描距离较短。

（3）激光：以激光作为发光源的扫描器。又可分为线型、全角度等几种。

① 线型：多用于手持式扫描器，范围远，准确性高。

② 全角度：多为卧式，自动化程度高，在各种方向上都可以自动读取条码。

五、条形码技术的优点

条形码是迄今为止最经济、实用的一种自动识别技术。条形码技术具有以下几个方面的优点。

（1）输入速度快：与键盘输入相比，条形码输入的速度是键盘输入的5倍，并且能实现“即时数据输入”。

（2）可靠性高：键盘输入数据出错率为1/300，利用光学字符识别技术出错率为万分之一，而采用条形码技术误码率低于百万分之一。

（3）采集信息量大：利用传统的一维条形码一次可采集几十位字符的信息，二维条形码更可以携带数千个字符的信息，并有一定的自动纠错能力。

（4）灵活实用：条形码标识既可以作为一种识别手段单独使用，也可以和有关识别设备组成一个系统实现自动化识别，还可以和其他控制设备连接起来实现自动化管理。

另外，条形码标签易于制作，对设备和材料没有特殊要求，识别设备操作容易，不需要特殊培训，且设备也相对便宜。

六、条形码的编码规则

（一）惟一性

同种规格同种产品对应同一个产品代码，同种产品不同规格应对应不同的产品代码。根据产品的不同性质，如：重量、包装、规格、气味、颜色、形状等等，赋予不同的商品代码。

（二）永久性

产品代码一经分配，就不再更改，并且是终身的。当此种产品不再生产时，其对应的产品代码只能搁置起来，不得重复起用再分配给其他商品。

（三）无含义

为了保证代码有足够的容量以适应产品频繁的更新换代的需要，最好采用无含义的顺序码。

商品条形码是指由一组规则排列的条、空及其对应字符组成的标识，用以表示一定的商品信息的符号。其中条为深色、空为白色，用于条形码识读设备的扫描识读。其对应字符由一组阿拉伯数字组成，供人们直接识读或通过键盘向计算机输入数据使用。这一组条空和相应的字符所表示的信息是相同的。

七、一维条形码的码制区别

（一）UPC（统一产品代码）

只能表示数字有 A、B、C、D、E 四个版本，版本 A－12 位数字，版本，E－7 位数字，最后一位为校验位，大小是宽 1.5、高 1，而且背景要清晰，主要使用于美国和加拿大地区，用于工业、医药、仓库等部门。当 UPC 作为十二位进行解码时，定义如下：第 1 位＝数字标识（已经由 UCC，统一代码委员会所建立），第 2－6 位＝生产厂家的标识号（包括第一位），第 7－11＝惟一的厂家产品代码，第 12 位＝校验位（Used for Error Detection）

（二）Code 3 of 9

能表示字母、数字和其他一些符号共 43 个字符：A－Z，0－9，－.＄/＋%，Pace 条形码的长度是可变化的，通常用“＊”号作为起始、终止符校验码不用代码，密度介于 3～9.4 个字符/英寸，空白区是窄条的 10 倍，用于工业、图书以及票证自动化管理。

（三）Code 128

表示高密度数据，字符串可变长，符号内含校验码，有三种不同版本：A，B，and C，可用 128 个字符分别在 A，B，or C 三个字符串集合中，用于工业、仓库、零售批发。

（四）Interleaved 2－of－5（I2 of 5）

只能表示数字 0～9 可变长度，连续性条形码，所有条与空都表示代码，第一个数字由条开始，第二个数字由空组成，空白区比窄条宽 10 倍，应用于商品批发、仓库、机场、生产/包装识别、工业中，条形码的识读率高，可适用于固定扫描器可靠扫描，在所有一维条形码中的密度最高。

（五）Codabar（库德巴条形码）

可表示数字 0～9，字符＄、＋、－、还有只能用作起始/终止符的 A，B，C，D 四个字符，可变长度，没有校验位，应用于物料管理、图书馆、血站和当前的机场包裹发送中，空白区比窄条宽 10，非连续性条形码，每个字符表示为 4 条 3 空。

八、二维码

一维条形码虽然提高了资料收集与资料处理的速度，但由于受到资料容量的限制，一维条形码仅能标识商品，而不能描述商品，因此相当依赖电脑网络和资料库。在没有资料库或不便联网络的地方，一维条形码很难派上用场。也因此，最近几年开始有人提出一些储存量较高的二维条形码。由于二维条形码具有高密度、大容量、抗磨损等特点，所以更拓宽了条形码的应用领域。

在水平和垂直方向的二维空间存储信息的条形码，称为二维条形码（2-Dimensional Bar Code）。

与一维条形码一样，二维条形码也有许多不同的编码方法，或称码制。就这些码制的编码原理而言，通常可分为以下三种类型。

（一）线性堆叠式二维码

是在一维条形码编码原理的基础上，将多个一维码在纵向堆叠而产生的。典型的码制如：Code 16K、Code 49、PDF417 等。

（二）矩阵式二维码

是在一个矩形空间通过黑、白像素在矩阵中的不同分布进行编码。典型的码制如：Aztec、Maxi Code、QR Code、Data Matrix 等。

（三）邮政码

通过不同长度的条进行编码，主要用于邮件编码，如：Postnet、BPO 4-State。

在许多种类的二维条形码中，常用的码制有：Data Matrix，Maxi Code，Aztec，QR Code，Vericode，PDF417，Ultracode，Code 49，Code 16K。Data Matrix 主要用于电子行业小零件的标识，如 Intel 的奔腾处理器的背面就印制了这种码。Maxi Code 是由美国联合包裹服务（UPS）公司研制的，用于包裹的分拣和跟踪。Aztec 是由美国韦林（Welch Allyn）公司推出的，最多可容纳 3 832 个数字或 3 067 个字母字符或 1 914 个字节的数据。

二维条形码的新技术在 1980 年代晚期逐渐被重视，在"资料储存量大"、"资讯随着产品走"、"可以传真影印"、"错误纠正能力高"等特性下，二维条形码在 20 世纪 90 年代初期已逐渐被使用。二维条码具有储存量大、保密性高、追踪性高、抗损性强、备援性大、成本便宜等特性，这些特性特别适用于表单、安全保密、追踪、证照、存货盘点、资料备援等方面。

表单应用：公文表单、商业表单、进出口报单、舱单等资料之传送交换，减少人工重复输入表单资料，避免人为错误，降低人力成本。

保密应用：商业情报、经济情报、政治情报、军事情报、私人情报等机密资料之加密及传递。

追踪应用：公文自动追踪、生产线零件自动追踪、客户服务自动追踪、邮购运送自动追踪、维修记录自动追踪、危险物品自动追踪、后勤补给自动追踪、医疗体检自动追踪、生态研究（动物、鸟类…）自动追踪等。

证照应用：护照、身份证、挂号证、驾照、会员证、识别证、连锁店会员证等证照之资料登记及自动输入，发挥"随到随读"、"立即取用"的信息管理效果。

盘点应用：物流中心、仓储中心、后勤中心之货品及固定资产之自动盘点，发挥"立即盘点、立即决策"的效果。

备援应用：文件表单的资料若不愿或不能以磁碟、光碟等电子媒体储存备份时，可利用二维条码来储存备份，携带方便，不怕折叠，保存时间长，又可影印传真，做更多备份。

第四节　射频识别技术

一、射频识别技术概述

射频识别技术（Radio Frequency Identification，RFID），射频识别技术是20世纪90年代开始兴起的一种自动识别技术，射频识别技术是一项利用射频信号通过空间耦合（交变磁场或电磁场）实现无接触信息传递并通过所传递的信息达到识别目的的技术。

从信息传递的基本原理来说，射频识别技术在低频段基于变压器耦合模型（初级与次级之间的能量传递及信号传递），在高频段基于雷达探测目标的空间耦合模型（雷达发射电磁波信号碰到目标后携带目标信息返回雷达接收机）。1948年哈里斯托克曼发表的“利用反射功率的通信”奠定了射频识别技术的理论基础。

射频识别技术的发展可按十年期划分如下：

1940～1950年：雷达的改进和应用催生了射频识别技术，1948年奠定了射频识别技术的理论基础。

1950～1960年：早期射频识别技术的探索阶段，主要处于实验室实验研究。

1960～1970年：射频识别技术的理论得到了发展，开始了一些应用尝试。

1970～1980年：射频识别技术与产品研发处于一个大发展时期，各种射频识别技术测试得到加速。出现了一些最早的射频识别应用。

1980～1990年：射频识别技术及产品进入商业应用阶段，各种规模应用开始出现。

1990～2000年：射频识别技术标准化问题日趋得到重视，射频识别产品得到广泛采用，射频识别产品逐渐成为人们生活中的一部分。

2000年后：标准化问题日趋为人们所重视，射频识别产品种类更加丰富，有源电子标签、无源电子标签及半无源电子标签均得到发展，电子标签成本不断降低，规模应用行业扩大。

至今，射频识别技术的理论得到丰富和完善。单芯片电子标签、多电子标签识读、无线可读可写、无源电子标签的远距离识别、适应高速移动物体的射频识别技术与产品正在成为现实并走向应用。

二、射频识别技术原理

射频识别技术是利用发射接收无线电射频信号，对物体进行近距离无接触方式探测和跟踪的一种高新技术。它是自动设备识别（Automatic Equipment Identification，AEI）技术中最优秀和应用领域最广泛的技术之一，具有环境适应性强，可在全天候下使用，免接触，抗干扰能力强，可以穿透非金属物体进行识别处理等特点，在物流管理中有着广阔的应用前景。射频识别技术与其他识别技术相比有很强的优越性：条形码技术对环境及其读出条件要求严格，红外线技术受环境介质影响很大，穿透力弱；摄像机虽然可以直接将喷刷在物体表面的数字记录下来，但受环境和物体表面所处位置的影响很大，如在雪、雾等气候条件下，在物体表面数字位置高低小的情况下均无法使用。

射频识别系统通常由阅读器和电子标签组成。阅读器又称为通讯器或读出装置，用以产生发射无线电射频信号并接收电子标签反射回的无线电射频信号，经处理后获得标签的数据信息。电子标签用以存储数字字母编码，当受无线电射频信号照射时，能反射回携带有数字字母编码信息的无线电射频信号，供阅读器处理识别。在低频系统中，电子标签通常是无源的，即标签内不安装电池。当阅读器向电子标签发射信号时，能量转换成供电子标签集成电路工作的交流电源，使它产生另带有标签存储信息的射频信号反射回来。由于低频系统是无源的，因此，电子标签在其生产过程中被制成整件或部件，可终生免维护。

三、射频识别技术在物流管理中的应用

物流管理的本质是通过对物流全过程的管理，实现降低成本和提高服务水平两个目的。如何以正确的成本和正确的条件，去保证正确的客户在正确的时间和正确的地点，得到正确的产品，成为物流企业追求的最高标准。要想达到这种标准，掌握存货的数量、形态和分布，提高存货的流动性就成了企业物流管理的核心内容。一般来说，企业存货的价值要占一企业资产总额的25%左右，占一企业流动资产的50%以上。所以物流管理工作的核心就是对供应链中存货的管理。

在运输管理方面，虽然能够通过全球卫星定位系统（GPS）获得在途物资的准确位置，但对在途物资的其他信息，如物资的种类、数量、发货人、收货人、合同编号等重要信息的获得，则无能为力。全球卫星定位系统的使用成本较高，这对降低物流成本有不利影响，而采用射频识别技术，只需在货物的外包装上安装电子标签，在运输检查站或中转站设置阅读器，就可以实现资产的可视化管理。在运输过程中，阅读器将电子标签的信息通过卫星或电话线传输到运输部门的数据库，电子标签每通过一个检查站时，数据库的数据就得到更新，当电子标签到达终点时，数据库关闭。与此同时，货主可以根据权限，访问在途可视化网页，了解货物的具体位置。这对提高物流企业的服务水平有着重要意义。

例如，美军在其“全资产可视化”项目中已使用了射频技术系统，该系统包括射频标签、询问器，486 中央处理器、卫星或有线传输装置。美军第八集团军在韩国战区应用了射频技术，使偏远地区的物资实现了在途可视化。同时该集团军建立了在途可视化网页，军队使用者可进入该网页查询射频标签数据库，军队以外的使用者，在获得信息管理部门的许可后，可通过口令进入该网页。

四、射频识别技术对物流管理的影响

（一）降低库存水平，提高企业的资金效率

各成功的企业离不开成功的物流运作，而物流运作是货物流、信息流和资金流的有机结

合和高度统一。可以认为，货物流是外在行动，信息流是技术手段，而资金流是最终目标。企业的经济效益最终是由资金流的运行状况所决定的，企业的资金效率越高，降低成本的幅度越大，经济效益就越加明显。企业的资金流运动本质上是企业的资金在货币资本、生产资本、商品资本的几种状态上的资本周转过程，资金效率取决于预付资本总量和资本周转速度两种因素。库存的降低可以直接减少企业用于生产的资本预付总量，而资本周转速度的提高是通过提高企业的物流配送速度以及在流通过程的增值服务完成的。所以，高效率的配送体系和具有增值服务能力的物流中心是提高企业资本周转速度的重要条件。

通过射频识别技术的应用，从而实现运输中的资产可视化，从而使商品的运输过程透明化。以往难以掌握的商品到达时间、在途库存变得一目了然。企业的动态库存实行有效管理。库存所占用的资金可降到最低程度，资本周转速度大大加快，企业的经济效益也显著提高。尤其在供应链管理中其作用更为明显，资产可视化使企业间库存信息的交换将更为准确及时，牛鞭效应将大大减少，企业间的动态库存能够大幅降低。

（二）提高服务水平，满足顾客的要求

物流管理的最终目标是降低成本，提高服务水平。射频技术的应用能够向顾客提供更为准确的物流信息，能够有效降低顾客的运营成本，为顾客创造价值，增加利润。具体表现为能够以合适的质量、数量、合适的地点价格，向顾客提供个性化的物流服务，与顾客建立长期的战略伙伴关系。

（三）提高企业的信息管理水平

射频识别技术的应用能够大大加快企业内部信息化的步伐，促进企业物流部门与生产部门、销售部门、财务部门的信息沟通，整合企业内部的作业流程，提高企业的快速反应能力。尤其在提供第三方物流服务时，其效果更为显著。迈克尔·波特在《竞争优势》中写道："当一个公司能够向其客户提供些独特的、对客户来说其价值不仅仅是种廉价物品时，这个公司就把自己与竞争厂商区别开来了。"射频识别技术能够有效地将企业同竞争对手区别开来，为顾客提供独特的增值服务，实现企业同顾客的双赢，使企业在日趋激烈的市场竞争中站稳脚跟。

（四）提高企业构筑供应链能力，增强市场竞争能力

对于各企业来说，实施全方位的物流管理与经营是项复杂的系统工程，需要一定的基础条件和开拓创新的精神，为了达到降低客户成本的目标，需要具备四个条件：（1）高效率的综合运输、配送体系；（2）全过程的信息跟踪与服务能力；（3）具有综合服务功能的物流中心建设；（4）贴近客户的供应链分析与管理。其中供应链的构筑情况最为重要，其关系到上下游企业的整体协调能力，决定了供应链竞争的成败。射频识别技术与其他信息技术能够提高企业构筑供应链能力，加强供应商、厂商、批发商、零售商之间的信息共享，增强对市场需求的变化作出快速的反应的能力。从而能够有效降低库存，提高商品周转率，减少需求预测误差，增强企业市场竞争能力。

第五节 电子数据交换

一、EDI 的基本概念

电子数据交换（Electronic Date Interchange，EDI）技术，根据联合国标准化组织的定义，是指将商业或行政事务处理按照一个公认的标准，形成结构化的事务处理或报文数据格式，从计算机到计算机的电子传输方法。电子数据交换技术自问世以来，因其技术先进，可大大减少贸易文件及文件处理成本，因而受到世界各国普遍重视，发展迅速。现在，EDI 用户根据国际通用的标准格式编制电文，以机器可读的方式将结构化的信息（如发票、海关申报单、进出口许可证等“经济信息”）按照协议经过通信网络传送。报文接受方按国际统一规定的语法规则对报文进行处理，通过相应的管理信息系统，完成综合的自动交换和处理。EDI 遵循一定的国际标准或行业规则，自动地进行数据发送、传送及处理，而不需人工介入，从而实现事务处理或贸易自动化。

二、EDI 的发展阶段

（一）20 世纪 60 年代 ~ 90 年代——传统 EDI

传统 EDI 可以说是电子商务的先驱者，20 世纪 60 年代末，一些大型跨国公司之间就开始尝试以自己专用的数据格式传输数据，完成工作调度等管理工作，这可以说是 EDI 的早期形式。然而，随着交易范围的迅速增长，专用格式的转换费用变得十分昂贵，于是一些公司开始发起制定 EDI 数据格式标准和报文标准。目前传统 EDI 形成 ANSIX. 12 和 UN/EDIFACT 两大标准体系的局面。国际上最有名的是联合国欧洲经济委员会（UN/ECE）下属第四个工作组（WP4）于 1986 年制定的《用于行政管理、商业和运输的电子数据互换》标准——EDIFACT（*Electronic Data Interchange For Administration, Commerce and Trars-Port*）标准。EDIFACT 已被国际标准化组织 ISO 接收为国际标准，编号为 ISO9735。同时还有广泛应用于北美地区的，由美国国家标准化协会（ANSI）X. 12 鉴定委员会（AXCS. 12）于 1985 年制定的 ANSIX. 12 标准。我国的 EDI 应用以 UN/EDIFACT 标准体系为基础。

在传统 EDI 时期，通讯方式存在着多种形式，主要有如下几种：点对点连接；第三方网络；INTRA-NET；EDI 到传真/传真到 EDI。其中应用较为广泛也较为成熟的当属第三方增值网络（Value Added Network，VAN）。传统 EDI 将数据信息规范化、格式化，通过网络互联处理，为不同公司企业应用或商业运营的数据交换和交流提供了有效的解决方案。但传统 EDI 在现实实现中遇到了诸多难以克服的弱点。

1. 使用范围受限

只适合点到点的交易，且无法实现跨平台跨系统的数据交换，只有接入 VAN 的企业可用，使通过 EDI 进行贸易的范围受到了很大的限制。

2. 利用专网或增值网服务（VAN），成本高昂

增值网络、EDI 服务器、转换软件、系统和相应培训耗费昂贵，SME（Small and Medium Enterprise，中小型企业）无力承担，造成传统 EDI 局限在大公司使用，给推广应用带来不便。

3. 相应的开发实现通常定制化以满足特定的应用需要，兼容性差

不同企业实现 EDI 要对标准进行选择，去掉不使用的部分，即开发 IC（Implement-ation Convertion），指裁剪标准消息版本，花费很高，且不同版本之间的消息不能相互处理，在下文的 Inter-net EDI 中标准 IC 方式，部分地解决了此问题。

4. 基于严格的事务处理的标准集，其中包含了商业的规则，缺乏灵活性

传统 EDI 数据通过各种标准（专业、行业、国家和国际标准）进行交换，其实现一般都要求所有的合作伙伴都必须有惟一的解决方案，基于固定交易集，复杂而缺乏灵活性，为实际商务、尤其快速应变所不容。

5. 传统 EDI 经过几十年的发展，仍然没有形成一个全球通用的标准

国际上现存两大标准体系：UN/EDIFACT 和 ANSIX. 12 标准。此外，各行业也有自己的行业标准，如：CIDX（化工）、VICX（百货）、TDCC（运输业）等。以上诸多因素，限制了 EDI 的发展。传统 EDI 虽然已经存在了二十多年，但至今大部分应用仍局限于大公司之间，没得到广泛普及，传统 EDI 走入了发展的困境。

（二）20 世纪 90 年代——Internet EDI

进入 20 世纪 90 年代，随着 Internet 的广泛发展和深入应用，为传统 EDI 带来新的生机，由此诞生了 Internet EDI。Internet EDI，即以线联网为基础传送 EDI 单证的 EDI。它融合了二者的优点，弥补了相互的不足，已成为新一代的 EDI，发展前景十分诱人。其优异表现如下：

（1）Internet 是全球网络结构，极大地扩大了参与交易的范围。

（2）摈弃传统 EDI 以专网或增值网为主的通讯方式，而代之为普遍适用的网络，不仅实现世界范围的连接，还大大降低成本。

（3）Internet 对数据交换提供许多简单易行的功能、丰富的手段，如：通过 Web EDI 用户可以使用 Web 完成交易。

（4）ISP 提供了多种服务方式，这些服务方式过去都必须从传统的 VAN 那里购买，费用很高。

（5）采用电文加密、电子认证、SET，提高交易的安全性。基于上述优点，原来基于 VAN 的 EDI 用户，正在转向基于 Internet 的系统，以取代昂贵的 VAN；尤其是 Web EDI 方式的使用，成千上万的小型公司可以参与，使 EDI 焕发了第二春，大大增加 EDI 用户数量。

最初，Web EDI 所依靠的标记语言，主要是侧重于数据表现的 HTML（含 DHTML），这基本上满足了电子商务发展的早期模式（B2C 和 C2C）侧重于信息对人的可理解性要求。但是进入 B2B 模式，尤其是供应链管理模式，数据的传输路径转变为 Web 服务器。Web 服务器数据的传输过程不需要浏览器，而且 Web 服务器需要对数据作一定处理。此时，数据的结构化和标准化就显得至关重要。而从数据库提取信息生成 HTML 页面后，数据的结构化已消失殆尽，HTML 对数据的再利用已力不从心，而传统 EDI 又存在着巨大的局限性，尤其是 EDI 数据不能通过 Web 来进行数据搜索和定位，也无法在 Web 上显示，而这正是现代

INTERNET 小型企业与一些不固定商业伙伴进行小型交易的最基本要求。由此，EDI 的发展再次走入困境，急需新技术的出现。

（三）20 世纪 90 年代后期至今——XML

HTML 不可扩展、互操作性及结构与显示等诸多问题，导致 1996 年可扩展标记语言 XML 的产生。XML 的诸多优异表现，对 Internet EDI 的发展带来了深远影响。

首先，它带来了 Web 革命。XML 描述数据本身，可以从不同的来源集成数据，并使本地用户非常容易实现对 XML 数据的有效利用。为 Web 数据带来了结构化、智能化和互操作性，将会引发 Web 技术、Web 数据库技术乃至 Web 数据交换技术的全面革新。例如：如果企业所有的供货商用 XML 来发送他们库存和报价的数据，可编写代理来智能地分析处理这些数据。利用这个代理可以监视在库存控制系统中某原料的信息。当其库存更改时，它将与所有的供货商联系找出有货并最便宜的商家，这也就是所谓的智能代理。

其次，XML 将带来 Web 风格的 EDI。基于 HTML 的 Web 侧重于数据的表现，传统 EDI 侧重于数据的结构化。而 XML 则在数据的表现和结构化方面都有优异的表现。XML 的应用可以说是 Web 风格的 EDI，也可以说是 EDI 风格的 Web。

XML 所采用的标准技术可以说是最适合 Web 开发，将其应用于 Internet EDI，则可以得到真正 Web 风格的 EDI——XML/EDI。XML 支持结构化的数据，可以更详细地定义某个数据对象的数据结构，且便于在 Web 上传输。如描述产品，详细定义该产品的品名、产地、价格、数量等信息，不仅为标记该产品提供方便，而且这种 XML 数据很容易按各属性排序，查询更方便。引入 XML/EDI 模板（Template）的概念，解决 EDI 的主要问题——映射。与 Web-EDI 不同，XML/EDI 可以在客户端处理消息，自动完成映射，花费很小。模板描述的不是消息的数据，而是消的结构以及如何解释消息，能做到无须编程就可实现消息的映射。这种既结构化又灵活性的页面描述语言非常适合与 EDI 数据平滑对接，为 EDI 走上联网提供了数据转接的技术支撑。这些使 XML/EDI 成为名符其实的 Web 风格的 EDI。

最后，XML 带来的 XML/EDI 将是对称的 EDI，Web-EDI 交易，一般是由大公司一方承担所有实现 EDI 的费用，当然经改造后的 EDI 也是适合大公司一方的 IC，自然它也就可享受 Web-EDI 带来的全部好处。而另一方中小企业，Web-EDI 只能让他们负担得起上 EDI 的费用，只是参与 EDI 交换，但在得到 EDI 的好处方面，与实现 ED 方（较大公司）是不均等的。所以 Web EDI 是不对称的 EDI。而 XML/EDI 则不同，XML 一方面具有互操作性以及结构化和 DTD 特点，另一方面则由于 XML 的超链接，可以进一步指定目标找到后的动作。这些特点可使 XML/EDI 的参与者，包括大企业和中小企业，都能从中获得均等的好处，所以可以称 XML/EDI 为对称的 EDI。使用当前的 EDI 技术的美国公司的数目从令人遗憾的不足 10 000 到数百万桌面电脑和公司用新的 XML/EDI 技术，这一事实足以说明其技术的优越性。当然 XML 技术仍具有不够完善和成熟的缺点，需要进一步发展随着 XML 的逐渐成熟，基于 XML 的标准将成为以后信息标准的主流。

三、EDI 的工作流程

EDI 强调在其系统上传输的报文遵守一定的标准，因此，在发送之前，系统需要使用翻译程序将报文翻译成标准格式的报文。

（1）发送方计算机应用系统生成原始的用户数据。

（2）发送报文的数据映射与翻译。

（3）发送标准的 EDI 报文。通信软件将已转换成标准 EDI 格式的文件，经计算机网络传送到 EDI 网络中心。

（4）贸易伙伴获取标准的 EDI 文件。根据 EDI 网络软件的不同，EDI 网络中心既可以通过计算机网络自动通知发送方的贸易伙伴，也可以被动地等待贸易伙伴通过计算机网络进行查询和下载。

（5）接收文件的数据映射和翻译。

（6）接收方应用系统处理翻译后的文件。EDI 交换平台除提供用户之间的通信平台外，还可以根据业务需要，在提供格式转换和翻译软件的同时，提供密码管理、权限管理、通信管理、记账管理、数据存档、第三方认证等功能。

四、物流管理中应用 EDI 的效益

企业在物流管理应用 EDI 的效益主要取决于两个因素，一是企业的规模、贸易数量的大小，二是企业的应用层次，即企业的系统集成化与 EDI 的结合程度。

（一）初级效益（约占 EDI 全部收益的 10%）

企业只是进行 EDI 的简单应用，并不对组织结构、运作方式作任何调整。具体表现为电子文件的传输快于书面文件，企业因此能对相关事物作出迅速安排。

（二）次级收益（约占 EDI 收益的 20%）

EDI 和企业的电子数据处理（EDP）系统紧密结合，数据输入的次数大为降低，差错率降低，提高单证单据作业质量。在物流管理中应用 EDI 还可以简化工作程序和信息流、大量减少纸制单证、单据工作量，实现无纸化贸易。运用 EDI 已成为发展对外贸易及国际物流的关键内容。据统计，在纸质文件进行业务的情况下，一笔国际贸易业务中有 46 种不同的单证，它们要在二十多个部门间进行流转，制备和处理这些文件所需要的人力和时间是可想而知的。

（三）三级收益（约占 EDI 全部收益的 30%）

企业着手从内部全面优化 EDI 的应用，从生产、服务、销售各方面应用 EDI，EDI 的应用潜力被挖掘出来。EDI 使物流业务程序与贸易、运输和后勤等方面更加紧密的联系起来，满足便利性、快捷性、可靠性等要求。

（四）终极效益（约占 EDI 全部收益的 40%）

在这一应用层次上，它要求企业加强与贸易伙伴的合作，使整个价值链紧密结合，形成“无缝商业物流”（Seamless Business Logistics）这样，EDI 全部效益中的 40% 就发挥出来，企业运用 EDI 进行物流管理达到了最高层次。

本章小结

本章介绍了物流信息系统在现代物流管理中的应用和发挥的重要作用，介绍了在物流领域常用的一些物流软件及系统。

案例阅读与分析

在北京2008年奥运会上将采用大量成熟、先进的科学技术，其中近几年成为IT技术应用热点的射频识别（RFID）技术会在门票、身份识别及人员安全跟踪、食品安全监控、资产管理等领域大展身手。电子门票是一种将RFID芯片嵌入纸质门票等介质中，用于快捷检票/验票并能实现对持票人进行实时定位跟踪的新型门票。奥运会是目前世界上规模最大的综合性体育赛事，承载这一赛事的场馆必将接纳庞大的观众。电子门票能够有效验证这些观众所持的票卡是否有效，能够跟踪和查询这些观众是否进入到指定区域，当观众误入或非法闯入禁入区域时进行警示并引导其迅速离开。

奥运期间每天都会有大量运动员、教练员、赛会管理人员、志愿者、媒体记者出入各奥运赛场、新闻中心、奥运村等重要场所，采用RFID技术的身份卡与相关的计算机系统相连，能够有效实现对这些人员的跟踪和管理。奥运会期间被监控的食品将拥有一个“电子身份证”—RFID电子标签，并建立奥运食品安全数据库。RFID电子标签从食品种植养殖及生产加工环节开始加贴，实现“从农田到餐桌”全过程的跟踪和追溯，包括运输、包装、分装、销售等过程中的全部信息，如生产基地、加工企业、配送企业等都能通过电子标签在数据库中查到。奥运会期间将有大量的贵重资产被赛会参与者使用，如计算机、复印机等。通过在贵重资产上粘贴RFID标签，系统能够识别未经授权的资产迁移，从而保障这些资产的安全。

总之，利用RFID智能卡技术，为奥运相关人员在奥运会注册、身份识别、支付等个性化信息服务过程中提供一种安全、可靠、方便的智能工具：奥运会娱乐场所凭卡消费；奥运会商业场所凭卡购物；奥运会相关交通车辆凭卡上下车……为2008年奥运会所需的各种支付和应用提供全方位的服务。

（资料来源：中国防伪报道，2008（8）：63.）

思考题

讨论无线射频技术的优点。

思考与练习

一、单项选择题

1. 128码属于（　　）。

A. 一维条形码　　B. 二维条形码　　C. UPC

2. 电子数据交换的英文缩写为（　　）。

A. ERP　　B. EDI　　C. GPS　　D. GIS

二、多项选择题

1. 一维条形码的码制有（　　）。

A . 128 码　　B. UPC　　C. Code 3 of 9

D. Interleaved 2 - of - 5（I2 of 5）　　E. Codabar

2. 二维条形码的码制有（　　）。

A. 线性堆叠式二维码　　B. 邮政码　　C. 矩阵式二维码

三、问答题

1. 物流信息系统开发模式有哪些?

2. 射频识别技术对物流管理的有哪些影响?

本章参考资料

1. 减姬媛．论国际物流的信息化发展对中国的启示（硕士学位论文）．吉林：吉林大学，2005.
2. 张铎，柯新生．现代物流信息系统建设．北京：首都经济贸易大学出版社，2004.
3. 林自奎．物流信息系统．北京：清华大学出版社，2004.
4. 王佐．企业如何拓展第三方物流．物流技术与应用，2001.
5. 梅宏，陈锋．基于体系结构、面向构件的软件开发方法．软件学报，2003（04）.
6. 麦中凡，戴彩霞．软件体系结构的概念．计算机工程与应用，2001.

第八章　物流成本管理

学习目标

1. 懂得物流成本管理在整个物流管理中占据重要地位，需要企业重视，加强管理。
2. 掌握物流成本管理的内容和原则、物流成本控制的方法。
3. 了解物流成本的特点的分类、物流成本管理的意义。
4. 理解物流成本的核算方法。

主要概念

物流成本，物流成本管理

据统计，如果我国的物流成本降低 1 ~ 2 个百分点，将会带来大约 2 000 亿元的社会效益。物流成本对于现代企业来讲是一个新的利润源泉，必须重视起来。本章重点阐述物流成本管理的内容、物流成本核算、物流成本控制的方法等。

第一节　物流成本概述

一、物流成本的概念

物流活动必然会带来相应的物流成本，这些成本包括了从生产企业内部原材料的采购、供应开始，经过生产制造中的半成品、产成品的储存、装卸搬运、包装、运输以及在消费领域发生的验收、分类、仓储、保管、配送、废旧品回收等所有的成本。

关于物流成本的概念，不同的学者有不同的定义方法，能够得到普遍接受的就是我国关于物流的第一个基础性国家标准《物流术语》（GB/T 18354—2001）对于物流成本的界定。物流成本（Logistics Cost）是指“物流活动中所消耗的物化劳动和活劳动的货币表现”。即在物流过程中，企业为了提供有关的物流服务，需要占用和消耗一定的物品及劳动，这些物品及劳动的货币表现就是物流成本，也称为物流费用。

学术界对于物流成本概念的认识是不断深化的。传统物流成本（狭义的物流成本）是企业对外支付出去的物流费用，如仓库保管费、装卸搬运的人工费用等，这是企业易于计算和掌握的小部分费用。现代物流成本（广义的物流成本）不仅包括企业对外的物流费用，还包括企业内部发生的物流费用、原材料的物流费用、销售的物流费用等，这些费用分散于企业生产销售的各项目当中，很难明确划分并单独计算出来，而且它们规模巨大，就像冰山的大部分都潜在水下一样让人难以看清。所以降低企业成本的重点就是降低现代物流成本。

二、物流成本的特点

物流活动本身必然伴随着物流成本的产生，物流活动的特点决定了物流成本具有以下几个主要特点：

（一）隐含性

在传统的企业会计核算上，物流成本没有统一的科目，它的计算被分解成各个独立的部分，即物流成本隐含于不同的会计成本科目中，难以确认和分离。例如原材料的搬运费用常常包含在进货成本或产品的销售成本之中；厂内运输成本常常是计入生产成本；订单处理成本可能包含在销售费用之中等。现行的会计核算制度使人们很难从当前的账户和会计报表中看清物流耗费的实际状况，这造成了物流成本具有隐含性，使其难以被归纳计算。而实际上物流成本在不同行业中占产品成本的比率一般都在15%～30%，有的甚至高达40%，成为制造业仅次于原材料成本的第二大成本。

（二）分散性

物流活动是一个大型的系统，物流管理运作具有跨边界性和开放性的特点，这使得物流总成本产生于一系列相互关联的物流活动中，如运输、储存、包装等活动都会产生成本。物流总成本不仅分布在企业内部不同的职能部门中，还广泛地分布在企业外部的不同的合伙伙伴那里。

（三）效益背反

物流成本之间存在效益背反规律，即物流成本在各个物流功能之间存在着此消彼长的关系，一种功能成本的削减会使另一种功能的成本增加。例如人们如果在包装这一环节压缩成本，采用质量较差的包装物，就有可能导致物品在运输或装卸搬运的时候损坏，加大了运输成本或是装卸搬运成本。所以各环节的物流成本是相互关联的，要想降低物流成本就必须考虑整个物流系统的最佳成本。

（四）难以控制

在物流成本中，有不少是物流部门不能控制的，这些费用可能是从生产或销售过程中产生的，但是却计入了物流成本。例如保管费中就包括了由于过多进货或过多生产而造成积压的库存费用，以及紧急运输等例外发货的费用；从销售方面看，物流成本并没有区分多余服务和标准服务的不同，其成本中包含了过多的促销费用。所以控制以及减少物流成本需要各部门配合，而不仅仅是物流部门的事情。

物流成本的这些特点决定了物流成本管理的理想目标应当是：将存在于各会计科目中的物流成本全部抽取分离出来，使人们能够清晰辨别每一项物流成本是否合理，从而挖掘降低成本的潜力。

三、物流成本的构成和分类

（一）物流成本的构成

从微观层面来讲，物流成本具体包括制造企业的物流成本、商品流通企业的物流成本以及物流企业的物流成本三个方面的内容。

1. 制造企业的物流成本构成

制造企业的物流包括从原材料采购开始，经过基本制造过程的转换活动，到形成具有一定使用价值的产成品，直到把产成品送给中间商（商业部门）或用户全过程的物流活动。这些企业的物流成本就是为了实现物品的物理性位移而引起的货币的支出，具体可以划分为运输费用、储存费用、装卸搬运费用、配送费用、包装费用、流通加工费用几个方面。

2. 商品流通企业的物流成本构成

商品流通企业主要是指商业批发企业、商业零售企业、连锁经营企业等。流通企业物流成本是指在组织商品的购进、运输、仓储、销售等一系列活动中所消耗的人力、物力、财力的货币表现。相对于制造业来说，流通企业只是减少了生产物流的环节，并且其供应和销售物流是一体化的。具体构成包括人工费用、营运费用、财务费用和其他费用。

不同经营方式的流通企业，其物流成本占营业额的构成比例也相差很大。据日本的一项统计结果，商品流通企业的物流成本以批发销售和便利店的比重最大，占营业额10%以上，但是百货公司却仅占2.23%。

3. 物流企业的物流成本构成

物流企业是提供专业物流服务的一体化的第三方物流企业，也包括提供功能性物流服务的企业，如仓储公司、运输公司、货运代理公司、配送中心等。物流企业的物流成本就是企业的整体运营费用，它实际上是货主企业物流成本的转移。

按照我国会计制度的规定，物流企业的成本费用项目包括营业税及附加、经营费用、管理费用三大类。

（二）物流成本的分类

按照不同的标准，物流成本可以分为以下类别：

1. 按物流功能分类

（1）物资流通成本。指直接用于物品实体在空间位置转移各环节所消费的经济价值，包括包装费、运输费、保管费、装卸费、加工费。

（2）信息流通成本。指为实现产品价值变换，用于物流信息收集、处理、传输的费用，包括线路租用费、入网费、网站维护费、计算机系统硬（软）件支出、库存管理、办理订货、为顾客服务等方面的费用。

（3）管理成本。指为物流进行计划、组织、协调、控制等需要的费用，包括物流现场管理和物流机构管理费用等。物流现场管理费是指配送中心、仓库、物流网点等物流作业部门的人工费、事务费以及维持费等；物流机构管理费用是指企业综合物流管理部门发生的上述费用。

2. 按物流活动发生的领域分类

（1）采购物流成本。指从原材料的采购到送达购入者（制造者）为止的物流活动所发生的费用，如运输费、商品检验费等。

（2）生产物流成本。指从产成品包装时点开始到确定向顾客销售为止的物流活动所发生的费用，如生产过程中的包装费、装卸搬运费等。

（3）销售物流成本。指从确定向顾客销售到出库送达到顾客为止的物流活动所发生的费用，如运输费、储存费、包装费、流通加工费、配送费等。

（4）返品物流成本。指伴随着销售产品的退货、换货所发生的费用。

（5）废弃物物流成本。指处理废弃产品、废弃包装物、运输容器等所进行的物流活动发生的费用，如垃圾清运费等。

3. 按支付支出形式分类

这种分类方法是按照财务会计中的费用分类来划分的，可以分为本企业支付的物流成本和其他企业支付的物流成本两大项。

（1）本企业支付的物流成本。指本企业在供应、销售、退货等阶段，因运输、包装、搬运、整理等发生的由企业自己支付的物流成本。这种物流成本进一步可分为自己支付和委托支付两种。自己支付的物流成本包括材料费、人工费、燃料动力费、管理费、折旧费、利息支出、维护保养费等；委托支付的物流成本包括运输费、手续费、保管费、包装费等。

（2）其他企业支付的物流成本。企业采购材料、销售产品时，相关供货者和购买者支付包装、发运、运输、验收等物流费用即其他企业支付的物流成本。

4. 按成本的经济性质分类

（1）生产性流通成本，也称追加费用，是生产性费用在流通领域的继续，是为了使物品最终完成生产过程，便于消费而发生的费用。生产性流通成本要追加到产品的价值中去，是必要劳动的追加费用。

（2）纯粹性流通成本，也称销售费用，是流通企业在经营管理过程中，因组织产品交换而发生的费用。纯粹性流通成本同商品的交换行为有关，虽然不创造新的价值，但也是一种必要劳动，是物品价值实现过程中必不可少的费用。

以上是几种较为常见的分类方法。在实际物流活动过程中，物流管理人员可以根据企业物流状况以及所要反映的物流成本的不同方面，采用各种不同的分类方法，如按照物资的类别、部门、组织、销售地域、顾客群等进行分类。不管哪种分类方法，目的都是要加强管理，尽量降低物流成本。

第二节　物流成本管理的原则与内容

物流成本管理是物流管理的重要内容，在物流管理中占有重要地位，降低物流成本与提高物流服务水平成为目前企业物流管理的最基本的课题，物流成本管理是企业增强竞争力的有效手段。

一、物流成本管理的概念和意义

（一）物流成本管理的概念

物流成本管理（Logistics Cost Control）是对物流相关费用进行的计划、分析、核算、控制与优化，以达到降低物流成本的目的。这里需要注意的是物流成本管理并非是“管理物流成本”，而是通过“成本目标管理物流”，通过对物流活动的管理降低物流费用。对物流成本的研究不是目的，仅仅是方法或手段而已。企业物流成本管理的实质，就是把物流成本作为衡量和评价企业各项工作的标准，把物流工作放在同一标准下进行比较和分析，发现企业物流活动中具体环节的问题，以便有目标地解决问题，达到降低物流成本的目的。

（二）物流成本管理的意义

随着现代物流及其相关技术的不断推进和发展，物流成本成为衡量企业经营发展的指标之一，已经变得越来越重要。资料显示，从企业流转的商品来看，一件普通商品的物流费用占最后成本价的30%～50%，对时间、空间要求苛刻的商品，物流费用占成本价的70%～90%。从国家的角度来看，物流成本也不是一个小数目，它在GDP中占有相当的份额：中国为16.9%，美国为10.5%，英国为10.1%，日本为11.4%，新加坡为13.9%。由此可见，我国的物流成本仍然较高，有较大的控制和缩减空间。所以降低企业各种物流费用，加强物流成本的管理具有重要意义，具体表现为：

1. 能降低成本，提高利润

由于物流成本在产品成本中占有很大的比例，在其他条件不变的情况下，降低物流成本意味着扩大企业的利润空间，提高利润水平。同时也有利于企业乃至国家增加资金的积累。

2. 能增强企业竞争力

物流成本的降低，首先意味着增强企业在产品价格方面的竞争优势。在市场竞争中，价格竞争是市场竞争的主要手段。如果企业的物流成本降低，它就可以利用相对低廉的价格在市场上出售自己的产品，扩大销售，并以此为企业带来更多的利润。例如沃尔玛超市能够打出“天天特价”的促销口号，就是因为其拥有强大的配送中心而降低了产品的物流费用。其次，物流成本的管理，使企业在时间和质量上的竞争力增强。通过对物流成本的计算，可以知道物流成本占企业生产总成本的份额，发现物流活动中存在的问题，从而进行更好的控制。所以通过物流成本管理可以改善物流流程、削减不必要环节，减少低效率作业，提高响应速度和服务质量，减少企业流动资金的占用，加快资金周转速度。

3. 提高行业总体竞争力

物流成本管理水平的高低直接影响物流成本水平，进而影响产品成本。如果全行业的物流效率普遍提高，物流成本平均水平降低到某一程度，那么该行业的国际竞争力将得到增强。对于一个地区的行业来说，可以提高其在全国市场的竞争力。

4. 加速产业结构调整

现代物流产业是现代经济分工和专业化高度发展的产物，究其本质属于第三产业。现代物流管理可以称为是对物流成本的管理，其目标是最大限度降低物流成本，提高效率，增加利润。所以加强物流成本管理有利于促进区域经济增长方式的转变，引导企业走新型工业化的道路，对第三产业的发展也起到了积极的促进作用。

二、物流成本管理的原则

（一）平衡物流成本与客户满意

一般来讲，提高物流服务质量必然会伴随着物流成本的增加，例如多批次、少批量配送会增加运输成本；缩短顾客的订货周期和提高订货的满足率会增加仓储成本。所以如果物流服务质量水平设定过高，会使物流成本过于昂贵，即“二律背反规律”。因而物流成本管理强调，在努力降低物流成本的同时，不能因为成本降低而影响对顾客服务的质量，要实现二者的最优平衡。这就要求企业的物流经理必须合理控制存货与运输，既要达到对顾客能及时送货，又不能因为持有过多的存货而增加成本。这成为物流管理或物流成本控制的主要任务。

（二）以企业整体成本为管理对象

目前很多企业的物流管理是由多个部门共同来完成的，例如订单管理、销售计划、采购计划、生产计划、原材料库存管理、产成品库存管理、运输、配送、库存控制、客户服务等物流功能，都是几个部门共同操作。对于物流成本指标，企业也是对每一个部门单独考量，使得其中很多环节都要去节约成本。但是关系到企业的竞争能力、影响到企业盈利水平的不是某一个环节的成本管理，而是整个物流系统的成本，也就是物流总成本。这是因为物流成本涵盖范围广并且成本之间存在着效益背反规律，使得一种功能成本的削减会使另一种功能成本增加，各种费用相互关联使得企业必须考虑整体的最佳成本，即企业内外所发生的所有物流成本。同时，实现整体物流成本最优还要协调各部门之间的关系，因为物流成本管理不仅仅是物流部门自身的工作，还需要采购、生产、销售等部门共同配合。只有这样才能做到企业物流系统整体优化，物流成本才能降低。

（三）通过对流通全过程的管理降低物流成本

控制物流成本不单是本企业的事情，本企业物流体制的有效是不够的，还需要企业协调其他单位（如供应商）以及顾客、运输业者之间的关系，实现整个供应链活动的效率化。

三、物流成本管理的内容

物流成本管理是对所有物流费用进行计划、控制、协调和优化，通过“物流成本”对整个物流活动进行管理。物流成本管理包括以下几个方面的内容：

（一）企业物流成本分析

这是物流成本管理的首要内容，只有明确了物流成本的界定、特点、构成、影响因素，深入分析，才能够对本企业的物流成本管理提出积极的建议，采取有效的措施，合理控制物流成本。

（二）物流成本预测与决策

所谓物流成本预测，是指依据物流成本与各种技术经济因素的依存关系，结合发展前景及采取的各种措施，并利用一定的科学方法，对未来期间物流成本水平及其变化趋势作出科学的推测和估计。正所谓“凡事预则立，不预则废”，在物流成本管理工作中，物流成本预测是一个非常重要的内容。它可以使企业对未来的物流水平及其变化趋势做到心中有数，可以事先制定目标成本，然后对成本加以控制以促进目标成本的实现。而且它还能与物流成本分析一起为企业的物流成本决策提供科学的依据，以减少物流成本决策过程中的主观性和盲目性。物流成本预测有定性预测法（如德尔菲法、集合意见法、头脑风暴法）和定量预测法（时间序列法、回归分析法）之分。

物流成本决策与物流成本预测一样，目前也成为物流成本管理的重要内容，而且对于企业生产经营决策也至关重要。它考虑的是价值问题，具体来讲是资金耗费的经济合理性问题。它和预测一起成为编制企业物流成本计划的前提，也成为实现物流成本的事前控制、提高经济效益的重要途径。

（三）物流成本计划

企业进行物流成本决策之后就要根据企业的经营目标编制企业的物流成本计划，通过物流成本计划的管理可以在降低物流各环节成本方面为企业提出明确的奋斗目标，推动企业加强成本管理责任制，增强企业的成本意识，控制物流环节的费用，挖掘降低成本的潜力，保证企业降低物流成本目标的实现。

（四）物流成本核算

物流成本核算是物流成本管理中的重要内容，通过对各项物流活动进行成本核算，可以如实反映生产经营过程中的实际耗费，同时可以对各种物流活动费用的实际支出进行有效控制，提高了成本信息的准确性，也可以提高企业的经营管理水平和企业的竞争能力。物流成本核算在物流成本管理中相当重要，因为物流成本信息是物流企业经营决策的重要依据，也是制造企业或商品流通企业进行业务流程改造的重要依据，同时是国家规划物流产业与制定物流产业发展政策的重要依据。

物流成本核算是一项复杂的系统工程，为了确保企业物流成本核算的合理性、科学性，必须建立一套完善的核算体系，并按照一定的步骤进行核算。我国对此的研究主要是介绍美国与日本的研究成果，还处于起步阶段。

（五）物流成本控制

物流成本控制是企业在物流活动中依据物流成本标准，对实际发生的物流成本进行严格的审核，进而采取不断降低物流成本的措施，实现预定的物流成本目标。成本控制是现代企业管理的一个重要的方面，因为成本偏高会失去产品的市场竞争能力，同时也会削弱企业的竞争能力，导致企业盈利水平下降，甚至会威胁到企业的生存。通过物流成本控制可以及时发现存在的问题，采取纠正措施保证成本目标的实现。

物流成本控制可以以物流成本的形成过程为控制对象，也可以以包装、运输、储存、装卸、配送等物流功能作为控制对象。

以上就是物流成本管理的基本内容，有些研究把物流绩效评估也作为物流成本管理的内容，在这里不作介绍了。

四、物流成本核算

物流成本核算是物流成本管理中的重要内容，处于基础性地位。对于我国很多企业来说，物流成本还属于新鲜概念，在核算的时候往往与其他传统的成本费用混在一起，难以在财务报表中反映出来。所以研究物流成本核算，必须了解核算对象、方法以及步骤。

（一）物流成本的核算对象

确定物流成本核算对象是企业设置物流业务成本明细账、归集和分配物流业务费用、计算物流业务成本的基本前提。明确了核算对象，也就明确了资源耗费的承担对象。根据企业物流活动的特点，物流成本的核算对象主要有以下几种：

1. 以某一物流功能为核算对象

这是以包装、运输、储存等物流功能为对象进行计算的，这样便于加强每个物流功能环节的管理，提高每个环节作业水平。具体核算对象如表 8－1 所示。

表 8－1　以物流功能为成本核算对象的物流成本汇总信息

成本项目＼功能		运输	保管	装卸搬运	包装	流通加工	物流信息	物流管理	合计
企业内部物流成本	材料费								
	人工费								
	维修费								
	水电费								
	…								
	其他								
小计									
委托物流费									
合计									

（资料来源：赵忠玲，冯夕文．物流成本管理．北京：经济科学出版社，2007：45.）

应该注意的是，尽管这里按照物流的每项功能进行物流成本的归集，但一般仍然可以得到每项物流功能成本中各个成本项目的构成，因为按照成本费用项目进行成本的分类是最基本的成本分类方法。

2. 以某一物流部门为核算对象

这是以仓库、运输队、装配车间等部门为对象进行核算，这样便于加强责任中心管理，开展责任成本管理方法以及对部门进行绩效考核。

3. 以某一服务客户为核算对象

以客户为核算对象便于加强客户服务管理，可以制定有竞争力并且能够盈利的收费价格。特别对于物流服务企业来说，针对不同的大客户，应充分考虑分别核算对其提供服务的实际成本，这样有利于物流企业制定物流服务收费价格，或者为不同客户确定差别性的物流服务水平等提供决策依据。以某一客户为核算对象的物流成本信息如表 8－2 所示。表中显示：对于大客户，可以独立设置账户核算其发生的物流成本，以进行有效管理；对于中小客户，则可以对其分类，核算每一类企业的物流成本，然后再将成本分摊给这些客户，有效管理成本和收费价格。分类可以依据不同的标准，例如按照同类产品归类，按照同等服务水平要求归类等，这样可以有效地进行物流服务水平的管理。

表 8－2　　以服务客户为成本核算对象的物流成本汇总信息

<table>
<tr><th colspan="2">客户
成本项目</th><th>A 大客户</th><th>B 大客户</th><th>…</th><th>N 大客户</th><th>P 类中小客户</th><th>Q 类中小客户</th><th>其他客户</th><th>合计</th></tr>
<tr><td rowspan="6">企业内部物流成本</td><td>材料费</td><td></td><td></td><td></td><td></td><td></td><td></td><td></td><td></td></tr>
<tr><td>人工费</td><td></td><td></td><td></td><td></td><td></td><td></td><td></td><td></td></tr>
<tr><td>维修费</td><td></td><td></td><td></td><td></td><td></td><td></td><td></td><td></td></tr>
<tr><td>水电费</td><td></td><td></td><td></td><td></td><td></td><td></td><td></td><td></td></tr>
<tr><td>…</td><td></td><td></td><td></td><td></td><td></td><td></td><td></td><td></td></tr>
<tr><td>其他</td><td></td><td></td><td></td><td></td><td></td><td></td><td></td><td></td></tr>
<tr><td colspan="2">小计</td><td></td><td></td><td></td><td></td><td></td><td></td><td></td><td></td></tr>
<tr><td colspan="2">委托物流费</td><td></td><td></td><td></td><td></td><td></td><td></td><td></td><td></td></tr>
<tr><td colspan="2">合计</td><td></td><td></td><td></td><td></td><td></td><td></td><td></td><td></td></tr>
</table>

（资料来源：赵忠玲，冯夕文．物流成本管理．北京：经济科学出版社，2007：46.）

4. 以某一产品为核算对象

这主要是指货主企业在进行物流成本核算时，以每种产品作为核算对象，计算为组织该产品的生产和销售所花费的物流成本。据此可进一步了解各产品的物流成本开支情况，以便进行重点管理。

5. 以某一地区为核算对象

对于销售或物流网络分布很广泛的物流企业或者产品分销企业来说，以地区作为物流成本的核算对象最有利。核算出每一个地区组织供应和销售所花费的物流成本，了解其开支情况，可以有效地进行重点管理。它是进行物流成本日常控制、各地区负责人绩效考核以及其他物流系统优化决策的有效依据。以地区为核算对象的物流成本信息如表 8－3 所示。

表 8－3　　以地区为成本核算对象的物流成本汇总信息

成本项目＼地区		东北分公司	西北分公司	西南分公司	中南分公司	华北分公司	华南分公司	华东分公司	合计
企业内部物流成本	运输								
	保管								
	装卸搬运								
	包装								
	流通加工								
	物流信息								
	物流管理								
	其他								
小计									
委托物流费									
合计									

（资料来源：赵忠玲，冯夕文．物流成本管理．北京：经济科学出版社，2007：47.）

从表中看出，管理者不仅可以获得每个地区的物流总成本，还可以得到物流成本按照物流功能（运输费、仓储费、配送费、流通加工费等）的构成情况。

以上是几种主要的物流核算对象，还可以以企业生产的某一过程为对象、以某一物流成本项目为对象、以某一物流设施和工具为对象等。如何选择合适的物流成本核算对象，主要是依据企业自身的情况和特点，这样才能有效地进行物流成本的核算和管理。

（二）物流成本的核算方法

如何核算物流成本，取决于所评价和考核的成本对象的选取，由于选取的对象和评价的要求不同，得出的结果也不尽相同。常用的物流成本的核算方法有会计方式的核算、统计方式的核算、会计和统计相结合的核算以及作业成本法。其中作业成本法被认为是企业物流成本核算最有前途的一种方法。在美国，18% 的物流企业采用作业成本法核算物流成本。在此着重介绍这种方法。

1. 会计方式的物流成本核算

这种核算需要通过凭证、账户、报表的完整体系，对物流耗费予以连续、系统、全面的记录的计算方法。具体形式可以是把物流成本核算与财务会计核算体系完全分开，单独建立起物流成本的凭证、账户和报表体系；也可以把物流成本核算与企业财务会计结合起来，在产品成本计算的基础上增设“物流成本”科目，并按照物流领域、物流功能分别设置二、三级明细账，按费用形态设置专栏；还可以在不影响当前财务会计核算流程的前提下，通过在相应的成本费用账户下设置物流成本二级账户，进行独立的物流成本二级核算统计。例如生产要素的采购费用包括运输费、保险费，一般计入“材料采购”账户，可以在“材料采购”账户下设“供应物流成本”二级科目，将其归入其中。

2. 统计方式的物流成本核算

这种核算不影响当前的财务会计核算体系，它是通过对有关物流业务的原始凭证和单据进行再次的归类整理、解剖分析，提炼出物流成本，然后再按不同的物流成本核算对象进行重新归类、分配、汇总，加工成物流管理所需要的成本信息。这种核算方法平时不需要额外的处理，在会计期末（月末、季末或年末）才进行物流成本的统计计算，运用起来比较简单、灵活，但是由于不能对物流成本进行连续、系统和全面的追踪反映，所以结果的精确程度受到一定影响。

3. 会计和统计相结合的物流成本核算

这种方法是在不打破现行财务核算方式的条件下，由物流成本员进行物流成本的内部管理核算，即物流成本的一部分通过统计方式予以计算，另一部分则通过会计核算予以反映。具体做法为：财务人员根据原始凭证编制记账凭证，登记有关账户，然后物流成本员根据原始凭证登记物流成本有关账户，同时设置统计台账，登记由企业统一提取或支付而由物流部门负担的费用。这种方法能全面、系统地提供物流成本资料，且方法简单，易于掌握。

4. 作业成本法

（1）作业成本法的含义。作业成本法又称为活动成本法（Activity Based Costing，简称物流ABC)，是一种以活动（包括作业、业务、增值等）为对象的成本核算、分析与控制方法体系。它是美国芝加哥大学的青年学者库伯（Robin．Cooper）和哈佛大学教授开普蓝于20世纪80年代后期提出的。这种方法以作业为基础，把企业消耗的资源按资源动因分配到作业，然后把作业收集的作业成本按作业动因分配到成本对象。其理论基础是：生产导致作业的发生，作业消耗资源并导致成本的发生，产品消耗作业。因此，作业成本法下成本计算程序就是把各种资源库成本分配给各作业，再将各作业成本库的成本分配给最终产品或劳务。

（2）作业成本法核算物流成本的程序。依据“产品消耗作业，作业消耗资源”的原理，基于作业的物流成本核算可分为如下四个步骤：

首先，界定企业物流系统中涉及的各个作业。作业是工作的各个单位，作业的类型和数量会随着企业的不同而不同。例如，在一个顾客服务部门，作业包括处理顾客订单、解决产品问题以及提供顾客报告三项作业。这里需要注意的是，需要确认作业的必要性，即确认某项作业是否对用户必要、对成功运营必要以及是否能与其他作业合并，除此之外的作业都应予以删除。与此同时还应界定作业环节的范围。如货物的拣选，只是指从货架上取出货物的作业环节，还是也包括为拣选而发生的移动。两种不同界定下的作业活动内容是大不一样的，费用的发生也不尽相同，所以要统一作业环节的范围。

其次，确认企业物流系统中涉及的资源。资源是成本产生的直接原因。一个企业的资源包括直接人工、直接材料、生产维持成本（如管理人员的工资成本）、间接制造费用以及生产过程以外的成本（如广告费用），资源的界定是在作业界定的基础上进行的。每项作业必涉及相关资源，例如材料处理这样的作业必然伴随着材料装卸搬运而产生的费用。而与作业无关的资源应该从物流核算中剔除。

再次，确认资源动因，将资源分配到作业。作业决定着资源的耗用量，这种关系称为资源动因。资源动因联系着资源和作业，它把总分类账上的资源成本分配到作业。这项工作是个难点，需要有充分的成本数据。而且如何将各种费用（人工费、水电费、设施费等）分配到具体的作业环节上也不容易。

最后，确认成本动因，将作业成本分配到产品或服务中。作业动因反映了成本对象对作业消耗的逻辑关系，例如问题最多的产品会产生最多顾客服务的电话，如咨询或投诉，所以按照电话数量的多少把解决顾客问题的作业成本分配到相应的产品中去。作业成本法计算物流成本的逻辑图如图 8 - 1 所示。

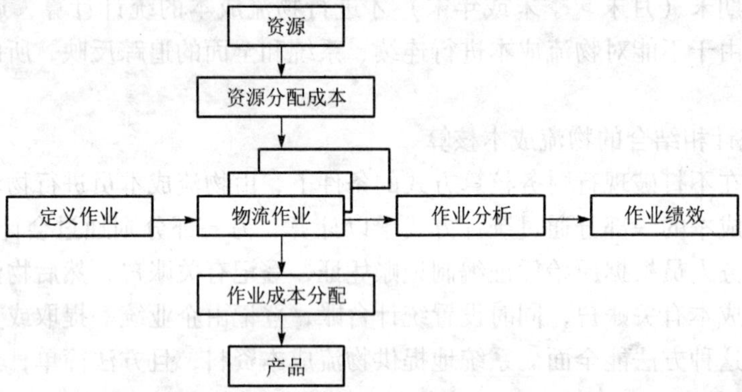

图 8 - 1　作业成本法计算物流成本的逻辑图

（资料来源：赵忠玲，冯夕文．物流成本管理．北京：经济科学出版社，2007：56.）

（3）作业成本法核算物流成本举例。表 8 - 4、8 - 5 和 8 - 6 描述的是两个零售店由于订货方式不同所带来不同的物流成本的一个例子。

表 8 - 4　订货情况一览表

顾客 / 内容	零售店 A	零售店 B	备注
订货数量	100 个/月	100 个/月	总订货量相同
订货频率	5 次/月	20 次/月	物流服务差距
订货数/次	20/次	5/次	

（资料来源：秦立公．助理物流师　物流师．北京：北京理工大学出版社，2006：74.）

表 8 - 5　作业内容与作业成本一览表

作业内容		单价（1 箱装 10 个）	作业内容		单价（1 箱装 10 个）
分拣	散件	0.08 元/个	检验	散件	0.07 元/个
	箱	0.12 元/箱		箱	0.15 元/箱
	大型	0.35 元/个			
	次数	0.50 元/次			
	准备	0.06 元/次			

（资料来源：秦立公．助理物流师　物流师．北京：北京理工大学出版社，2006：74.）

表 8-6　　采用 ABC 法计算的物流成本

成本项目	零售店 A	零售店 B
分拣成本	1.2 元（0.12 元×10 箱）	8 元（0.08 元×100 个）
分拣次数成本	2.5 元（0.5 元×5 次）	10 元（0.5 元×20 次）
检验成本	1.5 元（0.15 元×10 箱）	7 元（0.07 元×100 个）
合计	5.20 元	25 元

（资料来源：秦立公．助理物流师　物流师．北京：北京理工大学出版社，2006：74.）

资料显示，虽然零售店 A 和零售店 B 一个月内订货的总量是一样的，但是由于订货频率不同，每次订货批量不同导致物流作业的繁杂程度，以及为此支出的费用的多少也不一样，即不同水准下的物流服务成本是存在差异的。这种差异只有用作业成本法才能核算得出，利用传统的成本计算方法是无法体现出来的。从这个例子也可以看出多批次、少批量的服务是要以更高的费用为代价的。

（4）作业成本法核算物流成本的意义。作业成本法是市场竞争和技术进步两个因素作用的产物，自从 1988 年美国第一家企业推行至今，它已在西方国家获得了较多的应用，而且所应用的行业也从制造业推广到服务业、国防工业、金融业等行业。在物流领域，根据美国在部分运输与物流企业中的抽样调查发现，29% 左右的企业用作业成本法取代了传统成本法，超过 50% 的企业使用作业成本法作为传统成本系统的补充，另外还有 15% 的企业用作业成本法作为辅助成本系统和分析的工具。据专家分析，作业成本法在物流组织中应用前景广阔。

用作业成本法来核算物流成本，最大的意义在于它具有成本计算和成本管理两大功能，通过核算成本来进行管理。例如可以通过物流成本的核算来发现企业一些不合理的物流活动，如产品加工过程当中的不合理的产品搬运以及库存作业等，用作业成本法核算时可以发现这些无效作业并及时剔除；可以提高企业资源利用率，作业成本法核算成本需要把作业活动消耗的资源价值合理分配到各作业成本库中，这样可以比较资源实际利用与需要利用之间的差异，可以评价出资源利用效果，促使企业减少资源浪费；还可以更加准确地观察成本变化情况以及使本企业与其他企业具有可比性；最后就是能帮助企业取得更大的发展。例如戴尔公司在 1994 年的时候，销售收入达到 29 亿美元，但是税后利润却是 3 600 万美元净损失。公司管理层不知道该推出何种产品，不知道哪条生产线能为公司实现最大盈利。最后他们实施了作业成本法，核算出每种产品的成本进而有效管理。五年后销售收入达到 123 亿美元，并且戴尔公司也从一个粗放经营的高速发展企业转变为一个高速发展但同时管理精细化的成熟企业。

第三节　物流成本控制

物流成本控制就是企业在物流活动中依据物流成本标准，对实际发生的物流成本进行严格的审核，进而采取不断降低物流成本的措施，实现预定的物流成本目标。进行物流成本控制，要对其事前规划、事中监督、事后评价，不断改进，目的是使企业物流成本不断降低。

一、物流成本控制的对象

物流成本控制按不同的对象来划分，可以分为以下几种主要形式：

（一）以物流成本的形成过程为控制对象

凡是发生物流成本费用的环节，都要通过各种物流技术和物流管理方法，实施有效的成本控制。发生费用的环节从企业的投资建立、产品设计、材料物资采购和存储、产品制成入库和销售，一直到产品的售后服务，可以说费用的发生贯穿整个物流活动。

（二）以物流功能为控制对象

物流的功能有运输、包装、装卸搬运、储存、配送、流通加工等。可以通过构成物流活动的这些功能分别进行技术改善和有效管理，从而降低其所消耗的物流成本。例如在运输功能上，可以加强运输的经济核算，防止运输过程中的错误，安全运输等；在装卸搬运活动中，可以对装卸搬运设备进行合理选择，合理规划装卸作业方式和过程等；在包装环节上，做好包装的回收和再利用工作，实现包装尺寸的标准化和包装作业的机械化等。

除此之外，物流成本控制还可以按照各责任中心（运输车队、装卸班组、仓库等）以及各成本发生项目（人工费、水电气费、折旧费、利息费、委托物流费等）进行日常的成本控制。而这些成本的日常控制的方式往往是建立在物流成本管理系统的各种方法基础上的，需要与物流成本的经济管理技术有效结合起来运用。

二、物流成本控制的方法

一般来讲，企业对物流成本控制的方法大致有以下几种：

（一）以流通全过程为整体来降低物流成本

控制物流成本不能仅仅局限于本企业范围内，应该从原材料供应到最终用户整个供应链的过程，即流通全过程来整体优化物流系统，寻找降低物流成本的空间和途径，具体的做法就是要结合企业的经营现状寻找一个恰当的物流运作方式。例如原来的销售模式多是厂商——批发商——零售商，所以很多物流中心是面向批发商输送大批量商品的。然而随着零售业中连锁超市、便利店、折扣店的迅猛发展，客观上要求厂商必须适应这种新型的业态形式，直接面向零售店铺展开物流活动，如连锁超市的配送等。所以符合现代流通要求的新型的物流中心以及各种信息化设备就应运而生，第三方物流企业也随着蓬勃发展。这对于企业来讲可能会增加了成本，但是对于整个流通过程来看，却大大提高了物流效率，整体物流成本也可以得到相应控制。

此外还应更加注重供应链全程一体化，即将企业的物流活动与生产和销售活动连为一体，实现生产、销售和物流一体化，这样才能达到物流系统优化，才能真正以流通全过程为整体来降低物流成本。

（二）以优化顾客服务来降低物流成本

一般来说，物流服务的提高和物流成本的增加是成正比的，例如多批次、少批量配送会增加运输成本、配送成本、装卸搬运成本等，缩短顾客的订货周期和提高订货的满足率则会增加仓储成本。但是从某种意义上来讲，提高顾客服务水平是降低物流成本的有效方法之一。企业如果能够充分考虑顾客的产品特点和运送商品的特性，与顾客充分协调并研究商议有关配送的方式、时间、频率等，就能够在保证提高对顾客的物流服务的基础上，消除超过必要量的过剩物流服务，同时提高物流服务效益，降低成本。例如针对某些客户或某些商品，把不必要的每日配送改为每周2~3次配送，就可以减少多余成本的发生。当然，寻求降低物流成本途径的时候，必须以保证或提高物流服务质量为前提，否则单纯的降低物流成本是没有任何意义的。

（三）以现代信息系统的构筑来降低物流成本

基于计算机和互联网等为主的信息化技术的物流信息系统（LIS），使企业与其他交易企业之间形成一种效率化的交易关系。即借助于现代信息系统的构筑，一方面使各种物流作业或业务处理能准确、迅速地进行，如条码技术能帮助物品进行自动识别，便于数据录入和数据采集，使物流作业效率与人工相比大为提高；另一方面能由此建立起物流经营战略系统，具体而言，通过将企业订购的意向、数量、价格等信息在网络上进行传输，从而使生产、流通全过程的企业或部门分享由此带来的利益，充分满足可能发生的各种需求，进而调整不同企业间的经营行为和计划。例如通过电子数据交换系统（EDI）可以实现企业之间的数据交换和数据资源共享，有利于制造企业实现准时生产（JIT），而流通企业减少商品的库存量以及空架率，可以加速资金周转，降低成本。所以现代信息系统的构筑，不仅能降低物流成本，还有利于提高物流管理的科学性、精确性、有序性。

（四）以配送效率的提高来降低物流成本

根据目前“消费多样化”、“需求多样化”的新观念，多品种少批量的配送方式已经成为现代物流配送的一种常见方式。但是满足顾客多样化需求的同时又要降低物流成本，就需要企业采用更具有效率的配送方法。一般来说，企业要实现配送效率的提高，就必须重视配车计划管理、提高装载率以及车辆运行管理。

1. 配车计划管理

配车计划是指与客户的订货相吻合，将生产或购入的商品按客户指定的时间进行配送的计划。实现配车计划，不单单是配送这一环节的事情，还要涉及生产和批发，即商品的生产计划和进货计划需要与配车计划相互配合，这就需要有效的配送计划信息管理系统。这种系统不仅是处理配送业务，而是在订货信息的基础上，管理从生产到发货全过程的业务系统。生产制造商、批发商以及客户可以在这个系统中完成供应链的构建，生产和批发的发生完全可以取决于订单的形成，即市场的需要。制造商要缩短对用户的配送、降低成本，也必须通过此系统制作配送计划。例如当发货量较多而车辆有限时，就需要综合考虑并组合车辆的装载量和运行路线，以求在配送活动有序开展的同时，追求综合成本最小化；即使车辆充足，也必须事先设计好行车路线以及不同路线上的行车数量。而当发货数量较少时，由于成本较高，配车计划应该优先考虑输送量较大的配送业务。

2. 提高装载率

这项措施能够有效解决发货量较小的配送业务效率提高的问题。企业可以将自己的商品名称、容积、重量、性质等数据添加到信息系统中，再根据客户的订货要求计算出最佳装载率。对于需求比较集中的地区，容易实现高装载率运输，而对于需求相对较小的地区，则可以通过共同配送来提高装载率。

3. 进行车辆运行管理

提高车辆运行管理的一个有效方法就是建立车辆追踪系统，可以在配送车辆上搭载一个全球卫星定位系统（GPS），这是利用多颗通信卫星对地面目标的状况进行精确测定的系统。物流中心就可以通过该系统对其车辆进行全程跟踪监视，并根据有关情况进行及时的远程管理。可以了解货物在运输中的细节情况，并可以有效避免车辆空载现象。一些大型的物流企业（如 DHL、联邦快递等）目前都配有这种系统。

（五）以控制退货环节来降低物流成本

逆向物流和正向物流代表了两种截然不同的文化，正向物流致力于在每个环节中挖掘利润，而逆向物流则是为了减少资金流失。退货就属于逆向物流，退货成本成为企业物流成本中一个重要的组成部分，而且还占据较大比例。这是因为随着退货会产生一系列的物流费用，如退货商品损伤或滞销而产生的费用、处理退货商品所需要的人员费用等。不仅如此，由于退货规模较小，又处于分散状态，商品入库、账单处理等业务也都非常复杂。例如，销售额为 1 000 万元的企业，退货比率为 3%，即 30 万元的退货，由此产生的物流费用和企业内处理费用一般要占到退货的 9%～10%，因此伴随着退货将会产生 3 万元的退货费。进一步考虑，退货不比正常商品，可能会出现物理损伤等，再次销售价格可能仅为原来的 50%，因此由于退货而产生的机会成本为 15 万元。综合上述费用，退货所引起的物流成本为 18 万，占销售额的 1.8%。以上仅假定退货率为 3%，如果为 5%，那么物流费用会达到 30 万，占销售额的 3%。由此可以看出，削减退货成本十分重要，它是物流成本控制活动中需要特别关注的部分。要控制退货来降低物流成本可以从以下几个方面入手：

1. 查明退货原因，解决问题

为了降低退货产生的一系列物流成本，必须从控制退货这个环节做起，首先就要查明退货原因。如果是由于文化风气等导致消费者在购买完物品后都有退货的习惯，而且退货程序也非常容易，消费者不用承担任何费用，那么由这种原因产生的退货是不可控的，而且很难在短期内解决这个问题，只能利用社会舆论来改变消费风气。如果是由于企业或产品本身的问题，如产品质量不好，营销方式有误、企业声誉受损等造成的，则应该立即从企业内部尽快解决。例如十年前，飞利浦公司就面临着相当高的退货率，它们立即设立专门的退货管理部门，研究退货原因。发现不是产品质量问题，而是产品包装以及说明书描述不清，难以阅读，零售商的促销人员也没有得到很好的培训，不能使消费者很好地了解产品性能。针对这一问题飞利浦及时简化说明书并加强了售后服务，从 1998 年至今，飞利浦公司平均每年减少退货达 50 万件，价值超过 1 亿美元，退货率远远低于家电产品的行业水平。

2. 建立实需型销售体制

很多零售商或批发商为了防止商品断货而产生机会成本，总是过量进货，一些季节性或流行性商品更是如此。在这种情况下，一旦出现商品滞销，必然会存在退货问题。要杜绝此类情况发生，就要建立实需型销售体制。顾名思义，这种销售体制就是要在销售预测的基础上，不断掌握本企业商品在店面的销售情况，根据所掌握的销售额确定以后的生产量。具体做法就是在各客户店铺设置本企业的 POS 系统，使企业能够及时掌握客户的经营情况，进而不断调整企业产品的产量和种类，从源头和根本上减少退货现象的发生。

3. 改变销售人员绩效评价制度

不能以销售人员每月的销售额为奖罚的依据，而是在考察用户库存状况的同时，以销售人员年度月平均销售额为激励的标准，这样才能在防止退货出现的情况下，提高经营效率。当然，在制定上还必须明确划分产生退货的责任。例如发货业务人员因为商品数量、品种与顾客要求不一致而造成的退货就应该由发货业务人员承担相应的损失；由于错误配送而造成的退货就应该由运输人员承担。责任明确了，退货成本的处理就有据可依，便于控制和管理了。

（六）以物流外包来降低物流成本

物流外包可以说是降低物流成本的一个有效方法，也是现代物流发展的一个趋势。当物流业务不是本企业的核心竞争力的时候，企业可以选择将物流业务外包，即交给专业的物流公司去承担这部分业务。这些专业的公司，可能是企业外部的分销公司、运输公司、仓库或第三方物流公司，执行着本企业的物流管理或产品分销职能的全部或部分。其范围可以是对传统运输或仓储服务的有限简单购买，或者是更广泛的，包括对整个供应链管理的复杂的合同。它可以是常规的，即将先前内部开展的工作外包；或者是创新的，有选择地补充物流管理手段，以提高物流效益。

物流外包对于降低企业物流成本的作用在于：首先，专业的物流公司具有专业人员和技术的优势，可以使一个公司从规模经济、更多地门对门运输等方面实现运输费用的节约。其次，物流外包能使企业在服务和效率上得到许多改进，如增强战略行动的一致性，提高顾客反应能力，降低投资需求，带来创新的物流管理技术和有效的渠道管理信息系统等。再次，一些突发事件、额外费用如紧急空运和租车等问题的减少增强了企业工作的有序性和供应链的可预测性。

（七）以物流标准化来降低物流成本

物流标准化是围绕运输、储存、装卸、包装以及物流信息处理等物流活动制定有关标准的过程。它包括物流技术、作业规范、服务、成本核算等方面的标准化，对于科学进行物流管理、降低物流成本具有重要意义。技术上的标准化可以提高物流设施、运载工具的利用率和相互之间的配套性，可以实现物流各环节有效衔接，减少中间环节和无效劳动，加快流通速度的需要。而且可以合理地利用物流资源，提高资源利用效率；物流作业和服务的标准化可以消除多余作业和过度服务；物流成本核算的标准化能使各企业的成本数据具有可比性，给物流管理的规范化提供了基础。

总之，物流成本的控制是一个长期而又复杂的过程，不仅仅是以上几种方法，可以从多方面进行考虑，目的都是将物流成本尽量降低，使其转化为企业直接利润。

本章小结

首先，介绍了物流成本的基本概念，对物流成本的特点做了简单的讲解，就物流成本的构成和几种重要的分类方法进行了重点分析。

其次，介绍了物流成本管理的基本概念和重要意义，分析了物流成本管理的原则和内容。重点介绍了物流成本核算以及核算方法中的作业成本法。在介绍作业成本法时，介绍了其含义、实施的程序、意义，并且运用了具体的实例来进行分析。

最后，介绍了物流成本控制，重点讲述了物流成本控制的几个方面，从流通全过程中、从优化顾客服务方面、从构建信息化系统中、从提高配送效率、从控制退货环节、从物流外包中等这个方面来控制物流成本，目的都是为了提高物流活动的效率，降低整体成本。

案例阅读与分析

2002 年 1 月，当第三方物流对于国内的许多生产、流通企业还只是个概念的时候，物美作出了一个大胆的决策，它与和黄天百公司签署了一份为期 7 年外包物流合同。

当时，物美在经过几年的快速扩张后，综合超市和便利店的数目逐渐增多，2001 年底时已达到近 200 家，物流配送的瓶颈在此时凸显出来。但与国内其他传统的商业企业不同，物美是一家完全靠对国有企业进行租赁、托管、改制等方式，从一家店开到几十家再到上百家店的连锁零售企业，没有其他企业与生俱来的仓储、运输和人力等资源，所以在物流的外包还是自营这个话题的考虑上，物美便有了选择的空间。

物美谈判的还有一家北京当地的物流公司和一家声名显赫的跨国物流公司，但物美最终还是选择了以零售配送著称的和黄天百。和黄天百是香港和记黄埔集团与英国天百美达公司的合资企业。作为英国一家大型物流服务商，天百美达的主业就是零售业物流。当被问及和黄天百的优势在哪里时，和黄天百全国运营经理王海鹏告诉记者："就是经验，我们有行业经验，我们的很多客户都是零售商。"所说的并非是言之无物的套话，而是零售企业选择物流合作伙伴时必须特别考虑的一个问题。

2001 年，包括物美在内的很多国内零售物流先行者就非常明确地意识到，连锁零售物流远比工业物流复杂得多，比如订单数量大、频率高，同时有时间要求，有些小型的便利店甚至要求一天送货两次；供应商大包装供货，配送中心则需要按照店铺的订货量进行拆零、分拣，还要处理诸如赠品、退货等烦琐问题；货架上的商品新增汰换的频率高，不同商品还有不同的保值期，需要有针对性的保质期管理等等。如果没有行业经验，这些工作对于物流公司来说，几乎是不可能完成的任务。考虑到这个因素，选择拥有零售业物流经验的和黄天百，应该是物美当时所能作出的最好选择之一。而双方的联姻，也成为业内人士眼中的完美结合的典范。

和黄天百的到来，改变了过去物美的配送中心没有系统、没有客户管理和手工操作的局面，用一位曾在物美任职的员工的话说，就是改变了过去“一个仓库的商品只有一人知道”的历史。“在过去，如果这个人有点意外，那整个仓库就瘫痪了，但改了之后，只要拿着号码，任何一个人进去都可以找到想要的商品，比过去的效率提高了许多。”这些变化并未给物美人带来多少快乐，因为成本高得出乎他们的意料。“虽然我们比较早的引进第三方物流，但坦率地说我们还没有经验可谈，按照和黄天百的做法，成本的代价已完全超出我们的想象，而且磨合的过程也是很复杂的。”吴坚忠的话，证实了双方合作中存在的分歧，而有关成本问题的提法，则有些出乎人们意外甚至是自相矛盾的。2003 年底，物美在一份提交中国物流与采购联合会的论文中，曾这样归结应用第三方物流的体会：“集中配送提高了物流效率和对店铺订单的响应速度，使得商品配送的时间缩短，物流成本比较低”，“配送中心统一、批量进货，可提高厂家、批发商的送货业务效率，降低送交货成本”，等等不一而足。

按照协议，和黄天百承担的第三方物流只限于管理工作，换句话说，成本是开放式的，和黄天百在这里所花的每一分钱都是物美的。据这位人士讲，自从和黄天百接管后，物美方面在系统、设备和库房改造上已投入了“很大一笔钱”，而且，现在由于信息系统、人事托管、成本概念等存在很大差异和分歧，实际运作成本还在继续提升。

另外，与第三方物流合作还增加了许多看不见的协调成本，这也是物美没有想到的。一种未经证实的说法是，由于希望深入改善流程，和黄天百希望深入到企业的各个环节，提出需要和物美的人事、财务过程、生产过程、经营过程、管理过程全面接触和配合，然而这种距离的变化，同时也意味着摩擦和成本，这让本以对成本问题非常敏感的物美上下感到“焦虑不安”。

但实际上，曾经雄心勃勃想通吃中国零售业物流的和黄天百也不无苦衷。和黄天百在最初与物美洽谈合作中，曾无条件地接受物美提出的托管物美的车队和司机、托管北京粮食公司东南郊粮库 30 多名员工的要求，这 30 多名员工原是物美租赁粮库时接管下来的，现在成了和黄天百的员工，整个配送中心加上管理人员共 80 多人，粮库和车队的员工竟然占去和黄天百一半人数，即使辞退他们中任何一个人，也要物美同意才行，这在和黄天百的历史上还是第一次。

这应该算是合作以来物美给和黄天百上的第一课，不过合作两年，和黄天百毕竟为物美的 300 多家便利超市做起了物流配送的服务，成绩还能让双方聊以自慰。不幸的是，随着合作的进一步深入，新的问题又出现了。和黄天百提出，希望将进货计划与配送中心的实际运作有效结合起来，使进货计划能够合理地满足订户和最终消费者的实际需求，但物美并没有这方面的整体供应链计划。

物美并没有像国外的许多零售企业一样，专门设立一个供应链管理部门与第三方物流公司进行对接。因此，和黄天百目前只限于与物美物流部门的沟通，仅负责从供应商收货到把货送到店铺这一段。所以，每到物美促销旺季的时候，采购、营运、物流部门还是孤立地下指标，没有一个统一协调的计划，导致和黄天百无法获取准确的数据，来评估到底造成了多少销售额的流失。

同样的道理，物美在评估成本时也是片面的：“物美缺少基于供应链的财务模型，来有效评估目前的供应链成本，而传统的财务成本核算方式，把很多不合理的成本给掩盖掉了。比如，我们曾统计过在物美仓库里的几万种单品中，有 80% 的物品都是慢流货，库存成本非常高。在仓库里放置时间长了，货品进价加上物流成本已经超过卖价，等于这个货都不赚钱了，但这是物美的传统财务根本无法测算的。”

“物美要求和黄天百为其降低很多显性成本，比如仓储费用、人工费用、配送成本等等，但忽略了运作中因为补货、退货等操作导致的许多不合理成本。”正是因为成本问题的看法不一致，使得物美与和黄天百在沟通上出现了许多问题。

和黄天百曾给物美做过一个“直流”方案，希望通过就近采购和配送来提高库存周转率，可是由于物美根据自己的财务体系计算，认为这个方案在信息系统方面的投入太大，还是决定暂时不花这个钱，所以这个方案只好搁浅。

实际上，物美与和黄天百的这种“开放式成本”合作模式，目前在欧美等发达国家非常流行，即由货主企业投入成本，第三方物流企业收取管理费。这样做的好处一是可以使第三方物流提供商减少对仓储、运输各功能服务分别报价的难度与风险，二是货主可以与第三方物流提供商一起来分析物流成本，从而对自己的物流成本更加了解。

总体来讲，国外企业的成本是公开的、整体的、长远的，而国内企业的成本的概念则是现实的、短效的。不过，国内外零售企业的不同发育规模和经营状况，也决定了对这个问题必须有现实的考虑。对于物美方面的考虑，曾经做过超市物流项目、现任职于一家咨询公司的张晓勇表示理解：“国内超市的规模本身就不大，利润率又很低，投入必须有一个合理的空间。”

物美与和黄天百在购买设备上就曾出现过分歧：和黄天百要高质量、高价格，物美则要一般质量、低价格。物美物流中心主任李冬女说：“他们是信息化，我们是半自动化，他们是洋炮，我们是土枪。观念上的悬殊，造成了对成本高低理解的不一致。”

百安居中国区供应链总监赵崎持有不同的观点，他认为，目前最重要的是提高企业对供应链管理的认识程度。许多零售商认为，拥有先进的仓库和配送中心就够了，考察物流效益也仅限于仓库成本、运输成本。事实上，投资1 000多万元建立一个现代化的配送中心很容易，但如何把配送中心与供应链管理结合起来才是更关键的问题，这需要所有部门和战略的配合，其中起决定性作用的是人员素质。

另一位业界资深专家也指出，货主只有以更大的进取心和冒险精神看待物流外包，才能发现其真正的价值。货主要想通过第三方物流得到增值利益，必须通过供应链创新提高整个企业的竞争力和盈利性；而要做到这一点，双方必须建立共有目标、共享利益与共担风险的战略合作伙伴关系。

最新的消息显示，困难重重之下，物美与和黄天百并没有放弃合作的打算，双方正在努力修补这段来之不易的姻缘。

目前物美正与和黄天百商谈外埠合作，比如位于河北、天津的超市，由于配送路线比较长，物美准备把这些业务交由和黄天百来统一运作。而和黄天百方面也表示，对于下一步的管理改进计划，他们正力所能及地在最低成本的条件下商讨可改进的方案。

（资料来源：http：//wumart. com.）

思考题

1. 物美的物流成本主要在什么方面？

2. 结合课本内容，物美的物流成本控制应当从何处着手？

思考与练习

一、单项选择题

1. 运输、储存、包装等物流活动都会产生物流成本，这说明物流成本具有（　　）的特点。

A. 隐含性　　B. 分散性　　C. 效益背反　　D. 难以控制

2. 物流企业的整个运营成本和费用实际上就是（　　）物流成本的转移。

A. 货主企业　　B. 工商企业　　C. 制造企业　　D. 零售企业

3. 下面关于“物流成本管理”中，说法正确的是（　　）。

A. 物流成本管理就是管理物流成本

B. 物流成本管理就是管理本企业的运输费用、仓储费用、配送费用等

C. 物流成本管理是国家改变产业结构的工具

D. 物流成本管理是通过对物流成本的把握和分析，去发现物流系统中需要改进的环节，达到改善物流系统的目的

二、多项选择题

1. 按照物流的功能，可以把物流成本划分为（　　）。

A. 物资流通成本　　B. 信息流通成本　　C. 管理成本　　D. 制造成本

E. 配送成本

2. 下列哪些属于物流管理的内容（　　）。

A. 物资成本核算　　B. 物流成本分析

C. 物流成本预测与决策　　D. 物流成本的给付

E. 物流成本计划

3. 通过提高配送效率来控制物流成本，可以（　　）。

A. 优化顾客服务水平　　B. 配车计划管理

C. 注重供应链一体化　　D. 提高装载率

E. 车辆运行管理

三、填空题

1. 物流成本是指物流活动中所消耗的________和 ________ 的货币表现。

2. 按物流活动发生的领域，物流成本可以分为采购物流成本________、________、________、返品物流成本和________。

3. 商品流通企业的物流成本包括人工费用、________、________和其他费用。

4. 物流成本核算中的作业成本法是以________为对象进行成本核算。

四、问答题

1. 为什么要管理物流成本?

2. 控制物流成本的方法有哪些?

本章参考资料

1. 沈默，李承霖．现代物流管理．北京：北京大学出版社，2007.

2. 秦立公．助理物流师 物流师．北京：北京理工大学出版社，2006.
3. 霍红．助理物流师考试指南 物流实务（第二版）．北京：中国物资出版社，2006.
4. 赵忠玲，冯夕文．物流成本管理．北京：经济科学出版社，2007.
5. 胡延松，赵玉国．现代物流概论．武汉：武汉理工大学出版社，2007.
6. 周盛世．现代物流学导论．北京：化学工业出版社，2005.
7. 孙秋菊．现代物流概论．北京：高等教育出版社，2003.

第九章　供应链管理

📖 学习目标

1. 懂得供应链及其管理在新经济环境下的重要作用。
2. 掌握供应链的概念、结构模型及其特征、供应链管理的概念及内容。
3. 了解供应链环境中的企业物流管理。
4. 理解供应链管理集成。

主要概念

供应链，供应链管理，物流管理，功能性产品，创新性产品

“21 世纪真正的竞争不是企业与企业之间的竞争，而是供应链和供应链之间的竞争。”

“市场上只有供应链而没有企业。”

这些观点充分说明了供应链及其管理在新经济环境下日渐显著的重要作用。供应链管理是在物流管理和系统论等相关学科相互融合的基础上发展起来的新的管理理念。随着全球竞争的加剧和科学技术的进步，越来越多的企业开始运用供应链管理策略来达成企业内外环境的协同，进行一体化管理，以提高客户的满意度，提升企业的核心竞争力。

本章在介绍供应链及供应链管理基本概念的基础上，介绍供应链管理的产生、供应链的类型，以及供应链管理的基本思路和主要内容。

第一节　供应链的概念、结构模型及其特征

一、供应链与供应链管理的基本概念

在当今经济全球一体化的市场竞争环境中，“大而全”的企业体系正在逐渐分崩离析，任何有实力的企业都不可能单独出色地完成企业的所有业务，企业的整个业务流程是由多个企业共同参与的。上一业务流程为下一业务流程提供物料或服务，由此形

成了一个环环相扣的链条。链条上的企业所组成的序列或企业业务流程网络就称为企业的供应链（Supply Chain），也称为供需链（Supply/Demand Chian）或需求链（Deimand Chian）。

（一）什么是供应链

中国2001年发布实施的《物流术语》国家标准（GB/T 18354—2001）中对供应链的定义是：在生产及流通过程中，由涉及将产品或服务提供给最终客户活动的上游与下游企业所形成的网链结构。

供应链的概念注重围绕核心企业的网链关系，即核心企业与供应商、供应商的供应商的一切向前关系，与客户、客户的客户及一切后向关系。供应链的概念已经不同于传统的销售链，它跨越了企业界线，从扩展企业的新思维出发，并从全局和整体的角度考虑产品经营的竞争力，使供应链从一种运作工具上升为一种管理方法体系，一种运营管理思维和模式。

根据供应链的概念，供应链的网链结构示意图如图9-1所示。

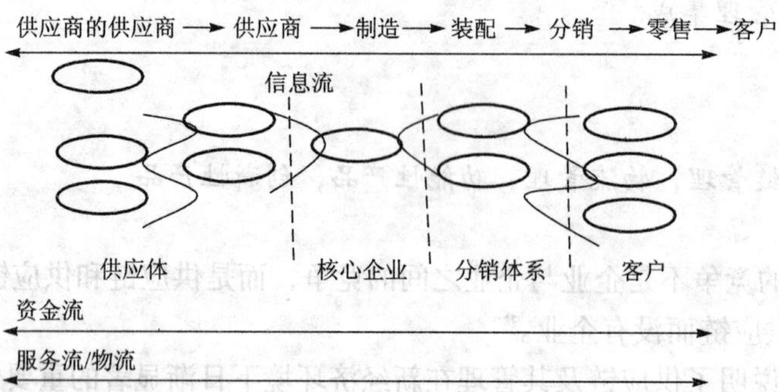

图9-1　供应链的网链结构示意图

从图9-1中可以看出，供应链是由所有加盟的节点企业组成的，其中一般有一个核心企业（可以是产品制造企业，如上海通用汽车有限公司，也可以是大型零售企业，如美国的沃尔玛）。节点企业在需求信息的驱动下，通过供应链的职能分工与合作（生产、分销、零售等），以资金流、物流、服务流为媒介实现整个供应链的不断增值。

二、供应链的特征

现代企业的供应链主要具有以下特征。

（一）复杂性

现代企业的供应链是一种复杂的、非线性虚拟价值链网络。供应链节点企业组成的跨度不同，有生产、加工、服务等类型；有上游、下游、核心层，即供应链是一个包含多个、多类型和多国度的节点企业网链。在这种网链结构上，各节点企业相互依赖，各工序环环相扣，构成了一个不可分割的有机系统。每一个节点企业都在进行着价值创造活动，这些活动过程又表现为较强的时序性和协同性，即每一企业的每一工序都必须“无缝对接”。换句话说，在正确的时间，按正确的数量，正确的质量，正确的状态，送到正确的地点，并使总成本最小。

（二）动态性

供应链系统是一个开放的动态系统，它与环境有着密切的联系。外部环境的任何一种变化（如宏观政策的变化，经济发展的速度和质量，新技术发展和应用所引起的商业模式改变等），都会波及系统整体功能的实现。供应链系统一旦建立，就成了一个即时的确定系统。当外部环境发生变化时，系统的管理模式也将随之发生变化。因此，从发展的角度看，供应链系统及其管理是动态性的。这就要求供应链系统应具有自适应性，具有与环境相互作用的自我调整性，能适时根据市场条件、竞争环境的变化调适系统和变换战略，将环境中所发生的事件转化成对供应链系统及管理有利的方面，并且在调整和变化中发挥系统中各要素间的最佳作用，实现整体价值最大化。

（三）多层次性

供应网链上涉及的各节点企业往往分布在不同行业、区域或阶段，且各节点企业又自成体系地承担着在供应链中不同的工序。同时，该节点企业为完成该工序又可能构筑一条相应的分支供应链，从而形成了多层次、多维度、多功能、多目标的立体网链。供应链上的每一层次均是下游相邻工序层次的基础，供应链管理则要延伸至每一个节点层次，并采取相应的松散或紧密的管理方法，以确保供应链整体功能得以实现。供应网链这种多层次结构，可能会由信息的不对称，使供应链管理中决策和控制呈现非线性和不确定性的特征。这就要求供应链系统上的“虚拟组织”能成为一个“学习型组织”，并能及时地对其层次结构和功能结构进行重组和完善。

（四）竞合性

供应链是由多个企业组成的虚拟组织，这些具有独立经济利益的单个企业是供应链运作的主体。由于独立经济利益的驱动，虚拟组织中的各企业间充满着竞争性，然而，这种竞争又体现在矛盾和统一的两个方面。一方面，供应链上的各企业单纯追求自身利益最大化，使得个体目标与供应链整体目标发生冲突，从而发生单个企业的行为与整体目标的逆悖，其结果，势必造成供应链整体效率下降。同时，供应链上的各企业有着各自不同的管理模式、偏好、价值观、文化观以及行为人个人的情感、意志、有限理性边界等，都可能给供应链协同管理中增添复杂性。

另一方面，在由各企业组成的供应链条上，任何企业要实现利润最大化，必须以整条供应链的价值增值为基础，换句话说，单个企业的盈利，是以各合作伙伴“共赢”为基础的。因此，企业间的竞争将向着有利于实现供应链整体目标的方向发展。

（五）面向客户需求

供应链的形成、存在、重构，都是基于最终客户需求而发生的，并且在供应链的运作过程中，客户的需求拉动是供应链中的信息流、产品/服务流、资金流运作的驱动源。

（六）交叉性

供应网链上各节点企业既可以是这个供应链的成员，同时又可以是另一个供应链的成员。众多的供应链形成交叉结构，增加了协调管理的难度。

三、供应链的类型

（一）按供应链管理的对象划分

根据供应链管理的研究对象及其范围，供应链分为三种类型。

1. 企业供应链

企业供应链是就单个公司所提出的含有多个产品的供应链管理。该公司在整个供应链中处于主导者的地位，不仅考虑其与供应链上其他成员的合作，也较多地关注企业多种产品在原料购买、生产、分销、运输等方面的技术资源的优化配置问题，并且拥有主导权。

这里的单个公司通常指供应链中的核心企业（Focal Company），它是对整个供应链起关键作用的企业。从核心企业来看，供应链包括其上游的供应商及其下游的分销渠道。供应链管理包括对信息系统、采购、生产调度、订单处理、库存管理、仓储管理、客户服务、包装物及废料的回收处理等一系列管理活动，而供应商网络包括所有核心企业直接或间接提供投入的企业。

2. 产品供应链

产品供应链是与某一特定产品或项目相关的供应链。例如，某汽车整车生产商的供应链网络包括上千家企业，为其供应从钢材、塑料等原材料到变速器、刹车等复杂装配件的多样产品。基于产品供应链的供应链管理，是对由特定产品的客户需求所拉动的、整个产品供应链运作的全过程的系统管理。采用信息技术是提高产品供应链的运作绩效、实现新产品开发，以及完善产品质量的有效手段之一。在产品供应链上，仅仅在物流运输、分销领域进行供应链管理的改进是收效甚微的，而行业发展和系统的广告效应则会引导对该产品的需求。比如，衬衣制造商是供应链的一部分，它的上游是化纤厂和织布厂，下游是分销商和零售商，最后到最终客户。按定义，这条供应链的所有企业都是相互依存的，但实际上它们却彼此并没有太多的协作，它们要关注的是围绕衬衣所连接的供应链节点及其管理。

3. 基于供应链合作伙伴关系（供应链契约）的供应链

供应链合作伙伴关系主要是针对这些职能成员间的合作进行管理。供应链管理是对由供应商、制造商、分销商、客户等组成的网络中的物流信息流、资金流（成本流）进行管理的过程。供应链的成员可以定义为广义的买方和卖方，只有当买卖双方组成的节点间产生正常的交易时，才发生物流、信息流、资金流（成本流）的流动和交换。表达这种流动和交换的方式之一就是契约关系，供应链上的成员通过建立契约关系来协调买方和卖方的利益。另一种形式是建立在与竞争对手结成的战略合作基础上的供应链合作伙伴关系。

以上三种供应链管理对象的区分意义是彼此相关的，在一些方面是相互重叠的，这对于考察供应链和研究不同的供应链管理方法是有帮助的。

（二）按网状结构划分

供应链以网状结构划分有发散型的供应链网（“V”型供应链）、会聚型的供应链网（“A”型供应链）和介于上述两种模式之间的供应链网（“T”型供应链）之分。

1.“V”型供应链

“V”型供应链是供应链网状结构中最基础的结构。如石油、化工、造纸和纺织企业，其物料是以大批量的方式存在，经过企业加工转换为中间产品，提供给其他企业作为它们的原材料。生产中间产品的企业的客户往往要多于供应商，呈发散状。这类供应链在产品生产过程中每个阶段都有控制问题。在这些发散网络上，企业生产大量的多品种产品使其业务非常复杂。为了保证满足客户服务需求，企业需要库存作为缓冲，这样就会占用大量的资金。这种供应链常常出现在本地业务而不是全球战略中。对这些“V”型结构的成功计划和调度主依赖于对关键性的内部能力瓶颈的合理安排，它需要供应链成员制定统一详细的高层计划。

2.“A”型供应链

当核心企业为供应链网络上的最终客户服务时，它的业务本质上是由订单和客户驱动的。在制造、组装和总装时，他们遇到一个与“A”型结构供应链相反的问题，即为了满足相对少数的客户需求和客户订单，需要从大量的供应商手中采购大量的物料。这是一种典型的会聚型的供应链网络，即“A”型供应链。这方面的例子像航空工业（飞机制造）、汽车工业、重工业等方面的企业，就是受服务驱动的，他们将精力集中的重要装配点上的物流同步。物料需求计划（MRP）及企业资源规划（ERP）成了这些企业进一步发展的阶梯。来自市场缩短交货期的压力，迫使这些组织寻求更先进的计划系统来解决物料同步问题。他们拥有策略性的、由需求量预测决定的公用件、标准件仓库。

这种结构的供应在接受订单时考虑供应提前期，并且具有保证按期完成的能力，因此，它的关键之处在于需要精确地计划、分配满足该订单生产所需的物料和能力，考虑工厂真实可用的能力、所有未分配的零件和半成品、原材料和库中短缺的关键性物料，以及供应的时间。另外，还需要辨别关键性的路径。所有的供应链节点都必须在供应链系统中有同意的详细考虑，这就需要关键路径的供应链成员紧密地联系和合作。

3.“T”型供应链

介于上述两种模式之间，许多企业通常结成的是“T”型供应链。

这种“T”型的企业根据现存的订单确定通用件，并通过对通用件的制造标准来减少复杂程度。这种情形在接近最终客户的行业中普遍存在，如医药保健品、汽车备件、电子产品、食品和饮料等行业；在那些为总装配提供零部件的公司也同样存在，如为汽车、电子器械和飞机主机厂商提供零部件的企业。这样的公司从与它们的情形相似的供应商公司采购大量的物料，并给大量的最终客户和合作伙伴提供构件和套件。“T”型供应链是供应链管理中最为复杂的，因为这类企业往往投入大量的金钱用于供应链的解决方案，需要尽可能限制提前期来稳定生产而无须保有大量库存。这种网络将在现在和将来的供应链中面临最复杂的挑战，预测和需求管理总是此种供应链成员考虑的一个重点。

显然，与前两类结构不同的是，这种供应链的多点控制因素变得很重要，例如在哪里生产最好，在哪里开展促销活动，采取什么措施决定影响分销成本，等等。从控制的角度来说，按相似产品系列进行汇集的办法通常是最成功的。处理这种组织的最好方法是减少产品品种，运用先进方法，或是利用先进的计划工具来维护和加强供应链控制水平。

（三）按产品类别划分

根据产品的生命周期、需求稳定程度及可预测程度等可将产品分为两大类，即功能性产品（Functional Products）和创新性产品（Innovative Products）。

功能性产品一般用于满足客户的基本需求，变化很少，具有稳定的、可预测的需求，一般具备大于2年的较长寿命周期，但它们的边际利润较低，按订单生产的提前期较长（一般6~12个月），例如：日用百货等。

创新性产品的需求一般不可预测，寿命周期也较短（一般1~3年），例如时装等。但一旦畅销，其单位利润就会很高，随之会引来许多仿造者，基于创新的竞争优势就会迅速消失。因此，这类产品无论是否畅销，其生命周期均较短。为了避免低边际利润，许多企业在式样或技术上革新，以寻求客户的购买，从而获得高的边际利润。正因为这两种产品的不同，才需要有不同类型的供应链去满足不同的管理需要，分别是：

1. 功能型供应链

对于功能性产品，由于市场需求比较稳定，比较容易实现供求平衡。对各成员来说，最重要的是如何利用供应链上的信息，协调它们之间的活动，以使整个供应链的费用降到最低，从而提高效率。重点在于降低其生产、运输、库存等方面的费用，即以最低的成本将原材料转化产成品。

2. 创新型供应链

对创新性产品而言，市场的不确定性问题的关键。因而，为了避免供大于求造成的损失，或供低于求而失去的机会收益，管理者应该将其注意力集中在市场的调解及其费用上。这时管理者们既需要利用供应链中的信息，还要特别关注来自市场的信息。这类产品的供应链应该考虑的是供应链的响应速度和柔性，只有响应速度快、柔性程度高的供应链才能适应多变的市场需求，而实现速度和柔性的费用则退为其次。

第二节　供应链管理的概念及内容

一、什么是供应链管理

在前面介绍了供应链的概念和特征。对于供应链这一复杂系统，要想取好的绩效必须找到有效的协调管理方法，供应链管理（Supply Chain Management，SCM）思想就是在这种环境下提出的。供应链管理一词最早是由一些世界的管理顾问在20世纪80年代初期 提出的，而到了20世纪90年代，学术界才真正从理论角度来定义供应链管理。

（一）供应链管理的概念和目的

最早人们把供应链管理的重点放在管理库存上，作为平衡有限的生产能力和适应客户需求变化的缓冲手段，它通过各种协调手段，寻求把产品迅速、可靠地送到客户手中所需要的费用与生产、库存管理费用之间的平衡点，从而确定最佳的库存投资额。因此其主要的工作任务是管理库存和运输。现在的供应链管理则把供应链上的各个企业作为一个不可分割的整体，使供应链上各企业分担的采购、生产、分销和销售的职能成为一个协调发展的有机体。

我国于2001年发布实施的《物流术语》国家标准（GB/T 18354—2001）中对供应链管理的定义是：利用计算机网络技术全面规划供应链中的商流、物流、信息流、资金流等，并进行计划、组织、协调与控制。

供应链管理的目的，旨在通过对供应链各个环节的活动的协调，实现最佳业务绩效，从而增强整个供应链上所有企业业务的表现，使生产系统能较好的管理由原料到产品、到客户的生产过程，最终提高客户的满意程度，并缩小总生产成本。对企业来说，供应链管理最根本的目的就是增强企业核心竞争力，其首要目标是提高客户的满意程度，即做到将正确的产品和服务（Right Product or Service），按照合适的状态与包装（Right Condition and Packaging），以准确的数量（Ring Quantity）和合理的成本费用（Right Cost），在恰当的时间（Right Time）送到指定地方（Right Place）的确定的客户（Right Customer）。

（二）供应链管理的特点

从供应链管理的概念和目的可以看出，供应链管理始终以客户为中心，强调伙伴间的合作与“多赢”，具体来于有以下特点。

1. 以客户为中心

供应链管理压倒一切的目标是提高客户的满意程度，它通过降低供应链成本的战略，实现对客户的快速反应，以此提高客户的满意度，从而提升企业的信誉度，获得竞争优势。例如：对下游企业来讲，供应链上游企业的功能不是简单的提供物料，而是要用最低的成本提供最好的服务。由于满足客户需求与成本支付之间是一对基本矛盾，因此，对客户服务目标的设定，要更关注满足客户需求与成本支付的平衡。

2. 强调物流、信息流、资金流、工作流和组织流的集成

这几个流在企业日常经营中都会发生，但过去是间歇性或者间断性的，因而影响企业间的协调，最终导致整体竞争力下降。供应链管理则强调必须把这几个流集成起来，只有实现跨企业流程集成化，才能实现供应链企业协调运作的目标。

3. 强调伙伴间的合作与共享

在供应链管理中，企业要清楚地辨别自己的核心业务，然后狠抓核心资源，以提高核心竞争力，而非核心业务都采取外包的方式分散给业务伙伴，超越组织机构的界限，与业务伙伴结成新型的共同利益的战略联盟合作伙伴关系，强调伙伴间的合作，强调利益共享和风险共担。合作更需要依赖供应链成员之间对业务过程一体化的共识，需要建立相应的信任机制和协商机制。信任是信息增值交换的基础，只有实现增值信息的共享才能放大供应链上的利润。协商机制是解决核心企业与客户利益冲突关系的基础，包括利益的合理分配、高效的合作和风险共担。

4. 强调一体化的精细管理

供应链上的核心企业，除了核心业务外，其余的各种业务都是来自于外部，即按照市场规则将内部业务社会化，按照核心企业需求，将具有不同核心能力的企业及资源整合起来，使得组织边界变得更加模糊，供应链管理则成了一项高度互动而复杂的系统工程。它强调的是一体化的精细的管理，以保证在延迟生产环境下整个供应链的协同运作，各环节的无缝对接。

5. 注重信息技术的集成应用

信息技术是提升整个供应链运作效率的重要保障之一。在这个多节点、多合作成的复杂网链上，信息技术的支撑，降低了伙伴间的交易成本，可使合作伙伴及时获取有效信息，快速反应，来满足客户的需求。同时，基于 Internet 的信息技术的集成（如 GIS、GPS），又可随时对在途物品进行管理，满足物流的个性化需求。

6. 更加关注物流企业的参与

在供应链管理环境下，物流的作用特别重要，因为缩短物流周期比缩短制造周期更关键。比如制造商投资数百万元买一台新设备，使加工一个零件的时间从原来一分钟缩短到 30 秒，工效提高一倍，但是它对缩短整个供应链周期的贡献很小。如果能把二级供应商到一级供应商的物流周期从 7 天缩短到 5 天，节约出两天的时间。两个工作日该等于多少个 30 秒啊！所以，供应链管理强调的是一种从整体上响应最终客户的协调性，没有物流企业的参与是不可想象的。

7. 注重供应链的动态优化管理

供应链的整体效率和价值创造能力，是链条上合作伙伴基于战略型的亲密关系协同产生的。战略型的亲密关系，是供应链新生产能力不竭的源泉，是取得竞争优势的原动力。要长期保持这种关系，要注意对伙伴关系不断优化。这种优化体现在管理与伙伴的关系，对合作伙伴进行阶段性的绩效评估，及时优化关系结构。管理与伙伴的关系，首先在于核心企业与伙伴的诚信交易，共同制定发展目标和行为计划，提供相应的技术支持等。以自己的经营理念、价值观、文化观影响伙伴，创造和谐氛围，形成团队合作竞争机制，从而提升和发展伙伴关系。从知识管理视角看，伙伴关系的提升是开发供应链系统隐形知识资产的过程。对伙伴进行阶段性的绩效评估，也是一种竞争激励，一方面促使伙伴努力提升整体素质；另一方面，为了维护供应链所有成员的利益，也将放弃与少部分伙伴的继续合作，从而使合作伙伴的关系结构得以优化。

二、供应链管理的基本思想和主要内容

（一）供应链管理的基本思想

从供应链管理与传统管理模式的比较中，可了解“纵向一体化”的传统管理模式向“横向一体化”供应链管理的战略转变。而供应链管理的基本思想就是“横向一体化”，即利用企业外部资源快速响应市场需求，而本企业只关注其核心的竞争能力——产品方向和市场。供应链管理跟通常所讲的一个组织内部的管理是不一样的。组织内部的管理体现为一种权力关系，即上级可以指挥下级。而供应链是具有独立法人地位企业的合作链，企业无论大

小都是平等的，因此供应链管理主要体现为如何加强合作，加强对资源协调运作和管理水平。

（二）供应链管理的主要内容

实现企业供应链管理，首先应弄清楚供应链管理的主要内容。在这方面，不同学者根据自己的理解分别提出了各自的看法，例如，我国著名的供应链管理专家马士华教授认为供应链管理主要涉及供应（Supply）、生产计划（Schedule）、传统物流（Logistics）和需求（Demand）四个领域，如图 9－2 所示，包括以下内容：战略性供应商和客户合作伙伴关系管理；供应链产品的需求预测和计划；供应链的设计（节点企业、材料来源、生产设计、分销系统与能力设计、管理信息系统和物流系统设计等）；企业内部和企业之间的物料供应与需求管理；基于供应链的客户服务和物流（运输、库存、包装）；企业间资金管理；基于 Internet/Intranet 的供应链交互信息管理。

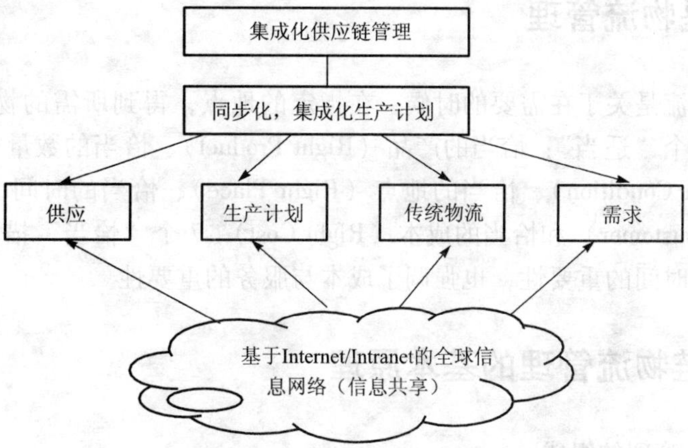

图 9－2　供应链管理涉及的领域

由图 9－2 可见，供应链管理是以同步化、集成化生产计划为指导，以各种技术为支持尤其以 Internet/Intranet 为依托，围绕供应、生产计划、传统物流、满足需求来实施的，主要包括计划、合作、控制从供应商到客户的物料（零部件和成品等）和信息。在图 9－2 所示的供应链四个领域的基础上，可从另一角度把供应链管理分为职能领域和辅助领域。其中职能领域主要包括产品工程、产品技术保证、采购、生产控制、仓储管理、分销管理；而辅助领域主要包括客户服务、制造、设计工程、会计核算、人力资源、市场营销。

供应链管理关心的并不仅仅是物料实体在供应链中的流动，除了企业内部与企业之间的运输问题和实物分销以外，供应链管理还包括以下主要内容：

供应链管理策略制定（不同行业、不同产品类型要求采用不同的供应链管理策略）；

推动式（Push）或牵引式（Pull）供应链运作方式的确定（不同企业有不同的管理文化，企业应选择适合于自己实际情况的运作方式）；

战略性供应商和客户合作伙伴关系管理；

供应链产品需求预测和计划；

供应链的设计（全球节点企业的定位、资源的集成化计划、跟踪、控制和评价）；

企业内部与企业之间物料供应与需求管理；

基于供应链的产品设计与制造管理、生产集成化计划、跟踪、控制和评价；

基于供应链的客户服务和物流（运输、库存、包装等）管理；

企业间资金流管理（汇率、成本等问题）；

供应链管理环境下的绩效测量与评价；

基于 Internet/Intranet 的供应链运作的信息支持平台及信息管理。

第三节　供应链环境中的企业物流管理

一、什么是物流管理

简单地说，物流是关于在需要的时候，在指定的地点，得到所需的物品。物流可用 7R 表达法表示，即 7 个“适当”：恰当的产品（Right Product）、恰当的数量（Right Quantity）、恰当的条件（Right Condition）、恰当的地点（Right Place）、恰当的时间（Right Time）、恰当的客户（Right Customer）和恰当的成本（Right Cost）。7 个“恰当”描述了物流的基本活动，强调了空间和时间的重要性，也强调了成本与服务的重要性。

二、供应链物流管理的基本原理

1. 供应链物流管理的组成

供应链物流管理由三部分组成：

（1）前向物流与反向物流，包括运输、仓储、包装、装卸搬运、配送等。

（2）前馈与反馈的信息流，涉及订单、交付、运输等活动的信息交换。既包括供应信息、需求信息，也包括共享信息，这是与传统物流管理不同处之一。在传统物流系统中，需求和供应信息都是逐级传递的，非直接合作的企业相互之间信息不畅的，直接导致客户需求反应慢，丧失市场机会，库存增加或缺货等后果。

（3）管理和控制，包括采购、营销、预测、库存管理、计划、销售和售后服务。

2. 供应链物流管理的特点

供应链物流管理注重总的物流成本与客户服务水平之间的关系，利用系统理论和集成思想，把供应链成员内各职能部门以及成员间相关职能部门有机地结合在一起，从而最大限度地发挥出供应链整体优势，增强供应链整体的竞争力，最终达到供应链成员整体获益的目的。与一般物流管理相比较，供应链物流管理具有以下特点：

（1）分析问题的角度不同，供应链物流管理是从整个供应链的角度出发，寻求供应链物流成本与客户服务之间的均衡。

（2）管理的内容不同，供应链物流管理涉及整个供应链所有成员组织，管理内容包括从初始供应物流到终端的分销物流及反向物流。

(3) 侧重点不同，供应链物流管理更侧重于供应链成员企业间接口物流活动的管理优化，这也是供应链物流管理的利润空间所在。

(4) 管理难度更高、管理思想和方法更丰富。供应链物流管理涉及众多成员企业的协调与合作，无论是从纵向（长度）还是横向（宽度）考虑，供应链物流管理更复杂，难度更高。因此，供应链物流管理需要应用更多的管理思想和方法，如系统理论与集成思想、JIT（准时制生产）、QR（快速反应）、ECR（有效客户反应）等。

三、物流管理在供应链管理中的重要性

物流管理将供应链管理下的物流进行科学的组织计划，使物流活动在供应链各环节之间快速形成物流关系，确定物流方向，通过网络技术将物流关系的相关信息实时地传递给供应链各个环节，并在物流活动过程中，对其进行实时协调与控制，为供应链各环节提供实时信息，实现物流运作的低成本、高效率的增值过程管理。

四、供应链管理中的物流管理策略

(一) 供应链管理中的物流管理战略

战略（Strategy）是企业生存和发展的保证。没有战略的企业是不会长久发展的企业，没有战略眼光的企业家是不称职的企业家。

供应链管理中的物流管理从战略上可以分为四个层次。

1. 全局性战略

这是物流管理战略的顶层，定义客户服务为全局性战略目标。物流是供应链管理的组成部分，它影响着供应链的每个环节，物流对整个供应链有着重要影响，要实现客户服务的战略目标，必须建立客户服务的评价指标体系，应含有一些如平均响应时间、订货满足率、平均缺货时间、供应率等的硬性参数。虽然目前对于客户服务的指标没有一个统一的规范，对客户服务的定义也不同，但企业可以根据自己的实际情况建立提高客户满意度的管理体系，通过实施客户满意工程，全面提高客户服务水平。

2. 结构性战略

物流管理战略的第二层次是结构性战略，主要包括物流配送中心战略布局、物流渠道战略决策与设计和网络分析等。渠道设计是供应链设计的一个重要内容，包括重构物流系统、优化物流渠道等。通过优化渠道，提高物流系统的敏捷性和响应性，使供应链获得最低的物流成本。通过对物流配送中心、物流渠道、工具和托盘结构进行优化组合，从而提高物流系统的敏捷度和效率。

网络分析是物流管理中另一项很重要的战略工作，它为物流系统的优化设计提供参考依据。网络分析的内容主要包括：库存状况的分析；客户服务的调查分析；运输方式和交货状况的分析；物流信息及信息系统的传递状态分析；合作伙伴业绩的评估和考核。对物流管理系统的结构性分析的目标是要不断减少物流环节，消除供应链动作过程中不增加价值的活动，提高物流系统的效率。

3. 功能性战略

物流管理第三层次的战略为功能性战略，包括物料管理、仓库管理、运输管理等三个方面。主要内容有：运输工具的使用与调度（运输、储存、搬运、包装）；采购与供应、库存控制的方法与策略；仓库的作业管理；信息处理等。

物料管理与运输管理是物流管理的主要内容，必须不断地改进管理方法，使物流管理向零库存这个极限目标努力。同时还要降低库存成本和运输费用，优化物流路线，保证准时送达，实现物流的高效率运作。

4. 基础性战略

第四层次的战略是基础性战略，是为保证物流系统的正常运行提供基础性的保障。

物流管理基础性战略主要是指信息系统、组织系统、政策以及交通基础设施管理战略。信息系统是物流管理最重要的基础，是物流系统中传递物流信息的桥梁，它是物流快捷、准确、高效的最基本条件，物流的整个运作过程需要信息系统来支持。因此必须从战略的高度去规划与管理，才能保证物流系统高效运行。组织系统是指物流管理及动作机构，科学的组织系统对物流的运作具有积极的推动作用。政策则是最主要的社会环境基础，由于物流存在地域性，因此，政策因素会对物流在广阔地域环境的动作有着重要影响。这需要国内、国际以及地方政策的支持。基础设施战略则是指道路交通状况、物流配送中心建设等，这是物流管理中要考虑的既现实又长远的因素。

（二）物流服务商的选择

供应链管理中的所指的物流服务商最主要的就是第三方物流服务商。生产企业和商业企业选择第三方物流服务商首先考虑其作业质量，其次是综合物流满足能力和物流作业的经济性。企业在风险和收益的权衡过程中就需要考虑第三方物流服务商实力，选择第三方物流服务商考虑的主要因素为价格、质量、服务商的声誉、业务范围和过去的经验等。总体来说，有以下几种方法：

1. 服务质量比较法

客户在付出同等运费的情况下，总希望希望得到更好的服务，因此，服务质量往往成为客户选择不同运输服务商的首要标准。一般要从以下两方面比较：

（1）比较运输质量。运输所体现的价值是把货物从一个地点运送到另一地点，完成地理上的位移，而无须对货物本身进行任何加工。但如果运输保管不当，就会对货物的质量产生影响。不同的运输方式有不同的指标来衡量其服务质量，以海运为例，可以考虑从几方面来衡量其运输质量：该航运公司提供的运输工具（如船舶的船龄、状态、集装箱新旧程度等）；该公司所雇用的装卸公司的服务质量；该公司所雇用的船员的经验及工作责任心，船员丰富的经验及高超的船艺是保证货物安全运输的首要条件；货运纠纷的处理等。

（2）运输价格比较法。运输服务商为了稳定自己的市场份额，都在努力提高服务质量，而随着竞争的日趋激烈，对于一些货物来说不同的运输服务商所提供的服务质量已近乎相同，因此运价很容易成为最后的竞争阶段。于是客户在选择运输方式时，如果面对几乎相同的服务质量，或者有些客户对服务质量要求不高时，运输价格就成为一个重要的决策准则。

2. 综合因素法

很多时候，客户在选择运输服务商时会同时考虑多个因素，如服务质量、运输价格、服务商的品牌，服务商的经济实力和服务网点数等。

3. 层次分析法

在一般情况下，物流系统的评价属于多目标、多判据的系统综合评价。如果仅仅依靠评价者的定性分析和逻辑判断，缺乏定量分析依据来评价系统方案的优劣，显然是十分困难的。尤其是物流系统的社会经济评价很难作出精确的定量分析。1973 年，美国运筹学家匹兹堡大学教授 T. L. Saaty 提出了一种层次权重决策分析方法（Analytical Hierarchy Process, AHP），此方法主要用于解决多目标、多准则、多因素、多层次的复杂问题，它综合了人们的主观判断，是一种简明、实用的定性与定量分析相结合的多目标决策分析方法。国内外已有学者通过 AHP 法来对物流服务商进行量化考核，以帮助企业优选出满意的第三方物流服务商。

（三）物流中的运输决策问题

运输问题是物流系统中的核心问题之一，运输成本往往占到企业物流成本的 1/3 ~ 2/3。如何加强运输的科学决策，以提高运输绩效是摆在供应链管理者面前急需解决的课题。运输决策包括承运人选择、运输方式选择、运输路线选择和车辆调度几个方面。

1. 承运人选择

由于运输成本在企业物流总成本中占极大的比重，许多企业在考虑承运人时，往往把运输服务的费用作为考虑的第一要素。然而，在现代企业中，供应链管理者渐渐感到与承运人（有时是专业的第三方物流公司）建立良好的长期战略伙伴关系，比几次便宜的货运更为重要。追求企业与承运人的双赢局面，是运输决策的原则之一，这是由供应链中各环节相互紧密关联这一事实所决定的。企业决策者在运输中关心的是运输价格、速度和可靠性，三个方面缺一不可。

2. 运输方式选择

运输方式的选择是物流系统决策中的一个重要环节，是物流合理化的重要内容。企业对于进出货物必须选择最适合的运输方式，选择运输手段的判断标准包括：货物的性质、运输时间、交货时间的适用性、运输成本、批量的适应性、运输的机动性和便利性、运输的安全性和准确性。对货主来说，运输的安全性和准确性、运输费用的低廉性及缩短运输总时间等因素是其考虑的重点。

具体来说，在选择运输手段时，第一要考虑的是运输物品的种类，第二考虑运输量，第三考虑运输距离，第四考虑运输时间，第五考虑运输费用。众所周知，常见的运输方式有五种：铁路、公路、管道、水运和空运。不同的运输方式有各自的特点，如铁路运输价格低、速度慢，适用于长距离、大宗低价值货物或原材料的运输；公路运输具有方便快捷、运送频率高的特点，常用于小批量货物的近距离运输；水运价格低，承载量大，但速度慢等。

在物流网格两个节点之间，经常有多种运输方式可供选择，在考虑各种运输方式的运输能力、费用、距离等因素基础上如何选择最佳的运输方式完成特定的运输任务是运输方式选择模型要解决的问题。在运输方式选择模型中，下列几个重要因素需要考虑：服务的频率、速度、中转时间、中转时间的波动性、费用、可利用性、安全、准确和客户服务。

3. 运输路线的选择

选择运输路线与选择运输方式实际上是同时进行的运输决策内容。选择运输路线的最基本的原则是：要尽一切可能缩短订货周期，减少库存积压或短缺的情况发生，提高服务质量；要尽可能缩短运输总里程，避免相向或迂回运输，以使减少运输费用。

第四节　供应链管理集成

一、集成化供应链管理

（一）集成化供应链管理理论模型

集成化供应链管理的核心是由客户化需求→集成化计划→业务流程重组→面向对象过程控制组成第一个控制回路（作业回路）；由客户化策略→信息共享→调整适应性→创造性团队组成第二个回路（策略回路）；在作业回路的每个作业形成各自相应的作业性能评价与提高回路（性能评价回路）。供应链管理正是围绕这三个回路展开的，形成相互协调的一个整体，如图9－3所示。

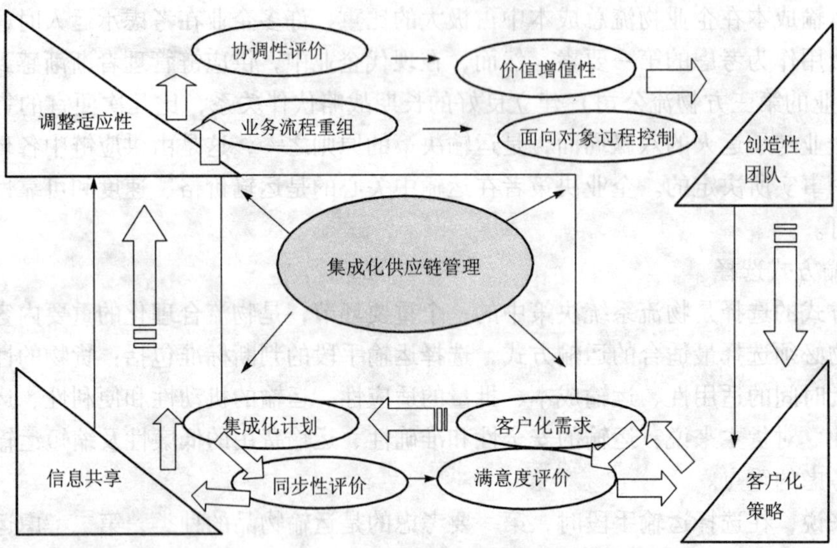

图9－3　集成化供应链管理的理论模型

调整适应性→业务流程重组回路中主要涉及供需合作关系、战略伙伴关系、供应链（重建）精细化策略等问题，面向对象的过程控制→创造性团队回路中主要涉及面向对象的集成化生产计划与控制策略、基于价值增值的多级库存控制理论、资源约束理论在供应链中的应用、质量保证体系、群体决策理论等。客户化需求→客户化策略回路中主要涉及的内容包括：满意策略与客户满意评价理论、面向客户化的产品决策理论研究、供应链的柔性敏捷化策略等。信息共享→同步化计划回路中主要涉及的内容包括：JIT供销一体化策略、供应链的信息组织与集成、并行化经营策略。

(二) 集成化供应链管理的实现—ERP

1. ERP 的概念

对于企业资源规划（Enterprise Resources Planning，ERP）而言，可以从管理思想、软件产品、管理系统三个层次给出它的定义：

(1) 是由美国著名的计算机技术咨询和评估集团 Gartner Group Inc. 提出的一整套企业管理系统体系标准，其实质是在 MRP Ⅱ（Manufacturing Resources Planning，制造资源计划）基础上进一步发展而成的面向供应链（Supply Chain）的管理思想；

(2) 是综合应用了客户机/服务器体系、关系数据库结构、面向对象技术、图形客户界面、第四代语言（4GL）、网络通信等信息产业成果，以 ERP 管理思想为灵魂的软件产品；

(3) 是整合了企业管理念、业务流程、基础数据、人力物力、计算机硬件和软件于一体的企业资源管理系统。

ERP 的概念层次可如图 9－4 所示，所以，对应于管理界、信息界、企业界不同的表述要求，“ERP”分别有着它特定的内涵和外延。对于企业界来讲，主要采用第三种定义方式。

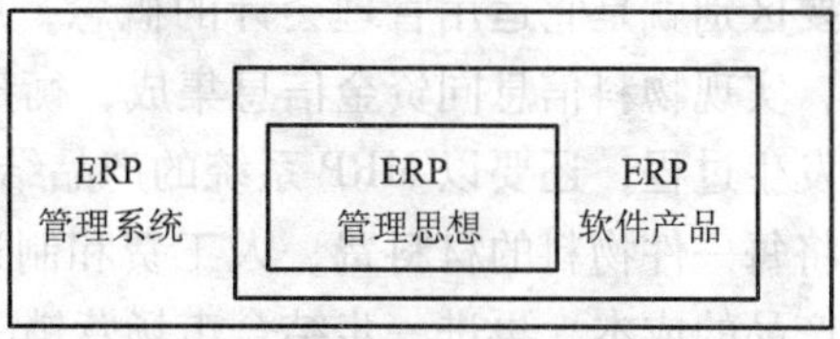

图 9－4　ERP 概念层次图

对于企业来说，要理解“企业资源规划”（ERP），首先要明确什么是“企业资源”。简单地说，“企业资源”是指支持企业业务运作和战略运作的事物，也就是人们常说的“人”、“财”、“物”。据此可以认为，ERP 就是一个有效地组织、计划和实施企业的“人”、“财”、“物”管理的系统，它依靠 IT 技术和手段以保证其信息的集成性、实时性和统一性。ERP 最初是一种基于企业内部“供应链”的管理思想，在 MRPII 的基础上扩展了管理范围，给出了新的结构。它的基本思想是将企业的业务流程看做是一个紧密连接的供应链，将企业内部划分成几个相互协同作业的支持子系统，如财务、市场营销、生产制造、质量控制、服务维护、工程技术等。最早采用这种管理方式的是制造业，当时主要考虑的是企业的库存物料管理，于是产生了 MRP（物料需求计划）系统，同时企业的其他业务部门也都各自建立了信息管理系统，诸如会计部门的计算机账务处理系统、人事部门的人事档案管理系统等，而这些系统早期都是相互独立，彼此之间缺少关联，形成信息孤岛，不但没有发挥 IT 技术的作用，反而造成了企业管理的重复和不协调。在这种情况下，MRPII 应运而生。他围绕着“在正确的时间制造和销售正确的产品”这样一个中心，将企业的“人”、“财”、“物”进行集中管理。ERP 可以说是 MRPII 的一个扩展。第一，它将系统的管理核心从“在正确的时间制造和销售正确的产品”转移到了“在最佳的时间和地点，获得企业的最大增值”；第二，基于管理核心的转移，其管理范围和领域也从制造业扩展到了其他行业和企业；第三，在功能和业务集成性方面，它都有了很大加强，特别是商务智能的引入使得以往简单的事物处理系统变成了真正智能化的管理控制系统。

在理解 ERP 的概念时，必须认识到：MRP 是 ERP 的核心功能。

只要是“制造业”，就必然要从供应方买来原材料，经过加工或装配，制造出产品，销售给需求方，这也是制造业区别于金融业、商业、采掘业（石油、矿产）、服务业的主要特点。任何制造业的经营生产活动都是围绕其产品开展的，制造业的信息系统也不例外，MRP

就是从产品的结构或物料清单（对食品、医药、化工行业则为“配方”）出发，实现了物料信息的集成——一个上小下宽的锥状产品结构：其顶层是出厂产品，是属于企业市场销售部门的业务；底层是采购的原材料或配套件，是企业物资供应部门的业务；介乎其间的是制造件，是生产部门的业务。如果要根据需求的优先顺序，在统一的计划指导下，把企业的“销产供”信息集成起来，就离不开产品结构（或物料清单）这个基础文件。在产品结构上，反映了各个物料之间的从属关系和数量关系，它们之间的连线反映了工艺流程和时间周期，换句话说，通过一个产品结构就能够说明制造业生产管理常用的“期量标准”。MRP主要用于生产“组装”型产品的制造业，如果把工艺流程（工序、设备或装置）同产品结构集成在一起，就可以把流程工业的特点融合进来。通俗地说，MRP是一种保证既不出现短缺，又不积压库存的计划方法，解决了制造业所关心的缺件与超储的矛盾。所有ERP软件都把MRP作为其生产计划与控制模块，MRP是ERP系统中不可缺少的核心功能。

MRP解决了企业物料供需信息集成，但是还没说明企业的经营效益。MRPII与MRP的主要区别就是它运用管理会计的概念，用货币形式说明了执行企业“物料计划”带来的效益，实现物料信息同资金信息集成，衡量企业经营效益首先要计算产品成本，产品成本的实际发生过程，还要以MRP系统的产品结构为基础，从最低层采购件的材料费开始，逐层向上将每一件物料的材料费、人工费和制造费（间接成本）累积，得出每一层零部件直至最终产品的成本。再进一步结合市场营销，分析各类产品的获利性。MRPII把传统的账务处理同发生账务的事务结合起来，不仅说明账务的资金现状，而且追溯资金的来龙去脉——例如将体现债务债权关系的应付账、应收账同采购业务和销售业务集成起来、同供应商或客户的业绩或信誉集成起来、同销售和生产计划集成起来等，按照物料位置、数量或价值变化，定义“事务处理（Transaction）”，使与生产相关的财务信息直接由生产活动生成。在定义事务处理相关的会计科目之间，按设定的借贷关系，自动转账登录，保证了“资金流（财务账）”同“物流（实物账）”的同步和一致，改变了资金信息滞后于物料信息的状况，便于实时作出决策。

ERP是一个高度集成的信息系统，它必然体现物流信息同资金流信息的集成。传统的MRPII系统主要包括的制造、供销和财务三大部分依然是ERP系统不可跨越的重要组成。所以，MRPII的信息集成内容既然已经包括在ERP系统之中，就没有必要再突出MRPII，ERP/MRPII实际上是指同一个企业管理理念在不同时期的发展程度和发展阶段。

从管理信息集成的角度来看，从MRP到MRPII再到ERP，是制造业管理信息集成的不断扩展和深化，每一次进展都是一次重大质地飞跃，然而，又是一脉相承的，对MRP、闭环MRP、MRPII及ERP而言，虽然后者都是从前者发展来的，但并没有绝对的某项技术落后过时或后者将取代前者的含义，它们之间是一种发展但又包罗的关系，如图9-5所示。

ERP是在MRP II的基础上扩展了管理范围，给出了新的结构。在ERP系统的设计思想中体现出以下三点。(1) 它把企业的制造活动与企业其他业务，如销售、采购及财务业务整合在一起，综合利用所有资源，体现了按客户需求制造的思想，这使得企业适应市场与客户需求快速变化的能力增强。(2) 它将分布在各地所属企业的内部结构划分成几个相互联系的支持子系统，如财务、市场营销、生产制造、质量控制、服务维护、工程技术等，而MRP II只是ERP中的一个功能模块。(3) ERP系新提供了可对企业业务流程上所有环节进行有效管理的功能，这些环节包括订单、采购、库存、计划、生产制造、质量控制、分销、财务管理、人事管理、实验室/配方管理等。

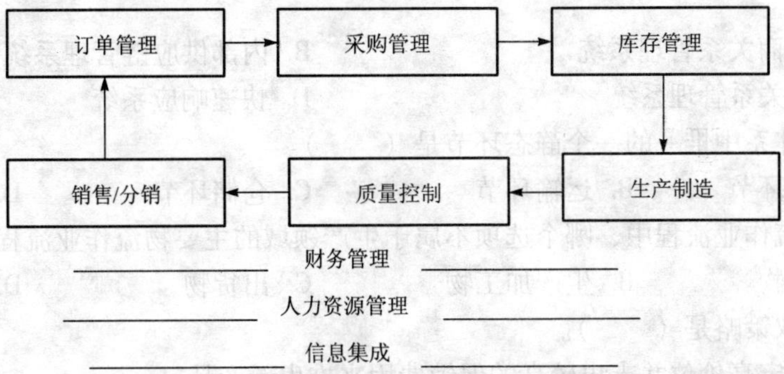

图 9－5　ERP 的管理流程图

本章小结

随着信息技术的发展，特别是因特网的广泛应用，使得知识、技术和信息在世界范围内广泛传播和共享成为可能，这极大地加快了全球经济一体化的步伐，企业经营不再仅仅局限于某一地区，无国界经营的趋势愈来愈明显。高新技术的迅猛发展发展在提高在生产效率，缩短产品更新换代周期的同时，也加剧了市场竞争的激烈程度，那种以扩大产量、降低生产成本，或以扩大销售作为核心竞争力来获取利润的时代已经过去，企业必须寻找新的利润增长点，供应链管理就应运而生了。

供应链管理通过建立供、产、销以及客户间的战略合作伙伴关系，最大限度地减少内耗与浪费，实现供应链整体效率的最优化来获取利润，人们认识到在未来的竞争中任何一个企业都不会成为世界上最杰出的企业，企业之间只有通过合作，取长补短才能共同增加竞争实力。

供应链管理强调核心企业与最杰出的企业建立战略合作伙伴关系，委托这些企业完成一部分业务，自己做好本企业能创造特殊价值、比竞争对手更擅长的关键性业务。这样，在提高本企业的竞争力的同时，也使供应链上的其他企业也能获利，供应链各节点企业之间形成长期合作关系，使得供应链从一种作业性管理工具上升为管理性方法体系。

思考与练习

一、单项选择题

1. 供应链管理形成的动因是（　　）。

A. 追求集成带来的实际效果，即集成效应

B. 规模经济

C. 距离经济

D. 规模不经济

2. 企业外部下游供应链管理的战略中心点是（　　）。

A. 使顾客满意　　B. 双赢的经营理念　　C. 内部效率问题　　D. 成本最小化

3. 企业在与上游企业打交道时，为了解上游客户的需求，主要借助于供应链管理中的（　　）。

A. 供应商关系管理系统　　B. 内部供应链管理系统

C. 客户关系管理系统　　D. 快速响应系统

4. 在物流体系中惟一的一个静态环节是（　　）。

A. 生产环节　　B. 运输环节　　C. 仓储环节　　D. 配送环节

5. 下列物流作业流程中，哪个选项不属于生产领域的主要物流作业流程（　　）。

A. 进货物　　B. 生产加工物　　C. 出货物　　D. 逆向物流

6. 缓慢掠取策略是（　　）。

A. 厂商定高价位并支出较高的促销费用来推出新产品

B. 以高价格与低促销支出水的方式推出新产品

C. 以低价格与高促销支出水准的组合方式推出新产品

D 以低价格与低促销支出水准的组合方式推出新产品

7. 按照需求来源的不同，企业内部的物料可以分为（　　）。

A. 内部需求和外部需求　　B. 独立需求和相关需求

C. 弹性需求和非弹性需求　　D. 非独立需求和相关需求

8. 动态企业联盟又可称为（　　）。

A. 虚拟企业联　　B. 供应链伙伴联　　C. 传统企业联　　D. 业务外包

9. 客户关系管理的基础是（　　）。

A. 降低客户流失　　B. 客户信息的整合　　C. 客户需求预测　　D. 吸引新客户

10. 供应链上克服时间距离所产生的成本称为（　　）。

A. 作业成本　　B. 持有成本　　C. 交易成本　　D. 服务成本

二、多项选择题

1. 供应链的基本特征是（　　）。

A. 复杂性　　B. 动态性　　C. 面向用户需求　　D. 交叉性

E. 有效性

2. 企业在竞争市场中所处的地位包括（　　）。

A. 市场参与者　　B. 市场领导者　　C. 市场挑战者　　D. 市场追随者

E. 市场利基者

3. JIT 的目标是（　　）。

A. 排除了多余产品和库存浪费　　B. 降低成本

C. 弹性配置作业人数　　D. 保证质量

E. 实现适时、适量、适度生产

4. 第三方物流所具有的优点包括（　　）。

A. 企业集中核心竞争力　　B. 可以降低企业的经营成本

C. 提高服务的灵活性　　D. 加速产品和投放市场的进程

E. 降低可靠性风险

三、填空题

1. 现代物流管理：是指将信息、运输、库存、仓储、搬运以及包装等系列物流活动综合起来的一种新型的集成式管理，目的在于_________提供最好的服务。

2. 再订货点：是用来明确启动补给订货策略时的货品单位数，一旦存货量_________于再订货点即补给订货。

3. 供应商管理库存：是一种战略贸易伙伴之间的合作性策略，他以系统的、集成的管理思想进行库存管理，使供应链系统能够同步_________进行。

4. 快速响应：是一种全新的业务方式，他体现了_________思想，即在供应链中，为了实现共同的目标，各环节间都应进行紧密合作。

四、问答题

1. 简述供应链的基本特征。
2. 简述 ERP 系统的主要管理思想。
3. 简述运输网络模型设计方案的主要类型。
4. 简述影响承运人决策的因素。
5. 简述 ECR 的最终目标。

本章参考资料

1. 马士华，林勇，陈志勇．供应链管理．北京：机械工业出版社，2000.
2. 林玲玲．供应链管理．北京：清华大学出版社，2004.
3. 邹辉霞．现代供应链管理．北京：清华大学出版社，2004.
4. 张涛．现代供应链管理．成都：四川大学出版社，2003.
5. 赵刚．供应链管理，北京：电子工业出版社，2004.
6. 骆温平．物流与供应链管理．北京：电子工业出版社，2002.
7. 赵小惠．集成化供应链管理．西安：西安交通大学出版社，2002.
8. 上海现代物流人才培训中心．企业资源计划（ERP）与 SCM、CRM，北京：电子工业出版社，2002.

第十章 第三方物流

学习目标

1. 懂得第三方物流的产生、发展和第三方物流的作用。
2. 掌握第三方物流的特点、内容。
3. 了解第三方物流的发展模式。
4. 理解第四方物流的特征。

主要概念

第三方物流，第四方物流

第一节 第三方物流的概述

一、第三方物流的兴起

第三方物流在全球范围内发展迅速，方兴未艾，它是经济发展和社会需求的产物。当企业自己对于物流管理不具有核心竞争优势时，特别是对自营物流面临种种问题时，自然会对自己的这一部分活动采取“对外委托”方式，即将一部分或全部物流活动委托给外部专业物流企业来完成，这类专门从事外包物流业务的企业被称为第三方物流企业。

第三方物流根据合同条款规定的要求，提供多功能，甚至全方位的物流服务。一般来说，第三方物流公司能提供物流方案设计、仓库管理、运输管理、订单处理、产品回收、搬运装卸、物流信息系统、产品安装装配、运送、报关、运输谈判等近 30 种物流服务。与传统的以运输合同为基础的运输公司相比，第三方物流企业在服务功能、客户关系、涉及范围、竞争优势、核心能力以及买方价值等方面，发生了巨大变化。如表 10 - 1 所示。

表 10－1 第三方物流的变化

项 目	运输合同	物流外包	SCM（供应链管理）
服务	简单功能	多功能	多功能集成、增加宽度和复杂性
关系	交易	长期协议	战略合作伙伴关系
涉及范围	本地/地区性	跨区域	全球化、门到门的区域
竞争趋势	分散	合并/联盟	比较分散，但战略联盟使小型变大
核心能力	资产和过程执行	从资产型向信息型转变	以信息和知识为主
买方价值	减少	地域扩张	优化成本、优化服务

对于有些行业来说，第三方物流供应商是代替制造商，直接与客户建立联系的门户。在逐渐激烈的竞争环境下，力量比较强大的买方往往要求第三方物流供应商不仅提供包括运输、仓储等基本的物流服务，还希望能够获得信息整合、客户服务等附加服务，并且实现成本和效率在整条供应链上的平衡。这要求第三方物流供应商从整条供应链的观点来寻求自身的发展，用供应链的思想提升自己的服务水平，以最小的成本为客户服务，并且强调提供高附加值的服务。

（一）企业对于第三方物流的需求

第三方物流的兴起首先是源于企业对于物流外包的需求，企业的物流外包有两大原因。

（1）为了降低运作成本，企业从事物流活动需要投入大量的资金和构建物流设施及购买物流设备，这对于缺乏资金的企业，特别是中小企业来说是一种沉重负担。各个企业都这样做，将会出现大量的重复建设，浪费宝贵的资源，企业单靠自己的力量降低物流费用存在很大的困难；而且，大量的物流投资带有事实上的风险；企业的物流手段有限，无法承担诸如集装箱运输、铁路运输及国际间运输等活动。因此，从社会再生产的角度看，多数企业对物流的外部化有高度需求。

（2）为了增强自己的核心能力，企业要把资源集中在企业的核心竞争能力上，才能获取最大的效益。那些不属于核心能力的功能应被移向外部，才可以用虚拟化管理的方式获得可以利用的资源，达到最大的投资回报。大多数的制造企业和分销企业在物流方面没有大的优势，所以这一方面不是其核心力。尽管从 20 世纪 70 年代至 90 年代，企业在提高物流效率方面已经取得了巨大的进展，但要取得更大的进展将付出更多，要想实现新的改善，企业不得不寻求其他途径，包括物流外包这样的形式。

（二）第三方物流是社会分工细化和管理理念发展的产物

第三方物流是社会分工向细化发展的结果。在社会生产进一步分工和市场竞争加剧的形势下，当各企业纷纷将企业的资金、人力、物力集中到核心业务上，以期增强核心竞争力时，这种社会环境也催生了社会化分工协作带来的另一个现象，那就是专业化分工重组的结果导致许多非核心业务分离出来，形成了许多具有专业职能的新行业，其中包括物流业。将物流业务委托给第三方专业物流公司负责，不仅可降低物流成本，也可以完善物流活动的服务功能，提高客户满意度。

第三方物流提供商可通过提供个性化的物流服务，来实现顾客的价值。第三方物流需求方的业务流程通常各不相同，物流、信息流也随价值流动而流动的，价格、技术、质量能使第三方物流提供商具有竞争力，但不足以把其产品或服务与竞争者相区别。为了吸引顾客，就必须要实现服务导向，通过提供个性化的服务，增加产品的附加值，因而这要求第三方物流服务按照顾客的流程来制定服务方案，提高顾客价值的实现。

第三方物流的产生也是新型管理理念发展的结果。从20世纪70年代以来，信息技术特别是计算机技术和网络技术的快速发展推动着管理技术和思想的更新，产生了供应链、虚拟企业等一系列强调外部协调和合作的新型管理理念，既增加了物流活动的复杂性，又对物流活动提出了快速反应、有效客户管理、零库存等更高要求。作为第三方物流，它是适应市场竞争的产物，是整个管理的集成化、系统化过程中乃至企业联盟中的重要部分。第三方物流参与一个公司的供应链的程度，他们所起的作用可以表现在各个层次上。例如，在实施供应链最基本的功能层次上，一个第三方物流公司可以通过为其他企业确定和安排一批货物的高效运输路径，来使后者在产品开发上获得良好的条件。

第三方物流产生于20世纪70年代的美国，物流作为联系客户和消费者的重要环节，其质量和水平直接影响到企业与客户的关系和企业市场地位，社会迫切需要有专门的企业提供高水平的专业化物流服务。第三方物流就是在这种条件下产生的，并因其适应现代市场经济环境而得到迅速推广，如今在发达国家已成为主流的物流模式。西方国家的物流业发展证明，独立的第三方物流要占社会物流的50%，物流产业才能形成。所以，第三方物流的发展程度反映和体现着一个国家物流业发展整体水平。

二、第三方物流的概念

（一）什么是第三方物流

第三方物流是物流专业化的一种重要形式。第三方物流（Third Party Logistics，TPL）是指由商品的供方和需方之外的第三方提供物流服务，第三方不参与商品供、需方之间的直接买卖交易，而只是承担从生产到销售过程中的物流业务，包括商品的包装、储存、运输、配送等一系列服务活动。作为专业化、社会化的第三方物流的承担者就是物流服务企业。

在国外，物流业近年来得到了很大的发展，在有些国家已经形成了一个比较完整的产业。例如日本的物流网络遍布全国各地，20世纪80年代中期就有5万多家物流企业，货运量达34亿多吨。日本由通产省和运输省主管物流业，私营企业有许多从事物流业，如流通中心、运输社等等。美国将在二战中的“后勤供应”手段用于物流业管理，并且在公路、铁路、管道、航空等五种运输业中广泛使用信息技术等手段，早在20世纪70年代，仅汽车货运及相关行业的产值就达到国民经济总产值的7%以上。

（二）物流代理

与第三方物流有关的另一个概念是物流代理。物流代理是物流业务的一种运作方式，指的是由专业的物流企业受需方企业的委托，并与需方企业签订合同，承担货物由托运方到达收货方的全程物流。物流企业可以再委托其他从事运输、仓储等企业完成物流过程，也可以自己完成其中部分物流业务。

从事物流代理的企业，可以不进行固定资产投资而采取委托代理的形式，运用自己成熟的物流专业知识、管理经验和物流技术，为客户提供高质量的服务。它们通过与客户签订合同，可以集中为特定的几家客户提供个性化的全方位物流服务，比如为客户制定最优化的物流路线，选择最合适的运输工具，并围绕客户的需求提供诸如存货管理、生产准备等特殊服务以提高客户的效益，在为客户提供附加值的过程中也创造了自身的价值。我国也可以大力发展物流业及其代理模式，这将有助于提高物流业的运营质量，降低物流费用，从而创造良好条件，在更好地满足社会的需求的同时提高整个国民经济的效率和效益。

三、第三方物流的作用

第三方物流的兴旺发达是和它所起的下列重要作用是分不开的。

（一）加快物流产业的形成和再造

从发展的观点来看，第三方物流应该是科学地设计组织体系，按市场机制进行运作，除了要避免市场供求及价格波动的风险外，还必须建立集成化的物流管理信息系统，使物流价值链上的各成员能做到信息共享，对物流实时监控，以压缩物流流程时间，提高需求、供货预测精度。这样的革新和变化，推动了物流业的发展，使诸多的物流企业汇聚起来，形成了一种新的产业，成为社会再生产过程的支持平台。

在上述大环境中，物流企业正在面临市场竞争激烈和业务扩大迅速的态势，通过第三方物流服务这种形式，在短期内可完成业务流程再造，迅速取得预期的目标。

（二）为企业注入新的资源，提高企业竞争力

第三方物流为其他企业提供了可以利用的外部资源，使后者能更好地发挥企业的优势和核心竞争力。利用第三方物流的企业，除核心业务活动之外可以不参与其他物流活动，企业能集中资源用于核心活动，使企业各项目标得以更大程度上实现。

第三方物流服务系统的介入，能带来新的思想和技术，可以使企业有效利用内部不能使用的资源。企业高效利用第三方物流所提供的服务，让他人为自己做嫁衣，可以事半功倍，取得更好的效益。

通过利用第三方物流服务系统和良好的业务关系，企业注入了新的资源，弥补投资设备、扩大业务等多个方面所带来的资金不足。

（三）分担风险和降低成本

利用第三方物流资源，实际上也是企业在把参与物流运行中的政策、经济、技术、市场和财务风险分解，企业能节约有限资源，更具灵活性和针对性地对市场变化作出迅速反应。

利用第三方物流可有效地控制作业成本。许多第三方物流服务系统拥有专业技术和知识优势，能更好地完成物流运行。企业可与第三方物流服务组织分享扩大规模所带来的利润增加，对企业管理和控制提供有效帮助。另外，不少企业特别是中小企业受到管理水平和管理手段所限，无法完成物流运行过程中涉及的许多管理功能，利用第三方物流服务系统的成功

运行经验和技术，将有的业务转给第三方去运作，可大大降低管理成本。

当然，第三方物流服务直接影响企业对物流运行的控制，其质量高低直接影响企业的声誉，企业应对第三方物流服务系统加强监督。

四、第三方物流的特点

商品生产发展到一定阶段必然会出现第三方物流。综观国内外物流现状，物流企业种类繁多，不同的物流企业承担不同的功能。

（一）第三方物流服务的特点

与其他服务相比，第三方物流服务的特点是非常明显的，可以说，强调合作、核心专业化、优势明显是它最重要的特点。

1. 相互依赖、强调合作

制造商、供应商等用户处在激烈的市场竞争之中，它们所需要的第三方物流服务应具有高质量的专业化水平，但每一单个的第三方物流企业的资源与能力总是有限的，这就需要它们之间进行合作，而信息技术的发展已为承担物流服务企业相互沟通和信息处理提供了良好的基础。物流服务企业之间可以相互依赖，取长补短，加强装运跟踪和信息传递交接，保证委托的物流高效运行。

与第三方物流企业结合最紧密的盟友也许要算其客户了，物流服务业已把专业化优势融入物流渠道运行过程中，成为包括客户在内的整体价值链中的一个重要成员，相互之间的利益是一致的，他们需要一个交换信息、相互合作的平台。物流服务业与客户的关系不仅仅是追求利润的关系，更应注重合作发展的要求和维持长远的关系，才能获得整体效益最大，共同把蛋糕做大。因此，合作竞争是第三方物流业在市场运作中的重要特色。

2. 核心能力专业化

大多数第三方物流服务企业效益来源于规模经济，表现出高度的专业化水平。物流专业人员承担基本物流服务的能力远远大于非专业人员，因此对制造商、供应商产生很强的吸引力。第三方物流有一定的战略的构思，为贯彻准时和有效客户反应准则，需要全面的、以客户为导向的角度审视有关的物流过程，包括所有的业务范围和中间流通过程。例如使物流在客户期望的领域、期望的时间到达，通过运输合理化，节约中间仓储等方式加速供货速度，顺利地实现商品供应等，这些都只有通过专业化的企业运作才能实现。物流专家的经验与物流技术的革新成果、物流管理职业化的服务水平，也能为用户提供各类满意的增值服务。

（二）企业与第三方物流

由于供应链的全球化，物流活动变得越来越复杂；物流成本越来越高，资金密集程度也越来越高。利用外协物流活动，公司可以节省物流成本，提高客户服务水平，这种趋势首先在制造业产生，公司将资源集中用于最主要的业务，而将其他活动交给第三方物流公司，这样也促使了物流社会化的发展。

在第三方物流服务的需求和供给双方均能找到第三方物流业发展的推动力。在对第三方物流业发展的研究中发现，经济、管理和技术上的趋势推动了第三方物流的发展，而在对欧洲第三方物流发展的研究中发现：客户服务需求的增加和运输业利润的减少是促使物流向专门化方向发展，从而促使第三方物流发展的因素。一般来说，推动物流社会化发展的趋势来自供需双方。

（三）企业对第三方物流的需求

（1）企业对物流客户服务的注重。

（2）物流服务供应商能提供全面的物流服务。

（3）物流能带给企业策略性及竞争性的优势。

（4）与物流服务供应商由“成本分享”逐渐演变成为“利润分享”。

（5）更能直接度量及计算出物流在企业内的价值及财务成本。

（6）物流服务供应商对创造股东价值的重要性。

（7）物流服务供应商能配合企业全球化的整合计划及增加优势。

（8）物流服务供应商能提供崭新及先进的管理方法，来改善物流服务的效率。

（9）企业可利用物流服务供应商提供的物流资讯系统。

（10）企业采用“领导物流服务供应商”（Lead Logistics Service Provider）可减少对其他小型货运或仓储公司的管理。

五、第三方物流的种类

第三方物流业是一个有30多年历史的相对年轻的行业。在美国，第三方物流被认为处于产品生命周期的技术成长期，在欧洲，尤其在英国，第三方物流市场有一定的成熟程度。在欧洲，目前使用第三方物流服务的比例约为76%，在美国约58%，且其需求仍然在增长。随着对第三方物流需求的增加，第三方物流的供给也相应增加。

在世界范围内第三方物流市场具有潜力大，渐进性和高增长率的特征，这种状况使其可能拥有大量的由不同背景发展起来的，为在第三方物流业方面取得成功而提供特色服务的物流服务提供者。在一些发达国家就有许多物流供应商，大多数公司并不一开始就是第三方物流公司，而是逐渐发展进入该行业的。大多数第三方物流公司以传统的“类物流”业为起点，例如仓储业、运输业、空运、海运、货代等。

（一）以运输为基础的物流公司

这些公司都是大型运输公司的分公司，有些服务项目是利用其他公司的资产完成的。其主要的优势在于公司能利用母公司的运输资产，扩展其运输功能，提供更为综合性的一套物流服务。

（二）以仓库和配送业务为基础的物流公司

传统的公共或合同仓库与配送物流供应商，已经在较大的范围内扩展物流服务，以传统的业务为基础，这些公司已介入存货管理、仓储与配送等物流活动。经验表明，基于设施的公司要比基于运输的公司转为综合物流服务更容易与简单些。例如，上海友谊集团物流公司和上海百发物流有限公司。

（三）以货代为基础的物流公司

这些公司一般无资产，非常独立，并与许多物流服务供应商有来往。已证明它们具有把不同物流服务进行合理的组合，以满足客户需求的能力。当前，它们已从货运中间人角色转向更广范围的第三方物流服务公司。

（四）以托运人和管理为基础的物流公司

这一类型的公司是从大公司的物流组织演变而来的。该类公司具有物流的专业知识和一定的信息技术资源，具有管理母公司物流的经验。

（五）以财务和信息管理为基础的物流公司

该类型的第三方供应商能提供如运费支付、审批成本会计与控制和监控、采购、跟踪及存货管理等管理工具。

六、第三方物流的优势

（一）降低总费用

从日益增长的工业产成品营销服务的需求来看，利用外部专家是很重要的。在企业自己配送产品的情况下，企业对于营销服务的深入参与将引起费用的大幅增长，而要解决这一问题的惟一方法便是聘请服务行业的专业公司把具有相似需求的客户服务结合起来，以减少额外的开支，而第三方物流公司就具有该功能，能有效地帮助企业降低总费用。

（二）企业能从第三方物流服务中获益

这是因为第三方物流服务公司能充分发挥规模效益，并能将整个物流操作过程有效地结合，使各环节能力的利用率有所提高，企业的物流服务商与单个制造商相比，有更多联系客户促成业务的机会。

（三）第三方物流企业能帮助企业削减固定费用

例如，对在企业需用车辆的问题上，解散自己的车队而代之以向其他公司购买运输服务就能够减少企业的固定费用。这些节省的费用不仅和车辆的投资有关，而且和车间仓库、发货设施、包装器械以及员工开支等有关。

（四）提高物流速度

通过第三方物流能迅速从生产企业提走产品送到其仓库，然后通过物流网迅速送到超市、商场或消费者手中。

由此可见，在企业的供应链物流运行中，真正在实际上控制其物流的除了制造商外，就是第三方物流中的配送商。配送商根据环境和客户需求情况，选择合适的策略，提供适当的第三方物流服务。第三方物流战略对制造商而言，是利用外部资源，此举可以变用户的固定费用为可变费用，可以得到并享用因此带来的成本降低。第三方物流具有其他企业所没有的资源。与供应商、制造商的良好关系，是第三方物流服务企业发展的基础；把握制造商、供应商们对物流服务的要求，是第三方物流服务企业保持竞争优势的前提。第三方物流特别需要的、不可缺少的技术如信息技术、资源整合手段等，都是形成核心专业化优势的条件和基础，而这一方面的优势，也是相当明显的。

第二节 第三方物流的发展模式①

从我国目前的第三方物流企业的状况看，由于部分投资者缺乏足够的资金用于全新的基于资产的第三方物流企业的构建，迫使他们必须采用“非资产型”的第三方物流形式；另一方面，我国传统的运输部门、企业和商储公司作为物流行业的主力占据着我国物流的主要社会资源，他们有优越的仓库、站场设施，有自己的运输搬运设施、铁路专用线和自己的客户网，但从全国范围来看，这些物流资源利用率不高，浪费严重。因此从实际情况入手，整合现有物流资源，建立“非资产型”的第三方物流企业，一方面可以充分利用社会既有物流资源优势实现资源共享，另一方面避免了组织机构的臃肿庞大。

一、以提高物流环节的服务附加值为目标的基础物流服务模式

目前我国企业对第三方物流服务的需求层次还比较低，主要仍集中在对基本常规项目的需求上。生产企业外包的服务第一是干线运输，第二是市内配送，第三是储存保管。商业企业需求的服务第一是市内配送，第二是储存保管，其次是干线运输。这表明生产企业和商业企业对物流服务内容的侧重点有所不同。

企业对增值性高、综合的物流服务如库存管理、物流系统设计、物流总代理等的需求还很少。因此，我国的物流企业在推进第三方物流服务时，要充分考虑到企业的现实需求，从基本的服务功能入手，从简单的服务开始，在不断巩固自身提供常规服务的能力的前提下扩展延伸服务。一开始就定位在高级形态的第三方物流运作上并不现实。

不应一味追求时髦的理念与模式，舍本逐末，放弃对常规服务质量的重视。第三方物流供应商应该从区域客户的需求出发，根据企业的实际情况，首先从提供基础物流服务开始，展示他们有能力把这些服务做得最好，随后才开始提供高附加值的服务。从而逐步实现物流环节的系统化和标准化，为客户提供全方位的物流服务。

二、电子商务与第三方物流的有机整合模式

电子商务作为21世纪主要商业运作模式，为第三方物流提供了广阔的发展空间，同时，第三方物流的发展又为电子商务的实现提供了现实保障，与电子商务整合，将成为第三方物流主要运作模式之一。

---

① 参见贺盛瑜. 第三方物流的发展模式及发展策略. 经济师，2003（7）.

从实际运作状况来看，第三方物流与电子商务的整合主要有以下两种方式：其一是第三方物流作为电子商务组成要素，承担物流作业，完成 B2B 或 B2C 中的物流环节；其二是第三方物流通过建设自己的电子商务，为商家与客户之间提供交换信息、进行交易、全程追踪的信息平台，从而实现电子商务与物流的紧密配合。

在我国，表现较为突出的莫过于宝供物流企业集团。宝供早在 1997 年就开始建立基于 Internet/Intranet 的全国物流信息管理系统，又陆续完成了运输业务报表自动生成系统、与重点客户信息资源共享系统、运作成本、经营核算、结算信息系统，实现了“客户电子订单一体化运作”的电子商务初步目标，极大地简化了商务流程，提高了业务运作效率。可以说，在电子商务时代，实现业务电子化和网络化是第三方物流企业发展的必然选择。

三、综合物流代理模式

中国目前物流企业在数量上，供给数量大于实际能力；在质量上有所欠缺，满足不了需求的质量；物流网络资源丰富，但利用和管理水平低，缺乏有效的物流管理者。国际著名的专门从事第三方物流的企业如美国的联邦速递、日本的佐川急便，国内专业化的第三方物流企业如中国储运公司、中外运公司、EMS 等，这些公司都已经在不同程度地进行了综合物流代理运作模式的探索实践。

发展综合物流代理业务具体是指：不进行大的固定资产投资，低成本经营，将部分或全部物流作业委托他人处理，注重自己的销售队伍与管理网络，实行特许代理，将协作单位纳入自己的经营轨道，公司经营的核心能力就是综合物流代理业务的销售、采购、协调管理和组织的设计与经营，并且注重业务流程的创新和组织机构的创新，使公司经营不断产生新的增长点。

简单地说，综合物流代理企业实际上就是有效的物流管理者。采用这种模式的第三方物流企业应该具有很强的实力，陆空俱全，同时拥有发达的网络体系，这样的企业在向物流转型时能做到综合物流代理，从而为客户提供全方位的服务。

四、集中物流模式

集中物流模式的特点是第三方物流企业拥有一定的资产和范围较广的物流网络，在某个领域提供集成度较低的物流服务。由于不同领域客户的物流需求千差万别，当一个物流企业能力有限时，他们就可以采取这种集中战略，力求在一个细分市场上做精做强。例如，同样是以铁路为基础的物流公司，某铁路快运公司是在全国范围内提供小件货物的快递服务，而另一物流公司则是提供大宗货物的长距离运输。由于在特定领域有自己的特色，这种第三方物流企业运作模式也是需要重点培育和发展的。

第三节 第三方物流服务的内容

目前，许多人对于第三方物流能够提供什么样的服务没有认识，有些人简单地将第三方物流归结为仓储加运输，以为运输公司具备了仓储功能，或者仓储公司集成了运输的业务，就是物流的全部。这种观点对现代物流还没有正确全面的认识。

一、研究第三方物流服务内容的意义

研究现代物流的服务内容，必须从现代物流的源头上去考虑。现代物流的源头是生产、制造和零售对企业采购、生产和销售等过程进行系统整合以降低成本和提高服务的一系列规划、管理和动作方法。研究第三方物流的服务内容，必须从第三方物流需求者即生产、制造和零售类企业的角度去考虑。从它们的角度分析物流到底有哪些功能和环节，而这些环节到底有多少是可以外包，这些可以外包的内容，就是第三方物流服务可以考虑的内容。因此，研究第三方物流服务的内容，首先是明白客户企业的物流需求的内容。

二、生产、制造、零售类物流活动的内容

根据国外比较权威的分类方法，生产和制造类企业的物流活动包括以下几个方面：

1. 关键性活动

（1）客户服务。包括：与企业营销部门合作，判断客户对物流服务的需求；判断客户对现有服务的反应；确立客户服务水平等内容。

（2）运输。包括：运输方式和运输服务的选择，拼货、运输路径、运输车辆调度、设备选择、索赔处理、运费审计。

（3）库存管理。包括：原材料和产成品的存储政策；短期销售预测；存储点的产品组合；存储点的个数、大小和选址；适时管理、拉动式管理或推动式管理策略。

（4）信息流动和订单处理。包括：销售订单和库存交互过程；订单信息传输方法；订货规则。

2. 支持性物流活动

（1）仓储。包括：仓储决策；仓储布局和车辆装卸站台设计；仓库结构；存货地点。

（2）物料搬运。包括：设备选择；设备更新政策；拣货工序；存放和维修。

（3）采购。包括：供货点选择；采购时间；采购数量。

（4）保护性包装。包括：包装服务对象；搬运；存储；防止灭失或损坏。

（5）与生产/动作部门合作。包括：明确总量；确定生产工序、生产时间。

（6）信息维护。包括：信息搜集、存储和处理；数据分析；控制程序。其中，客户服务为整个物流管理体系定下了基调；好的客户服务水平必然意味着高的物流服务成本。所以可以说确定了客户服务水平就在一定程度上确定了物流成本水平。运输和仓储在物流成本中占主要份额，又是产品时间和空间效用的主要创造者。订单处理虽然占用资金不多，但是对整个物流系统的反应速度有着重大的影响，面对越来越重视时间价值的客户，这一环节更是不可忽视。

三、常见的第三方物流提供者服务内容

按照一般第三方物流商的习惯，将常见的第三方物流活动分为运输和配送服务、仓储服

务、增值服务、信息服务、总体策划和设计五大类。

（一）运输和配送服务

1. 运输和配送网络的设计

在第三方提供的运输类业务中，从服务的复杂性和技术含量看，应该首推运输和配送网络的设计。对于覆盖全球的跨国公司而言，由于涉及国际运输，其采购、生产、销售和售后服务网络都非常的复杂，运输网络的设计就可以更需要专业人员来完成。因此要设计一个高效并在某种程度上协同的运输网络是非常困难的，尤其是一些具有世界工厂的跨国公司。在技术水平比较领先的第三方物流公司中，一般都有专门的专家小组来负责运输网络的设计工作，以帮助制造企业解决这类问题。在配送网络的设计中，由于需要考虑工厂和仓库或配送中心的数目以及选址等问题，复杂性会进一步增加。我国的第三方物流企业，目前基本上都还不具备运输网络的设计能力，就是有这方面的业务，一般也是通过经验来完成，而很少用计算模型进行定量的分析和设计。就我国第三方物流现在所处的发展阶段而言，第三方物流服务商完全依靠自身的力量来进行网络规划是很困难的，最好是同高校或物流研究机构合作来开发一些符合中国特点的运输模型。

2. "一站式"全方位运输服务

"一站式"运输服务是由物流提供商提供多种运输方式和多个运输环节的整合，为客户提供门到门的服务。比如现在非常流行的多式联运业务就是这类服务。多式联运一般是以集装箱为媒介，把海、陆、空各种传统的单一运输方式有机地结合起来，组成连贯运输。对第三方物流企业来说，采用多式联运，可以挖掘运输潜力，提高运输效率，完成无港站地区的货物运送。近年来，在全球范围内出现了海运公司上岸的热潮。一些大的海运公司都开始拓宽业务范围，例如国际海运、进出口马士基物流、中远物流、中海物流都有类似的业务。

3. 为客户提供运输力量

在此类服务中，客户不是完全地将其运输业务外包，而是使用第三方物流服务商的运输能力。物流公司负责为客户提供运输车辆和人员，由客户自己对运输过程进行控制和管理。

4. 帮助客户管理运输力量

这也是一类比较新型的物流业务。与前一类服务刚好相反，在这种业务中，客户自身拥有运输力量，如运输工具和人力资源，但将物流业务外包时，将这些运输能力转给第三方物流公司，由物流公司负责运输工具的使用和维护以及人员的工作调配，并对整个运输过程进行管理。这类服务在国外比较常见，尤其是很多企业在采用第三方物流以前，一般都拥有自己的运输部门，将运输业务外包以后，把这一部分工作交给第三方物流公司管理，是一种比较好的做法。

TNT 代替客户管理运输力量

TNT 公司在澳大利亚有一家电信物流公司，专门为澳大利亚的 Telstra 通讯公司提供物流服务。1998 年，Telstra 通讯公司为集中力量搞好通讯主业，通过招标的方式，将有关物流供应的原有设施和人员交由 TNT 经营。TNT 中标，并与 Telstra 签订了 5 年的合同。

实际上，在我国大多数生产制造企业都有自己的运输部门，这些部门的存在往往成为企业采用第三方物流的障碍，由第三方管理企业运输工具和人员的做法，值得我们研究和借鉴。

（资料来源：郝大鹏．第三方物流实务．武汉：武汉理工大学出版社，2006 年．）

5. 配送

配送是将客户需要的产品在适当的时间，按照客户的需求，以良好的状态，用最低的成本送到客户手中或指定地点。配送管理的目标是以最低的成本，设计和运作能满足客户要求的服务水平的配送系统。为了达到这个目标，物流企业就需要做到设计适合的配送系统，对配送中心的商品进行库存管理和仓储管理，按照要求的速度和频率配送货物，等等。因而严格地说，配送是仓库作业和运输的综合。在国内，将配送作为独立的第三方物流服务项目还是比较常见的。以上海为例，消费类产品进入上海连锁零售系统，一般有以下模式：一种模式是直接将产品送给各个连锁系统的配送中心，由配送中心完成向各个门店的配送；另一种模式是将产品送往独立的第三方物流配送中心，由第三方物流配送中心完成向各个超市的配送业务。以上海农工商超市为例，目前通过自己的配送中心配送的货物占整个销售量的 60% 左右，还有 40% 的货物通过第三方物流公司的公共配送中心完成。当然，随着各大连锁超市越来越重视自己配送中心的地位和作用，它们有扩大自身配送能力的趋势，但在相当长的一段时间内，第三方物流配送中心仍然有很大的市场。

上海红鑫物流有限公司的配送业务

上海红鑫物流有限公司在配送业务方面有着不俗的业绩，该公司从 2001 年 6 月份开始为达能食品和联合利华食品进行上海市区的配送业务，由于该业务满足了市场的一个空白点，得到客户的积极响应。目前，红鑫物流的配送业务已经初具规模，已经与达能、联合利华、花王、不凡帝、伊利牛奶、可口可乐等多家客户签订了配送服务合同。

（资料来源：郝大鹏．第三方物流实务．武汉：武汉理工大学出版社，2006 年．）

6. 报关等其他配套服务

在国际物流业务中，还会涉及报关等业务。目前，在国内提供报关业务的一般有专业报关公司、国际货代公司、进出口公司，第三方物流公司本身拥有报关权的并不多，一般都通过和报关公司的合作，或者是与母公司的合作来为客户提供报关服务。

（二）仓储服务

1. 仓储管理

仓储管理是最常见的传统物流服务项目之一，它也对整个物流系统起着十分重要的作用。第三方仓储管理的核心目标是提高仓库的动作效率和生产率，充分有效地利用现有仓储空间，并在一定服务水平下为客户降低仓储成本。仓储管理一般包括仓库选址，仓库布局设计，货架设计，货物搬运、装卸、存储等活动。

2. 库存管理

库存管理实际上是物流管理中最核心和最专业的领域之一，也是物流管理成败的关键。

完整的库存管理包括市场、销售、生产、采购和物流等诸多环节。由于库存管理在企业管理中的核心地位以及它所涉及的一些商业信息，通常企业很少将库存管理完全外包给第三方物流提供商，尤其像库存管理中最复杂的预测和计划部分都是由企业自己来完成。但是，在库存管理的执行环节上，第三方物流却大有可以作为的余地，如与仓储相关的库存管理，主要涉及存货量的统计、补货策略等。在有些情况下，第三方物流企业甚至可以根据同客户企业制订的库存策略，自行完成特定产品的库存管理。比如上海某跨国汽车制造企业，其用于生产线的设备维修和保养的零配件的物流外包给了一家贸易类物流企业。该物流企业同客户共同确定各种零配件的库存标准和订货点，然后由物流企业管理库存，并根据实际需要自行采购零配件。

3. 订单处理

订单处理是仓储类业务中最常见的第三方物流服务项目。客户企业负责取得订单，之后通过第三方物流企业完成拣货、配货和送货的工作。

4. 代管仓库

代管仓库也是一种比较常见的合作形式。这种情况一般发生在客户企业自己拥有仓库设施，在寻求物流服务商时，将自己仓库的管理权一并交给物流企业管理。

5. 包装

包装也是仓储类业务中的重要服务内容之一。随着物流模式的创新，包装服务也更加丰富。如运输保护性包装、单元化包装、促销包装、配货包装等。

（三）增值服务

1. 延迟处理

延迟处理是一种先进的物流模式。企业在生产过程中，先完成中间产品或标准化产品的生产，等收到客户订单，明确最终用户对产品的功能、外观、数量等具体要求之后再完成生产和包装的最后环节。在很多情况下，企业将最终的制造或包装活动交由第三方物流中心完成，在时间和地点上都与大规模的标准生产相分离，这样生产企业就能以最快的反应速度来满足客户的需求，并且降低或完全消除不适合市场需求的生产及库存活动。其实，我国许多第三方物流企业提供的贴标签服务或在包装箱上注明发货区域等服务，都属于简单的延迟处理。

2. 支持 JIT 制造

JIT 制造是指恰当的时间、恰当的地点，以恰当的数量、恰当的质量提供恰当的物品，也就是说，生产、配送制成品要直接送到货架甚至消费者手中，零部件、半成品要直接送到生产线上。其核心目标是实现零库存或者无库存生产。支持 JIT 制造是一种新型的第三方物流服务。在 JIT 生产中，第三方物流服务商提供的服务有及时采购运输和生产线的及时供货等。

上海某著名汽车制造企业，其零配件仓库委托第三方物流企业管理。该汽车制造企业采用 JIT 的制造模式，第三方物流企业根据客户的要求，在汽车厂附近建造汽车零配件仓库，根据制造需要，往装配线上输送零配件。

3. 零件成套

零件成套就是将不同的零部件在进入生产线前预装配。如汽车制造厂，一般委托第三方物流企业管理零配件仓库，在零配件上装配线之间，可以在仓库内完成部分零件的装配。

4. 货运付费

货运付费其实是第三方物流最常见的业务，在第三方物流服务过程中，第三方物流服务商一般代替客户支付海运运费等费用。在国内，此类收费一般称作代垫代付。

5. 咨询服务

第三方物流企业提供的咨询服务有：物流相关政策调查分析、流程设计、设施选择和设计、运输方式选择、信息系统选择等。

6. 售后服务

售后服务是第三方物流一个新的服务领域，一般包括退货管理、维修、保养、产品调查等项目。

（四）信息服务

第三方物流的信息服务一般包括以下服务内容：

1. 信息平台服务

客户通过第三方物流的信息平台，实现同海关、银行、合作伙伴等的链接，完成物流过程的电子化。我国有些城市目前正要推行电子通关服务，将来大量的第三方物流企业都要实现同海关系统的链接，客户可以借助第三方物流企业的信息系统，实现电子通关。

2. 物流业务处理系统

有许多客户使用第三方物流企业的物流业务处理系统，如仓库管理系统和订单处理等完成物流过程的管理。随着物流复杂性的增加和物流业务管理系统的完善，这方面的信息服务还会加强。

3. 运输过程跟踪

信息跟踪是另一类信息服务。就目前的市场看，信息跟踪服务主要集中在运输过程的跟踪。西方发达国家通过 GPS/GIS 系统等跟踪手段，已经做到了运输过程和订单的实时跟踪，如 FedEx、UPS 等快递公司，都为客户提供全过程跟踪服务。

日本大和运输株式会社物流

日本的大和运输株式会社成立于 1919 年，是日本第二古老的货车运输公司。1973 年日本陷入第一次石油危机的大混乱中，企业委托的货物非常少，这对完全信赖于运送大宗货物的大和运输来说，无疑是一大打击。对此，当时大和运输的社长小仓提出了“小宗化”的经营方向，认为这是提高收益的关键。1976 年 2 月，大和运输开办了“宅急便”业务，也就是快递业务。大和运输致力于电脑化的推进，成为运输界中最初采用条形码的公司。大和运输将宅急便的信息系统，通称为“猫系统”。第一代猫系统始于 1974 年，以路线及货运为中心，在结构上，是采用从设置在大和系统开发总公司的主电脑，一直到各营业所的终端机，全部以专用线缆来导引线路，以集中货物信息的方法进行处理。第二代猫系统始于 1985 年，此时初次登场的 POS 终端机，简化了资料输入动作，任何人都可以简单操作，信息的处理速度也快。第三代猫系统始于 1995 年，重点在于开发了携带型 POS 机，让所有的货车司机都拥有一台。大和运输将所有附货货物的信息，包括发货店密码、日期、负责集货公司的司机密码、到店密码、货物规格、顾客密码、是顾客送来还是集货方式、运费、传票号码，以及滑雪宅急便或高尔夫宅急便的顾客游玩日等，全都输入电脑进行管理。大和运输在全国1 300所的分店、营业所、基地设置终端机，网络站的终端机数量约200万台，携带型POS机突破20 000台。通过这个跟踪货物系统，便能完全掌握所发生的各种信息。顾客如果询问邮局托运的货物现在何处，邮局必须花费2分钟才能作回答，而宅急便却能在40秒内作出答复（电脑的应该是3.5秒）。由此可以查明：货物现在是在仓库，还是在分拣设施上，还是正在装车，还是已经送到顾客手中。这项优异的跟踪系统，进一步提高了顾客对宅急便的依赖度。

在我国，对运输过程的信息跟踪也有大量的需求，而且国内已经具备了先进的跟踪技术和手段，但真正能够为客户提供实时信息服务的物流公司并不多，原因在于大多数企业还没有达到经济规模，而且一般客户也不愿意为信息服务提供额外费用。但不使用现代化的跟踪手段并不意味着不可以提供运输过程的跟踪服务，目前我国第三方物流企业普遍采用的是电话跟踪模式，一般选择关键节点和例行跟踪相结合的方法。如司机在关键点，如发车、到货、事故等时刻，向跟踪部门发国信息，同时，信息跟踪部门在固定的时间段对车辆例行跟踪。跟踪的信息一般定期发送客户，也有一些物流企业通过企业网站向客户发布跟踪信息。

（资料来源：郝大鹏．第三方物流实务．武汉：武汉理工大学出版社，2006年．）

5. 总体策划与设计

目前国际上有一种新的倾向，就是将物流系统的总体设计内容作为第四方物流的服务范围，成为一个相对专业化和独立的服务领域。但一般来说，第三方物流公司也不同程度地具备为客户提供物流系统总体规划的能力，并且在实际动作中，由于第四方物流目前才刚刚起步，因此由第三方物流服务商提供此类服务的情况还是比较多。

第四节　第四方物流

近年来供应链整合出现了一种新的模式，即采用第四方物流。第四方物流作业一个新概念、新的经营理念，人们的看法不尽一致，因为分析一个问题的角度不同，可能得到不同的结果或不同的解决问题的途径。第四方物流内涵反映了现有第三方物流服务的不足，同时为第三方物流提供了完善服务和经营方式的方向，也可为第四方物流的实践者提供理论指导。

一、第四方物流概念和特征

（一）第四方物流概念

第四方物流概念（简称4PL），是第三方物流发展的必然趋势。一些专家认为，3PL供应商缺乏跨越整个供应链地对空以及真正地整合供应链流程所需的战略专业技术。3PL供应商的优势在于运输和仓储，他们的外包动作只能获益一时，而无法实现长期持续的节约。于是，一些3PL提供商通过与出色的服务提供商联盟，来提高他们的技能。一种新的外包选择开始出现。安盛公司提出的4PL概念认为：第四方物流供应商是一个供应链的集成商，它对公司内部和具有互补性的服务供应商所拥有的不同资源、能力和技术进行整合和管理，提供一整套供应链解决方案。它的主要作用是：对制造企业或分销企业的供应链进行监控，在客户和物流信息供应商之间充当联系人，并通过提高整个供应链的影响力，提供综合的供应链解决方案。

（二）第四方物流的特征

作为集成商的第四方物流存在三种物流模式：第一，协助提高者：第四方物流为第三方物流工作，并提供第三方物流缺少的技术和战略技能；第二，方案集成商：第四方物流为货主服务，是所有第三方物流提供商及其他提供商联系的中心；第三，产业革新者：第四方物流通过对同步与协作的关注，为众多的产业成员动作供应链。其特征如下。

1. 再造

供应链过程协作和供应链过程的再设计。再造过程是基于传统的供应链管理咨询技巧，使公司的业务策略和供应链管理协调一致；同时，运用先进的技术整合优化供应链内部和与之交叉的供应链运作。

2. 变革

通过新技术实现各个供应链职能的加强。变革和努力集中在改善某一具体的供应链职能，包括销售和运作计划、分销管理、采购策略和客户支持。领先和高明的技术，加上战略思维，流程再造和卓越的组织变革管理，共同组成最佳方案，对供应链活动和流程进行整个和改善。

3. 实施

流程一体化，系统集成和运作交换。一个第四方物流服务商应能够帮助客户实施新的业务方案。

4. 执行

承担多个供应链职能和流程的运作。4PL开始承接多个供应链职能和流程的运作责任。包括：制造、采购、库存管理、供应链信息技术、需求预测、网络管理、客户服务管理和行政管理等。

安盛咨询公司曾经在欧洲有过成功的第四方物流运作案例：多年前，为了管理在欧洲的维修部件的物流业务，安盛公司和菲亚特的一个子公司合资成立了新的物流公司，进行与备件管理有关的计划、采购、库存、配送、运输及客户支持等作业。回报达6 700亿美元，节约额中的2/3左右来自运作成本的降低，还有20%来自库存管理，15%来自货运成本，新物流公司履行订货的准确率达到了90%甚至更高水平。第四方物流概念或者经营行业先开始出现在欧美等发达国家和部分发展中国家。第四方物流提供商出具的咨询报告、管理建议书、解决方案等均是智力型劳动成果，因此在法律关系上仍然属于合同法上的委托关系。

二、第四方物流产生的条件

网络经济的发展使第四方物流成为可能。

(1) 通过国际互联网网络平台可以达到信息充分共享。网络平台在信息传递方面具有及时性、高效性、广泛性等特点，通过互联网很容易达成信息共享的目的。

(2) 通过国际互联网网络平台减少了交易成本，实现最大物流资源的整合。

(3) 网络平台是一个虚拟的空间不受物理空间的限制，也没有企业自身的利益，容易组成第三方物流企业和其他物流企业都认可的形式，最终实现物流产业的整合。第四方物流企业实现整合物流，必有满足三个条件。

① 第四方物流必须不是物流的利益方。

② 第四方物流能实现信息化共享。

③ 第四方物流有能力整合所有的物流资源。而真正满足此条件的只有一种虚拟的物流网络平台。从宏观角度来看，第四方物流发展满足整个社会物流系统的要求，最大整合了社会资源，减少货物物流时间，节约了资源，提高了物流效率，也减少了环境污染。

三、第四方物流的发展思路

第三方物流是解决企业物流的关键，第四方物流则能解决整个社会的物流问题。因此，发展第四方物流必须从以下几个方面着手。

(一) 大力发展第三方物流企业，为第四方物流发展作为铺垫

第四方物流是在第三方物流整合社会资源的基础上的再整合。只有大力发展第三方物流企业，第四方物流才有发展的基础。

(二) 加速电子商务与现代物流产业的融合，建立全国物流公共信息平台

发展第四方物流是解决整个社会物流资源配置问题的最有力的手段。当前，通过第四方物流把蓬勃发展的电子商务和现代物流产业结合起来，建立全国物流行业的公共平台，通过国际互联网形式整合物流企业的资源，这样可以使我国物流产业真正有质的提高。

(三) 转变政府管理职能，做好物流基础建设、产业服务、规范工作

我国物流产业的真正提升，必须通过第四方物流来完成。政府的工作重点应放在物流基础建设、产业服务、规范工作。

本章小结

第三方物流在全球范围内发展迅速，方兴未艾，它是经济发展和社会需求的产物。企业对于第三方物流的需求来源于两大原因：一是为了降低运作成本；二是为了增强自己的核心能力，企业要把资源集中在企业的核心竞争能力上，才能获取最大的效益。在国外，物流业近年来得到了很大的发展，在有些国家已经形成了一个比较完整的产业，第三方物流发挥着越来越重要的作用。首先，第三方物流加快物流产业的形成和再造；其次，第三方物流为企业注入新的资源，提高企业竞争力；最后，第三方物流为企业分担风险和降低成本。综观国

内外物流现状，物流企业种类繁多，不同的物流企业承担不同的功能。与其他服务相比，第三方物流服务强调合作、核心专业化、优势明显是它最重要的特点。在世界范围内第三方物流市场具有潜力大，它的发展也呈现了以下新的模式：一是以提高物流环节的服务附加值为目标的基础物流服务模式；二是电子商务与第三方物流的有机整合模式；三是综合物流代理模式；四是集中物流模式。近年来供应链整合出现了一种新的模式，即第四方物流。第四方物流是第三方物流发展的必然趋势。第四方物流呈现出再造、变革、实施、执行的特征，第四方物流的发展会给物流行业带来新的明天。

案例阅读与分析

◎ 案例一：

零部件物流的长安模式

汽车零部件物流服务是各个环节必须衔接得十分流畅的高技术物流行业，是国际物流业公认的最复杂、最具专业性的物流领域。在我国，汽车零部件领域的整体物流运作水平较低、成本过高、资源浪费，已成为制约我国汽车物流业向世界物流水平转化的重要“瓶颈”。对此，长安汽车（集团）有限责任公司在实践中摸索出了一套值得国内汽车企业借鉴的经验和做法。

一、建立准时制运作模式

准时制运作（Just-In-Time，JIT）对全部运作环节进行组织，使得各个运作环节在最恰当的时间实施运作，这些运作环节既不能实施得太早，否则就会使得产品和物料出现闲置，也不能实施得太晚，不然就会影响到客户服务水平。由于受到地理位置和生产水平的影响，我国汽车零部件供应呈现出具有周期性、品种繁多、运输批量小及零部件企业在主机厂周围设立仓库，以便为主机厂提供准时配送服务的特点。

鉴于上述特点，长安集团副总裁黄章云认为，可以通过两种方式建立准时制运作模式下的物流运作体系。首先是配套供应商在主机厂周边建立配套工业园区。为了有效地解决零部件的供应问题，缩小运输半径，提高反应速度，零部件生产企业往往会围绕主机厂建立起自己的生产基地，从而加强与主机厂的联系，实现均衡生产和准时制供应，并有助于实现降低自身持有的库存和运输成本的目的。其次是供应商仓储（VMI）和配送中心（RDC）相结合。由于主机厂普遍实施准时制运作模式，同时又客观存在着各个配套供应商的生产水平良莠不齐以及均衡生产问题。因此，为了在现实运作中保证对主机厂的供应，零部件生产、供应企业往往需要通过自建仓库、租用主机厂仓库或社会仓库资源等方式，构造自身的仓储系统，建立起在主机厂附近的安全库存以实现缓冲的作用，这就相当于把一部分零部件成品仓库前移至主机厂的生产线旁，形成了供应商仓储。由供应商负责在客户运作过程中管理存货，检查其可得性，组织供给以及其他一切库存控制工作，从而确保存货在需要的时刻实现准时供应。此外，为了有效地配合主机厂的生产需要，还要求零部件生产、供应商严格按照其生产节奏和生产需求量，实施“直送工位”的JIT（准时制供货）配送。这样，就形成以供应商仓储和配送中心相结合的有机的物流运作体系。

基于以上思路，重庆长安民生物流股份有限公司（以下简称长安民生物流公司，成立于2001年8月，是国家外经贸部批准成立的全国重点中外合资物流企业，重庆市物流产业示范基地。长安民生物流公司股东包括长安汽车（集团）有限责任公司、民生实业（集团）有限公司、美集物流运输有限公司，主要为长安集团提供物流服务。）对长安集团配套厂家的供应商仓储进行了有效的整合，形成了规模较大、运作水平较高的中储，并配合以配送中心的统一调度和指挥，从而有效地解决了主机厂和配套供应商之间的供需问题，缓解了运输方面的压力，提高了整体的运作水平。

二、改善业务流程，优化物流环节

长安民生物流公司根据汽车物流供应链管理的需要，提出了供应链物流一体化的战略，并结合自身实际，不断修正和优化长安集团物流的内外结构及业务流程，形成了一整套高效率、低成本的物流业务流程。

以对传统投料流程的改造为例，在传统投料流程中，主机厂按生产计划向各配套厂家下发供货计划，不论配套厂家选择何种运输方式、怎么送货，只要求配套厂家在规定的时间，将零部件送到其配套车间，之后再由其配套车间将零部件投送到生产工位。供应商为了及时送货，不得不在长安集团周围租借库房自行经营或几个配套厂家联合经营或直接委托给中储。这既增加了配套厂家的生产成本，又由于中储散、乱、杂，给各主机厂管理和统一调度物资带来了极大困难，经常会因为信息不畅造成供货不及时、生产线停产等重大生产事故。在这一情况下，长安民生物流公司对长安集团庞大的配套厂家及零部件进行了详细分析，修建了零部件物流配送中心，理顺了零部件供应、配送一整套操作流程，并不断根据实际情况持续改进。建立了缺货预警机制、网上库存查询系统，有效缓解了配套厂家供货不及时和库存积压严重的情况，同时通过集并运输及区域性定常线路运输（Milk Run)，有效地整合了分散的中储厂商，使配套厂家运输成本大大降低，均衡生产得到有效保证，保证了生产厂家产能的进一步提升。

同时，由于长安集团的周期性采购，部分配套厂家存在着零担发运和自身集货运输的情况，这样就常常出现运输车辆不能满载运输，运费难以降低，或者零部件供应周期过长等诸多问题。为有效地解决这些问题，长安民生物流公司针对一些零部件供应商相对集中的地区，采取了循环取货、集货和越库作业相结合的运作模式，根据客观情况选择建立集散中心，优化取货线路和配载方案，选择公路、铁路以及长江水道实行多式联运，并且利用信息系统对运输全程进行有效的监控，从而大大地提高了物流资源的优化配置，有效地提升了零部件物流的准时制运作水平。

三、将物流体系价值整合到企业价值链中

在传统的价值链中，物流的价值并未得到完全的体现。传统的价值链观认为，一定水平的价值链是一个特定产业内的各种活动的组合，其基本活动可以分为内部物流、生产经营、外部物流、市场销售、服务。物流的内容仅在内部物流（即工业物流）和外部物流（商业物流）环节有所体现。但是，如果把传统的价值链从生产与流通的角度进行整合和设计价值链结构，物流就会从幕后走向前台，成为主角。改善企业的价值链，这是企业在重新审视其整体价值链中最应该关注的一点，这样不仅可以优化运作模式，提高企业的整体运作水平，改善企业的财务业绩，而且还有利于企业对整体的战略定位和业务流程进行优化重组，提升企业的核心竞争能力。

对于企业来说，其价值链的提升有赖于业务的高效整合，如果将物流业务通过外包形式转移给第三方物流商，那么其原有的运营格局也将发生变动，不仅仅是人员、资金方面的变动，更重要的是各项业务间的关系将有新的变化。在这方面，长安集团的物流服务外包给长安民生物流公司后，给集团带来了显著变化：一是提高了整体的物流周转速度，减少了资金占用和财务成本。由于有了全过程、门到门的高效物流服务，各配套厂家的供货实现了准时制供应，使得长安集团的零部件储备量大幅度下降并趋于零。统计显示，近几年来，长安集团的汽车年产量已经翻番，但零部件库存资金占用却由原来的每月2.5亿元下降到1 500多万元，流动资金周转的平均天数由152天降为55天，企业财务成本大幅度减少；二是减少了长安集团的机构设置，降低了管理成本；三是剥离了辅业，使得长安集团能够更加充分地把精力集中在汽车的研发和生产方面，提高企业的核心竞争力；四是长安民生物流作为一个独立核算企业，也取得比较丰厚的效益，2004年营业额达到8.3亿元人民币，具备了50万辆汽车生产的零部件运输、中储、配送能力以及70万辆整车运输能力。

（资料来源：中国大物流网，http：//www. all56. com/www/34/2009 - 07/33740. html.）

思考题

1. 长安汽车（集团）对零部件物流的管理在哪些方面值得国内企业借鉴？
2. 长安民生物流公司在物流的整个供应链管理中有哪些作用？

◎ 案例二：

冠生园集团第三方物流案例

冠生园集团是国内惟一一家拥有“冠生园”、“大白兔”两个驰名商标的老字号食品集团。近几年为集团生产大白兔奶糖、蜂制品系列、和酒、冷冻微波食品、面制品、互易鲜等新产品市场需求逐步增加，集团生产的食品总计达到了2 000多个品种，其中糖果销售近4亿元。市场需求增大了，但运输配送地跟不上。集团拥有的货运车辆近100辆，要承担上海市3 000多家大小超市和门店的配送，还有北京、太原、深圳等地的运输。由于长期计划经济体制造成运输配送效率低下，出现淡季运力空放，旺季忙不过来的现象，加上车辆的维修更新，每年维持车队运行的成本费用要上百万元。为此集团专门召开会议，研究如何改革运输体制，降低企业成本。

冠生园集团作为在上海市拥有3 000多家网点并经营市外运输的大型生产企业，物流管理工作是十分重要的一项。他们通过使用第三方物流，克服了自己的搞运输配送带来的弊端，加快了产品流通速度，增强了企业的效益，使冠生园集团产品更多更快地进入了千家万户。

2002年初，冠生园集团下属合资企业达能饼干公司率先作出探索，将公司产品配送运输全部交给第三方物流。物流外包试下来，不仅配送准时准点，而且费用要比自己搞节省许多。达能公司把节约下来的资金投入到开发新品与改进包装上，使企业又上了一个新台阶。

为此，集团销售部门专门组织各企业到达能公司去学习，决定在集团系统推广他们的做法。经过选择比较，集团委托上海虹鑫物流有限公司作为第三方物流机构。

虹鑫物流与冠生园签约后，通过集约化配送，极大地提高了效率。每天一早，他们在电脑上输入冠生园相关的配送数据，制订出货最佳搭配装车作业图，安排准时、合理的车流路线，车辆绝不走回头路。货物不管多少，就是二、三箱也送。此外按照签约要求，遇到货物损坏，按规定赔偿。一次，整整一车糖果在运往河北途中翻入河中，司机掏出5万元，将掉入河中损耗的糖果全部“买下”作赔。

据统计，冠生园集团自去年8月起委托第三方物流以来，产品的流通速度加快，原来铁路运输发往北京的货途中需7天，现在虹鑫物流运输只需2到3天，而且实行的是门对门的配送服务。由于第三方物流配送及时周到、保质保量，使商品的流通速度加快，使集团的销售额有了较大增长。此外，更重要的是能使企业的领导从非生产性的后道工序，包装、运输中解脱出来，集中精力抓好生产这个产业，晚好地开发新品、提高质量、改进包装。

第三方物流机构能为企业节约物流成本，提高物流效率，这已被越来越多的企业，物品是中小企业所认识。据悉，美国波士顿东北大学供应链管理系统调查，《财富500强》中的企业有六成半都使用了第三方物流服务。在欧洲，很多仓储和运输业务也都是由第三方物流来完成。

作为老字号企业的冠生园集团，产品规格品种多、市场辐射面大，靠自己配送运输成本高、浪费大，为此，他们实行物流外包战略。签约虹鑫公司，搞门对门物流配送。结果5个月就节约了40万元的费用，产品流通速度加快，销售额和利润有了较大增长。

按照供应链的理论来说，当今企业之间的竞争实际上是供应链之间的竞争，企业之间的产品、规格，谁的成本低、流通速度快，谁就能更快赢得市场，因此，物流外包充分利用外部资源，也是当今增强企业核心竞争力的一个有效的举措。

（资料来源：张海花．第三方物流．北京：中国轻工业出版社，2005年.）

思考题

冠生园和虹鑫公司签约给其在运输方面带来了哪些好处？

思考与练习

一、单项选择题

1. 第三方物流产生于20世纪70年代的（　　）。

A. 美国　　B. 日本　　C. 德国　　D. 英国

2.（　　）是物流业务的一种运作方式，指的是由专业的物流企业受需方企业的委托，并与需方企业签订合同，承担货物由托运方到达收货方的全程物流。

A. 货运代理　　B. 物流代理　　C. 仓储管理　　D. 库存管理

3.（　　）是由物流提供商提供多种运输方式和多个运输环节的整合，为客户提供门到门的服务。

A. “一站式”运输服务　　B. 配送服务

C. 仓储服务　　　　　　　　　　　　　　D. 信息服务

二、多项选择题

1. 第三方物流的优势有（　　）。

A. 降低总费用

B. 企业能从第三方物流服务中获益

C. 第三方物流企业能帮助企业削减固定费用

D. 提高物流速度

2. 第三方物流的种类（　　）。

A. 以运输为基础的物流公司

B. 以仓库和配送业务为基础的物流公司

C. 以信息服务为基础的物流公司

D. 以货代为基础的物流公司

三、名词解释

1. 第三方物流

2. 第四方物流

四、问答题

1. 第三方物流的特点有哪些？

2. 第三方物流服务包含哪些内容？

3. 第四方物流产生的条件有哪些？

4. 第四方物流的特征有哪些？

第十一章　国际物流

学习目标

1. 懂得国际物流管理业务流程，能将所学知识与现代物流实践相结合，会依据公司的实际情况选择合适的国际物流运输方式。

2. 掌握国际物流的概念、特点、分类，掌握国际展览品物流、国际邮政物流以及经济全球化下的国际物流业务管理的内容。

3. 了解国际物流发展，理解国际物流与国际贸易之间的关系，了解经济全球化的国际物流管理。

主要概念

国际物流，国际贸易，国际展品物流，国际邮政物流，国际物流业务

第一节　国际物流概述

国际物流是整个物流研究领域的一个子系统，其最大特点是物流跨越国界，物流活动是在不同国家之间进行的。国际物流学是在总结国内外物流企业从事物流活动的实践与研究中建立和发展起来的一门新兴学科。

一、国际物流含义

所谓国际物流，就是组织货物在国际间的合理流动，也就是发生在不同国家之间的物流，也称国际大流通和大物流。国际物流的实质是按国际分工协作的原则，依照国际惯例，利用国际化的物流网络、物流设施和物流技术，实现货物在国际间的流动与交换，以促进区域经济的发展和世界资源优化配置。国际物流是国际贸易的一个必然组成部分，各国之间的相互贸易最终都是通过国际物流来实现的。

国际物流学的研究范围十分广泛，对它的深入研究可以促进世界范围内物资的合理流动，通过适当控制和科学组织，可以使国际间物资或商品的流动路线最佳、流通成本最低、服务最优、效益最大。更进一步的研究表明，可以通过物流的合理组织促进世界经济的发

展，促进国际间的友好交往，促进国际政治经济格局的良性发展，让国际物流为全人类的和平、稳定与发展服务。

国际物流的总目标是为国际贸易和跨国经营服务，使各国物流系统接轨。即选择最佳的方式与路径，以最低的费用和最小的风险，保质、保量、适时地将货物从某国的供方运到另一国的需方，使国际物流系统整体效益最大。

在国际物流活动中，为实现物流合理化，必须按照国际商务交易活动的要求来开展国际物流活动。这不仅要求降低物流费用，而且要考虑提高顾客服务水平（Service Level，SL），提高销售竞争能力和扩大销售效益，即提高国际物流系统的整体效益，而不仅仅是提高局部效益。

二、国际物流的分类和特点

（一）国际物流的分类

根据划分标准的不同，国际物流主要可以分为以下几种类型。

1. 根据商品在国与国之间的流向分类，可分为进口物流和出口物流

当国际物流服务于一国的货物进口时，即可称为进口国际物流；反之，当国际物流服务于一国的货物出口时，称之为出口国际物流。由于各国经济政策、管理制度、外贸体制的不同，反映在国际物流中的具体表现也就不同，特别是海关监管制度的不同，使得各国海关对进口物流和出口物流活动在监管上存在着较大的差异。

2. 根据货物流动关税区域分类

可以分为不同国家间的物流和不同经济区域间的物流。区域经济的发展是当今世界经济发展的一大特征。比如，欧共体国家属于同一关税区，其成员国之间物流运作与欧共体成员国与其他国家或经济区域之间的物流运作在方式和环节上都有很大的差异。

3. 根据跨国运送的商品特性分类

可以分为国际商品物流、国际展品物流、国际邮品物流、国际军火物流、国际逆向物流等。

（二）国际物流的特点

1. 物流作业环节多，流程完成周期长

国际物流是跨越国界的物流活动，与一般物流相比，国际物流作业不仅需要一般的运输、仓储、装卸、流通加工等环节，还需要某些特殊的环节，国际物流流程的完成周期更长。具体体现在以下几个方面：

（1）由于地域范围扩大，货物的在途时间拉长，导致运输时间较长。同时，运输时间还会因为定期的船期或航班而延长。

（2）由于物流流程涉及不同的国家，货物的出入境都需要报关、安全检查检疫、清关等必备的海关过境程序。物流活动涉及的国家越多，整个过程越长。

（3）不同国家物流设施设备的差异，必然需要更多的运输工具转换，这就导致物流过程中更多的装卸作业。

（4）为保证长距离物流运输的安全性，避免由于温度和天气条件的变化，或者搬运作业可能对货物造成的损害，一般而言，国际物流中的货物都需要特殊包装。同时，还需要办理相关的保险，以降低整个物流过程中的风险损失。

（5）相对于国内贸易，国际贸易中的交易双方更多地依赖于金融中介来确保信誉，一般需要借助金融中介的信用证或者依靠银行融资来实现，而信用证的办理以及融资都需要一定的时间。

2. 物流作业复杂

国际物流跨越海洋和大陆，其业务流程涉及多个国家和地区，其本身就是一个庞大的复杂系统，涉及运输、储存、包装、装卸搬运、流通加工、检验检疫、通关和配送等多个作业环节。国际物流涉及两个以上的国家或地区，不同的国家或地区又存在着法律法规、物流技术和标准的差异，因而，物流过程中的管制和查验以及相关手续繁多。除此之外，国际物流作业的复杂性还表现为：

（1）国际物流环境复杂、差异大。在不同国家之间进行经济贸易活动时，往往会受到各个国家的政策、法律规定不同，经济发达的程度不同，地理环境条件的不同，科技发展的水平不同，历史、文化背景的不同等诸多因素的影响。不同的国家的物流法规，可能使得国际物流经营活动的环境变得非常复杂。一个国际物流系统需要在几个不同的法律、语言、科技、社会标准下运行，这些也无疑会大大增加物流的难度和系统的复杂性。

（2）国际物流运输过程复杂。国际物流往往需要经过多种运输方式的衔接运输，同时，由于气候条件复杂，对货物运输途中的保管、存放要求高。货物的加工和储存也具有一定的复杂性。

（3）国际物流作业的复杂性还突出地表现在单证的复杂性上。国内作业一般只需要一份发票和一份提单就能完成，而国际作业往往需要大量的有关商务单证、结汇单证、船务单证、运输单证、报检报关单证、港口单证及装卸货流转单证等。同时，货物装运交付每经过一个国家，都需要使用这个国家或地区语言的单证，因此，尽管有时候物流运输的地域范围并不大，但由于语言的复杂性，物流作业涉及大量不同语言的单证。例如，西欧国家在地域上并不比美国大，整个西欧又是统一的市场，不存在货物出入关的相关程序，但由于各国使用不同语言，在西欧范围内的物流作业中产生了大量的单证，这就使西欧跨越国界的物流作业比在美国国内的物流作业复杂的多。此外，虽然在国际物流运输中，针对不同的运输方式有许多共同的国际性规则，如国际惯例、价格条件、国际清算、信用证交易、承运人责任限制和通用单证等，但不同的国家或地区在运输方式、资金融通、订货项目以及政府控制等方面总是存在着差异，有时候甚至差异很大，这些都会导致国际物流过程中的单证增多，使物流作业更加复杂。

3. 国际物流过程具有高风险性

风险产生的根本原因在于事物发展及其环境变化的不确定性，物流活动也是如此。由于国际物流较长的流程完成周期、复杂的作业和跨国界运作，国际物流过程中除了存在一般性物流风险（如意外事故、不可抗力、作业损害、理货检验疏忽、货物自然属性、合同风险）外，还因跨国家、长距离运作，面临着政治、经济和自然等方面的更高风险。

（1）政治风险。政治风险主要是指由于所经过国家的政局动荡，如罢工、动乱或战争以及国与国之间的政治、经济关系的变化等原因造成物流流程中断、运输延迟、物流流程延长及货物损害甚至丢失等。毫无疑问，物流流程涉及的国家越多，这种风险就越大。

（2）汇率和利率风险。由于国际物流过程中的资金流具有不确定性，因此，除一般物流过程中存在的经济风险以外，国际物流还面临着汇率风险和利率风险。在信用货币制度下，各国货币间的汇率和货币利率受国际金融市场交易状况的影响，其波动性很大，从而导致物流中用于结算的货币相对币值具有不确定性。如班轮公司会因其运输费结算货币的贬值而减少实际的运费收入，为此，船运公司通常要加收货币贬值附加费以弥补汇率变动所引起的损失。物流流程完成周期越长，这种不确定性就愈大，结算货币的汇率和利率的风险就越大。同时，处于不同国家的不同物流阶段上的费用支出一般使用本地货币，这就涉及多种货币的汇率。币种越多，汇率和利率风险就越大，从而增加了物流成本控制的难度。

（3）自然风险。它是指因地震、海啸、风暴等自然灾害引起的运输事故、物品运输过程中断等风险。自然灾害会直接造成货品损失，中断物流过程。国际物流由于运输时间、距离的扩大，货物在途中必然潜伏着更多的发生自然风险的可能，从而导致更高的自然风险，货物丢失和损坏的风险加大。

4. 国际物流以远洋运输为主，多种运输方式结合

国际物流运输方式的选择不仅关系到国际物流交货周期的长短，还关系到国际物流总成本的大小。由于国际物流中的运输距离远、运量大，考虑运输成本，运费较低的海运成为最主要的方式。同时，为缩短货运时间，满足客户在时间上的要求，在运输方式上还采用空运、陆运和海运相结合的方式。目前，在国际物流活动中，“门到门”的运输方式越来越受到货主的欢迎，使得能满足这种需求的国际复合运输方式得到快速发展，逐渐成为国际物流运输中的主流。

5. 国际物流需要更高的标准化信息处理系统和信息传输技术

国际物流管理的最终目标是在国际范围内，以适当的方式，在适当的时间，将指定的物品以较低的成本，快速、安全地送到指定的地点。它要求整个流程的一体化协作，从而最大限度地节约时间，缩短物流流程的完成周期。因此，要实现物流流程中各环节之间的有序衔接，节约时间、缩短流程周期，就必须有功能更强大，信息传输和信息处理更快的标准化信息系统技术支撑。只有这样，才能及时处理国际物流流程中纷繁复杂的相关信息，才能以标准化的方式将有用的信息及时传递到相关的物流节点，保证各节点及时组织和安排相关的业务。

国际物流与传统物流的区别就在于现代信息技术与物流的结合，也就是通过计算机和网络进行信息收集、传递、发布，以及智能化处理和物流过程的控制。由于信息网络的条形码和自动识别技术、全球定位系统（GPS）跟踪、自动仓储控制、自动订单等电子单据传递等新技术的广泛采用，国际物流必须有世界范围的信息化的支持。

6. 国际物流的标准化要求高

国际物流除了国际化信息系统支持外，还要求物流各国家和地区物流基础设施结构标准化和签订贸易协定，以保证国际间物流的畅通。

（1）全球标准信息系统是保证国际物流效率的基础。信息技术是现代物流发展的最有力的技术支撑。国际物流的运作既涉及各个国家和地区政府宏观控制和管理问题，又涉及各种物流基础设施和设备的问题。国际物流流程的复杂性和较长的完成周期，决定了整个作业过程中信息的复杂性和多样性。要保证各物流环节之间及时的信息交流，就必须建立统一的

信息技术平台，实行全球信息一体化运作。目前，在物流信息传递技术方面，欧洲各国不仅实现企业内部的标准，而且也实现了企业之间及欧洲统一市场的标准化。

(2) 基础设施设备标准化可以有效地减少物流作业量，缩短物流流程完成周期。如运输和货物搬运设施设备、仓库和港口设施等。标准集装箱运输方式的发展极大地促进了物流基础设施设备的标准化发展，但各个国家和地区在诸如汽车、轮船等运输工具的装载尺寸、载重和铁路轨道规格等方面仍然存在着很大的差距，这就导致产品在跨越国界时，不得不在不同的运输工具之间卸载和转运，人为增加了作业环节和作业量，导致大量的资源浪费和物流成本的提高。美国和欧共体各国在许多基础设施和工具方面实施标准化建设，如托盘采用1 000mm×1200mm，集装箱实行统一规格及条码技术等，极大地促进了国际物流的发展。

(3) 贸易协定也是减少物流作业环节、降低物流成本的重要保证。为保护国内企业生产，一些国家和地区通过规定某些商品的进口额度，对超出部分设置高额关税，限制这些商品的流入量，从而人为增加了物流成本。各个国家和地区通过贸易协定就可以有效地克服这种人为成本的增加。

总之，尽管国际物流在原理上与国内物流基本相同，但国际物流的经营环境更复杂和昂贵。国际物流的复杂性通常用4个D来概括，即距离（Distance）、单证（Bill Of Document）、文化差异（Culture Difference）和顾客需求（Customer Demand）。由于国际物流线长面广，作业环节多，情况和单证复杂，整个流程面临着更大的营运风险，同时不同国家和地区在制度法律、物流设施和语言等方面还存在着差异，国际物流的组织和管理难度更大。这不仅要求国际物流有强大的信息技术系统支撑，而且要求从业人员具备较高的政治素质和业务素质，保证在业务处理上有较强的洞察力和应变力，能够对具体的物流运作环境作出反应。

三、国际物流形成的原因

促使国际物流形成的因素有很多，主要归纳为五个方面：经济增长、供应链思想、区域化、技术和信息的发展以及解除管制。

（一）经济的增长

第二次世界大战后，许多工业化国家中制造商的收入每年都按几十个百分点增长，但是从20世纪90年代以来，这些国家的经济增长率已基本稳定甚至有所下降，并且传统的营销战略已不再支持大多数厂商的收入和盈利的持续增长。与此同时，由于新技术的开发，制造业和物流业的生产率开始提高。在这种情况下，企业必须通过全球化向其他发达地区和发展中国家扩张，才能增加收入和利润。但是，这类扩张需要把全球化制造和全球化营销能力综合起来，并通过综合国际物流的支付才能实现。于是对发展和利润的追求就成为驱使有能力的企业进入国际市场、发展国际物流的根本动力。

（二）供应链思想

随着国际合作竞争时代的到来，供应链管理的思想正越来越为企业广泛接受，这是国际物流发展的第二个动力。由于全球经济一体化和信息技术的高速发展，顾客个性化需求的不断增加，企业之间的竞争日益加剧，加上政治、经济、社会环境等方面的巨大变化，使得整个市场需求的不确定性大大增加。面对一个变化迅速且无法预测的买方市场，仅靠单个企业的资源已无法快速响应用户需求，企业之间应该为了共同的市场利益而结成战略联盟，形成一条从供应商到制造商再到分销商的贯穿所有企业的供应链（Supply Chain），通过优势互补来获得集体竞争优势，达到双赢（Win-Win）的效果。于是便产生了供应链管理（Supply Chain Management，SCM）这一新的经营与运作模式，并日益成为理论界和实业界的关注热点。

国际物流需要各国、各地区的供应商、制造商、物流服务商以及客户等各方面的通力合作才能完成，通过有效地供应链管理、彼此高度的信任和支持，就能获得竞争中的整体优势。

（三）区域化

当企业发展到一定规模，国内市场已经满足不了企业的发展需要，本国附近的一些国家或地区往往会成为企业最初的海外市场选择。为了促进地区贸易和保护贸易伙伴免遭外部的竞争，各国开始通过条约的方式进行国家区域组织化。当今世界正演化成为三个主要的贸易区：欧洲、北美和环太平洋地区。其中欧盟、北美自由贸易区、东盟较为活跃。虽然各区域并不限制与其他地区的贸易，但它们之间达成的协定却在强烈地鼓励和促进区域内贸易。

在这些经济区域的内部，各国通过相互降低关税、减少海关手续、统一货运单据以及支持公共运输和搬运系统等来方便区域内贸易。其最终目的是要使区域内国家间的物流作业如同在一个国家内一样。

在区域化的过程中，国家间行政区划的设定阻碍了贸易的发展。为了适应政治上的要求，跨国企业既增加了时间成本，也增加了物流成本，但并没有给最终消费者带来增值。尽管区域化的努力旨在便利区域内国家间的贸易，但政府的限制和要求在一定程度上削弱了这种努力。然而，区域化的努力仍然促进着国际贸易和国际物流的发展。

（四）技术和信息的发展

技术和信息是管理国际物流发展的第四个动力。从信息技术发展方面，对物流产业有以下几个方面的影响：一是物流产业发展，在这个领域当中所应用的现代信息技术的种类和应用范围非常大，主要的信息种类可以归结为信息采集类的技术，像条码、射频等这些技术都是信息采集方面的技术。二是信息传输方面的技术，早期是EDI，近期的互联网，例如，通过电子商务网络系统把产品跨越国界地展示给供给消费者，从而刺激了全球范围的物流需求。三是大量的管理软件，实际上管理软件是对信息和进行决策的一种信息处理。这样三大类技术在物流领域中，特别是在国际上得到了非常广泛的应用。而且恰恰是由于这些信息技术的应用，使得物流产业在运作方式上，在观念上，还有在竞争的格局方面都发生了非常重大的影响。四是技术发展引起的另一个扩张力是现在的信息交换能力，计算机和通讯网络的日益普及也不断增强着这种能力。从历史上看，诸如订单、交付凭证以及海关表格之类的国际商业文件，通常属于硬拷贝文件，需要花费大量的时间传输，往往还含有许多误差。而随着现代科学技术的突破性发展，互联网的出现和广泛使用，不仅可以加快订货需求的传递速度、生产进度以及海关清关速度等，使得整个国际物流作业周期大大缩短，而且极大地提高了国际物流作用的准确性。

（五）解除管制

在一些主要行业中解除管制是国际物流发展的第五个动力，其中金融业和运输业是解除管制的两个主要行业。

1. 解除对金融业的管制

金融体系是一国经济结构中最敏感、最复杂的部分。随着经济与金融业的发展，金融业已在一国经济发展中起着至关重要的作用，金融安全关系到经济与社会的稳定，关系到国家的安全。但是随着经济的发展，金融创新工具的不断涌现，原有的管制措施一方面制约了金融的发展，不适应经济发展的需要。因此只有逐步解除对金融的管制，开放国内金融服务业，才能使金融服务与贸易以及贸易服务的交叉更为自由，才能产生更多的盈利模式，才能刺激着国际物流的发展。

2. 解除对运输业的管制

运输业管制的解除对物流业产生了非常重要的影响，主要表现为运输行业的竞争加剧，这样可以形成灵活的价格机制，可以提供更多不同类型的服务，可以创造出了更多的营销组合方式，以满足市场不同的需求，使物流业成为市场导向型行业，促进了国际物流业的发展。

因此，只有开放市场，打破商品进入壁垒，保持资源、商品和服务流动的自由度，才能提高市场一体化程度，才有充足而有效的市场供给，才能真正提高本地区人民的生活水平。

第二节　国际物流与国际贸易

一、国际贸易的含义

国际贸易（International Trade）又称世界贸易（World Trade），是指世界各国、各地区之间进行的货物、服务和技术交换活动，即商品和劳务跨越国界的交易活动。国际贸易是一种部门经济，是社会生产发展的必然产物，同时，国际贸易是一种开放经济，是国际分工的表现形式，反映了世界各国、各地区在经济上的相互依存和相互联系。

国际贸易竞争异常激烈，同国内贸易相比，国际贸易具有线长、面广、中间环节多、环境复杂多变、面临的困难与风险较大等特点，加之贸易各国在法律和交易习惯上的差异，使交易情况变得更加错综复杂。

二、国际物流与国际贸易之间的关系

国际物流是随着国际贸易的发展而发展起来的，同时国际物流也已成为影响和制约国际贸易进一步发展的重要因素。国际物流的发展极大地改善了国际贸易的环境，为国际贸易提供了各种便利的条件，世界贸易的飞速增长与国际物流的发展是分不开的。国际贸易的进一步发展需要国际物流的支持，如果国际物流的发展无法跟上国际贸易发展的脚步，将会大大阻碍国际贸易的纵深发展。

（一）国际贸易促进国际物流产生和发展

1. 国际贸易促进了国际物流的产生

国际物流，是国内物流的延伸和进一步扩展，是跨越国界的、流通范围扩大了的“物的流通”，是实现货物在两个或两个以上国家（或地区）间的物理性移动而发生的国际贸易活动。从这可以看到，国际物流实质上就是国际贸易活动的一部分，是为国际贸易活动服务的。因此，国际物流得以产生的前提就是国际贸易的存在。如果没有国际贸易，也就没有商品的国际间流动，即不需要有国际物流。同时，国际贸易必然会推动国际物流的产生，随着国际贸易的发展，贸易双方对国际物流服务的专业化、一体化要求加强，使得国际物流由早期的仅指将货物由一国供应者向另一国需求者的物理性移动，发展成为今天的集采购、包装、运输、储存、搬运、流通加工、配送和信息处理等基本功能于一身的综合性的系统。可以说，国际贸易产生了国际物流，并且促进了其向现代化国际物流的发展。

2. 国际贸易的发展促进了国际物流技术的进步

物流技术（Logistics Technology）是指物流活动中所采用的自然科学与社会科学方面的理论、方法以及设施、设备、装置与工艺的总称。国际贸易的发展给企业及社会的物流预测管理等技术方面提出了更高的要求，也是促使物流技术发展的主要动因之一。随着国际贸易的发展，世界各国、各大企业在世界市场上展开了激烈的竞争。质量在消费者眼中越来越重要。虽然消费者关注的不仅仅是价格，但价格仍然是取胜的一个重要因素。国际贸易的发展要求从原材料价格、订单成本、运输价格、库存成本等各个方面降低成本。这就对国际物流的各个环节提出了新的挑战和要求。在这种推动下，国际物流从理论上到技术上都有了重大的创新和发展。

3. 国际贸易的发展不断对国际物流提出新的要求

全球经济的发展，人类需求层次的提高，一方面，使得国家贸易取得了长足的发展，一是贸易量的快速增长，二是可贸易商品种类极大丰富；另一方面，也使国际贸易的结构产生了巨大的变化，传统的初级产品、原料等贸易品种正逐步让位于高附加值、精密加工的产品。国际贸易的变化发展对国际物流的质量、效率、安全等提出了新的要求。

（1）质量要求。国际贸易的结构正在发生巨大变化，传统的初级产品、原材料等贸易物品品种正在让位于高附加值、精密加工产品。这些产品的流量增加对物流的工作质量提出了更高的要求，另外，国际贸易需求的多样化，也对国际物流服务质量提出了新的要求。

（2）效率要求。国际贸易活动的集中表现就是合约的订立和履行。而国际贸易合约的履行是靠国际物流活动来实现的，因而要求国际物流提高履行合约的效率。从进口方看提高物流效率的关键是高效率地组织所需商品的进口、储备和供应。根据国际贸易商品的不同，采用与之相适应的巨型专用货船、专用泊位以及大型机械等来提高物流效率。

（3）安全要求。由于国际分工和社会生产专业化的发展，大多数商品都在世界范围内分配和生产。例如，美国福特公司某一牌号的汽车要同20个国家中的30个不同厂家联合生产，产品销往100个不同国家或地区。国际物流所涉及的国家多，地域辽阔，在途时间长，受气候条件、地理条件等自然因素和政局、罢工、战争等社会政治、经济因素的影响。因此，在组织国际物流时，选择运输方式和运输路径时，要密切注意所经地域的气候条件、地理条件，还应注意沿途所经国家和地区的政治局势、经济状况等，以防止这些人为因素和不可抗拒的自然因素造成货物的灭失。

（4）经济要求。国际贸易的特点决定了国际物流的环节多、备运期长。在国际物流领域，控制物流费用、降低成本有很大潜力。对于国际物流企业来说，选择最佳物流方案，提高物流经济性，降低物流成本，保证物流服务水平是提高竞争力的有效途径。

国际物流必须适应国际贸易结构和商品流通形式的变革，向国际物流合理化方向发展。只有切实做好国际物流合作，才能推动和扩大国际贸易，所以说国际物流是发展国际贸易的必要条件，而发展国际贸易又是发展国际物流的前提。

4. 国际贸易对国际物流发展趋势的影响

由于国际贸易发展到了买方市场，很多贸易商为迎合消费者日益精品化、个性化的产品需求，而采取多样、少量的贸易方式，因而高频度、小批量的配送需求也随之产生。在美国、日本和欧洲等经济发达国家和地区，这些专业的物流服务已形成规模，并有着广泛的发展前途。伴随着国际贸易商经营取向的变革应运而生了物流经营的专业化、集约化、电子物流和绿色物流等。

总之，国际贸易的发展必将推动国际物流在各个方面取得新的进展和突破。当今世界，各国间的联系越来越紧密，全球的贸易量也在不断上升，这必将给国际物流提供更大的发展空间，也会给国际物流的发展以更大的推动力。

（二）高效的国际物流系统成为国际贸易持续发展的保障

世界范围内的社会化大生产必然会引起不同的国际分工，任何一个国家都不能够包揽一切，因而需要国际间的合作。国际间的商品和劳务的流通是通过商流和物流得以实现的。国际物流从其诞生之日起就开始了自己独立发展的历程，不断发展壮大，并且，国际物流的进步与发展对国际贸易的发展也起到了深远的促进作用。

在大量跨越国境的贸易中，不可忽视的是货物跨国转移所带来的国际物流量的上升。贸易量势必带来更多的物流量，这要求国际物流为货物转移在货物的运输、装卸、仓储、信息传输等各个环节都提供便利。现代物流运用科技手段，使信息快速，准确反馈，采用货物流通的最优渠道，将产品按消费者的需求生产出来，快速送到消费者手中，提高了服务质量，刺激消费需求，加快了企业对市场的反应速度。在供应链联结的各企业间实现了资源共享，大大缩短产品的流通周期，加快物流配送速度。企业的物流渠道、物流功能、物流环节与制造环节集成化，使物流服务扩大化和系列化，并通过规范作业，使贸易过程中延迟交货、送货不及时或货物损坏灭失等不可控制风险大大降低，从而便利各国企业间达成贸易。低效率的物流体系同样会成为国际贸易发展的瓶颈，从事国际贸易带来的利益会被巨大的流通费用开支所抵消。

由此可见，国际贸易与国际物流存在相辅相成，互相促进的关系。国际物流也已成为影响和制约国际贸易进一步发展的重要因素。国际物流的发展极大地改善了国际贸易的环境，为国际贸易提供了各种便利的条件，世界贸易的飞速增长与国际物流的发展是分不开的。

国际贸易的进一步发展需要国际物流的支持，如果国际物流的发展无法跟上国际贸易发展的脚步，将会大大阻碍国际贸易的纵深发展。因此，除了政策支持、全球合作等促进国际贸易的传统方法以外，必须大力发展国际物流，以适应国际贸易发展的需要，促进国际贸易的持久发展。

第三节　国际物流业务

因为国际物流是当生产和消费分别在两个或两个以上的国家（或地区）独立进行时，为了克服生产和消费之间的空间隔离和时间距离，对商品进行物理性移动的一项国际商品贸易或交流活动，从而完成国际商品交易的最终目的，即实现卖方交付单证、货物和收取货款，而买方接受单证、支付货款和收取货物的贸易对流条件。

一、国际物流的基本流程

（一）国际物流的主要参与者

国际物流的流程就是货物流、资金流和信息流在不同国家或地区之间的供应商、生产商、销售商和消费者之间的流动过程。

参与国际物流的对象有：国内外买卖双方、国内外进出口代理商、国际运输的承运人以及为国际物流服务的进出口口岸、保险公司、银行以及代表国家政府行使相关职权的海关、边防、检验检疫等机构。

（二）国际物流业务运作流程

国际物流业务的核心是以国际贸易、国际物质交流大系统为总体目标的。国际贸易在合同签订后的履行过程，便是国际物流业务的实施过程，国际物流业务的运作流程比较复杂，牵涉到很多不同岗位的工作人员。国际物流的运作流程如下：

（1）接受货主询价。

① 海运询价。需要掌握货物发往各大洲、各大航线常用的以及托运人常需服务的港口以及价格；掌握主要船公司的船期信息；了解货物类别信息，以及了解货物的备货情况，为货主提供船公司的船期，并确定相应的报关报检时间。

② 陆运询价。掌握各大主要城市公里数和拖箱价格、各港区装箱价格以及报关报检费用。

（2）揽货接单。货运代理与托运人签署委托代理合同，签署托运人的订舱委托书，接受有关资料作为订舱依据。

货运代理在接受托运人委托后需要抓住的重点信息是：船期与件数；外包装情况及其数量；净重与毛重；体积；付款条件；装箱情况以及托运人的联系方式。

（3）订舱及订舱处理。货运代理向承运人递交托运单进行订舱，承运人接受后在托运单上加盖确认章，并为其分配一个提单号；货运代理获得订舱号后，将订舱信息输入计算机，缮制货物装载清单，并将有关信息传输给客户及有关库场、集装箱货运站，以便办理空箱发放、装箱和重箱的交接。

（4）装箱与交接。货运代理代表托运人持承运人签发的有关提箱凭证向货运站办理空箱验收与交接，支付用箱押金等。装箱分为：

① 拖装：货运代理应和车队联系，带上打印好的装箱单、托运单、设备交接单，在空箱堆场提箱到产地装箱、封箱，把重箱提回。

② 场装：货运代理应按规定的时间，联系内陆运输工具将货物或集装箱送至货运站/码头堆场办理货物/集装箱交接，取得场站收据正本。

(5) 报关与检验检疫。

① 报检。对货运代理所承运的货物，如果属于国家法定检验的货物，那么在报关前一定要先进行检验检疫工作，取得出入境货物通关单，再进行报关活动。报检前，应与托运人签订代理报检委托书。

② 报关。熟悉所承运货物的基本情况，了解进出口报关所需各种资料，如各种许可证件以及基本的商业货运单据。

与托运人签订报关委托书，准确地填制进出口报关单。

(6) 监督装船。货运代理代表托运人在现场监督货物的装卸，要求港方和传方合理装载，如发生货损，须由责任方鉴证，并联系托运人做好调换货物和包装修整工作。

(7) 缮制提单及修改提单。货运代理向承运人确认货物如数装船后，及时依据完船数和与托运人签订的委托书缮制提单，经托运人确认无误后予以签发，或送船公司或其代理人。

托运人所需的“提单”发放形式如下：

① 电放，先由需要托运人提供正本“电放保函”，后由公司出具“保函”给船公司电放；

② 预借，先由托运人提供正本“预借保函”，后由公司出具“保函”给船公司预借；

③ 倒签，先由托运人提供正本“倒签保函”，后由公司出具“保函”给船公司倒签；

④ 分单，应待船开以后 3～4 天（在舱单送达海关后），再将一票关单分解成多票关单；

⑤ 并单，应待船开以后 3～4 天（在舱单送达海关后），再将多票关单合并成一票关单；

⑥ 异地放单，必须经过船公司同意，并取得托运人保函和异地接单人的联系电话、传真、公司名称等资料后方可放单。

(8) 付费取单货运代理代表托运人支付运费，并要求承运人或其代理人换取提单。

(9) 装船后事务处理。货运代理应将提单送交客户，以保证及时结汇，并向托运人结清海运费、陆运费、报关报检费、提货费和转运费等。如果货物因故未能发运或因单证不齐需要办理退关手续，货运代理应开出退关通知书给托运人。

(10) 业务归档。货运代理应与代理业务结束之后进行业务归档，并做好航次小结，以备存查。

二、国际物流业务的内容

（一）国际货物仓储业务

国际物流仓储业务是随着国际商品交换的产生和发展而发展起来的。国际货物仓储业务在现代国际物流业务中起到非常重要的作用。

1. 发挥时间效应的作用

仓储能调整生产和消费在时间上的间隔，解决季节性生产或季节性消费的产品所产生的时间上的矛盾。

2. 对进入市场的商品的质量起到保证作用

当商品从生产领域进入流通领域的过程中，通过仓储环节，对即将进入市场的商品可以进行检验，防止质量不合格的伪劣商品混入市场。

3. 加速商品周转，加快流通起着保证作用

随着仓储业的发展，仓储本身已不仅是货物的储存，而且越来越多承担着具有生产特性的加工业务，如分拣、挑选、整理、加工等。

4. 具有调节商品价格作用

仓储可以克服生产旺季和生产淡季与消费之间巨大的供求矛盾，并以储存调节供求关系，调整由于供求矛盾而造成的价格差异。

5. 保证国际贸易的货物运输顺利畅通

仓储可以直接起到调节运输工具载运量平衡的作用，无论是出口还是进口仓储均可以减少压船、压港，弥补内陆运输工具载运量的不足，在船泊与内陆运输之间起着缓冲调节作用。

（二）国际货物报关报检业务

1. 报检

根据我国的《中华人民共和国进出口商品检验法》及其实施条例的规定，凡列入《出入境检验检疫机构实施检验检疫的进出境商品目录》（简称“法检目录”）内的商品，都必须向检验检疫机构办理检验检疫手续。

（1）含义：国际货物的检验检疫是指在国际贸易活动中，商品检验检疫机构对卖方交付货物的品质、规格、数量、重量、包装、卫生、安全等项目所进行的检验、鉴定工作，在国际贸易活动中通常称为商检工作。

通过商检，确定交货品质、数量和包装条件是否符合合同规定。在国际物流活动过程中，对进口单位来说，商品检验检疫最重要的是取得检验见检疫机构出具的各种证件。如出入境货物通关单等。

（2）报检业务流程：报检——抽样——检验——领取证书。

2. 报关

所有与进出境有关的货物、物品、运输工具都必须在设有海关的地点（如海港、空港、车站、国际邮件交换站或国界孔道）进出，并应办理相应的海港手续。

（1）含义：是指进出境运输工具负责人、进出境货物的收发货人、进出境物品的所有人或者他们的代理人，向海关办理货物、物品或运输工具进出境手续及相关海关手续的过程。

（2）报关阶段及流程。根据货物的性质，报关分为三个阶段：前期阶段、进出境阶段、后续阶段。

前期阶段：根据海关对保税货物、特定减免税货物、暂准进出境货物、其他进出境货物的监管要求，进出口货物的收发货人或其代理人，在货物进出境之前，向海关办理备案手续的过程。

进出境阶段：根据海关对进出境货物的监管要求，进出口货物的收发货人或其代理人在

一般进出口货物、保税货物、特定减免税货物、暂准进出境货物、其他进出境货物进出境时，向海关办理进出口申报——配合查验——缴纳税费——提取或装运货物手续的过程。

后续阶段：根据海关对保税货物、特定减免税货物、暂准进出境货物、部分其他进出境货物的监管要求，进出口货物的收发货人或其代理人在货物进出境储存、加工、装配、使用、维修后，在规定的期限内，按照规定的要求，向海关办理上述进出口货物的核销、销案、申请解除监管等手续的过程。

（3）报关与报检的关系：报检先于报关，即先检验检疫后通关放行。

（三）国际货物运输业务

国际货物运输，就是在国家与国家、国家与地区之间的运输。

国际货物运输的分类

1. 按贸易性质分

国际货物运输又可分为国际贸易物资运输和非贸易物资（如展览品、个人行李、办公用品、援外物资等）运输两种。由于国际货物运输中的非贸易物资的运输往往只是贸易物资运输部门的附带业务，所以，国际货物运输通常被称为国际贸易运输，从一国来说，就是对外贸易运输，简称外贸运输。

2. 按运输方式分

国际海上运输业务、国际铁路货物运输、国际航空货物运输、集装箱和国际多式联运等方式。

（1）国际海上运输。国际海上运输是指利用商船在国内外港口之间通过一定的航区和航线进行货物运输的一种方式。

海上货物运输按经营方式分为班轮运输和租船运输。班轮运输是指按照固定的航行时间表，沿着固定的路线，停靠固定的港口，并收取相对规定的运费的一种船舶运输方式。租船运输是指租船人向船东租用船舶来从事货物运输的一种方式。在租船期间，船舶所有权仍属船东，租船人只取得船舶的使用权。租期满后将船舶还给船东。租船运输是由租船人按租船合同安排航行，主要从事大宗货物的运输，如冷藏品、危险品或班轮运输不能承运的货物。租船运输的费用通常比班轮运价低廉。

（2）国际铁路运输、公路运输。铁路货物是指利用铁路进行国际贸易货物运输的一种方式。在内陆接壤国家间的国际贸易中，占有重要的地位。我国对外贸易铁路运输包括国际铁路货物联运和对港澳地区的铁路货物运输两个部分。

国际铁路联运是指在两个或两个以上国家的铁路运送中，使用一份运送票据，并以连带责任办理货物的全程运输，在由一国铁路向另一国铁路移交货物时，无需收、发货人参与的一种铁路运输方式。在国际铁路货物联运中，托运人（货主）只需把货物交铁路装车后，始发站的国际运输代理就可以代为办理进出口报关手续。

目前国际铁路货物联运有以下两种方式：

①“货协国”之间的运输。是指签署了《国际铁路货物联运协定》（简称《国际货协》）的成员国之间的货物运输。

②“货协国”与“货约国”之间的运输。是指参加《国际货协》的国家与参加《国际铁路货物运输公约》（简称《国际货约》）的国家之间的货物运输。

对港澳地区的铁路货物运输：

① 对香港铁路运输的具体做法。就出口货物而言，先由发货人按《国内铁路货物匀速规程》的规定，由始发站运至深圳北站，将货交深圳外运公司（只交货不交车），完成国内段运输；然后由深圳外运公司代发货代理人与香港有关货运代理公司办理香港段运输。就进口货物而言，货在香港至罗湖桥为港段铁路运输；从深圳站至国内目的地为国内段铁路运输，由深圳外运公司接受香港承运人的委托向铁路管理部门办理托运手续。

② 对澳门铁路运输的具体做法。先将货物从发送地按国内铁路运输托运到广州，零担和整车货物到站点为广州南站，危险品到站点为吉山站，集装箱和快件到站点为广州站，收货人是发货人委托在广州的货运代理人，然后再由该货运代理人代委托人办理广州至澳门的公路和水路的运输。

（3）国际航空运输。国际航空运输是指利用飞机进行进出口货物的运输，不仅运货速度快，交货时间短，对于鲜活、易腐商品的运输具有独特的优势，而且安全准时，货损货差率低，并可以节省包装和储藏等费用。

国际航空运输可分为：班机、包机、集中托运和航空急件运送等方式。

班机运输是指在固定时间、固定航线、固定始发站和固定目的站的航空运输，其中有客货混合和全货机航班。

包机可以分为整架包机和部分包机。整架包机是航空公司与租机人事先约定条件和费率，将整架飞机租给包机人，其适合于大宗货物的运输。部分包机由几家航空货运代理公司联合向航空公司包租整架飞机，或者由航空公司把一家飞机的舱位分别卖给几家航空货运代理公司，其适合于1吨以上，但不足装一整架飞机的货物。包机运输费用较低，但运送时间比班机要长。

集中托运是指航空运输公司把若干单独发运的货物组成一整批和维护，用一份总运单（附分运单）将整批货发运到预定的目的地，由航空公司在目的地代理人收货、报关，然后再将货物分拨交至实际收货人，其运费比班机低7～10%。

航空急件是指专门经营该业务的空运代理公司利用自身或代理的网络，用最快的速度在货主、机场、用户之间传送急件的服务项目，其适用于急需的药品、医疗器械、贵重物品、图纸资料、货样和单证等的传输。航空急件的运输方式主要有机场到机场、门到门服务和专人随机送货等。

（四）国际货物保险业务

保险是一门科学，它是利用概率论的大数法则，研究自然灾害与意外事故对国民经济破坏力的大小，从而设法控制、减少和消除其危险后果的科学。保险以组织补偿为手段，以最合理、最完善的方法筹集保险基金，把灾害损失在全体被保险人之间分摊，实现资金再分配，使被保险人以最小的保险费支出即可获得最大的安全保障。

货物保险是国际贸易和对外交经济往中不可缺少的一个环节。对外贸易中的买卖双方远隔重洋，把货物从一方送到另一方必须经过运输，而货物在运输途中常有遭到损失的可能。特别是在海上运输过程中，往往因遇到各种自然灾害而遭受损失。为了保证经济核算，及时取得损失补偿，就有必要投保高级货物运输险。

国际货物运输保险投保程序：

（1）选择投保险别：可根据被保险货物在运输途中可能遇到的风险而定。

（2）确定投保金额与计算保险费。

保险金额是投保人对保险货物的实际投保金额，既是保险人最后赔偿的最高金额，也是计算保险费的基本依据。按照国际惯例，国际贸易货物运输保险金额一般都是在 CIF 价基础上加成 10%。

保险金额 = CIF ×（1 + 投保加成率）

保险费是投保人员支付一定的货币金额，以取得保险人一旦发生意外事故，在保险范围内承担对受损货物经济补偿的责任。

保险费 = 保险金额 × 保险费率

（3）填写投保单。

（4）支付保险费，取得保险单。

① 保险单或称大保单，它是承保一个指定航程内某一批货物的运输保险，是使用最广泛的保险单据。

② 保险凭证，是一种简化的保险单，这种凭证背面不载明保险人与被保险人的权利与义务，其余的内容与保险单相同，并具同等法律效力。

（5）保险索赔。保险货物在运输途中，由于自然灾害或意外事故造成货物的损失，只要是在保险单据承保的责任范围内的损失，保险人应赔偿损失，投保人可在索赔的有效期内向保险人提出索赔。

本章小结

国际物流主要是为国际贸易和跨国经营服务，使各国物流系统接轨。保证国际物流的畅通。通过选择最佳的方式与路径，以最低的费用和最小的风险，保质、保量、适时地将货物从某国的供方运到另一国的需方，促进国际贸易的发展，使国际物流系统整体效益最大。

国际贸易与国际物流存在相辅相成，互相促进的关系：国际贸易是促进国际物流产生和发展，国际贸易的发展促进了国际物流技术的进步，国际贸易的发展不断对国际物流提出新的要求，国际物流的高效运作是国际贸易持续发展的保障。国际贸易的进一步发展需要国际物流的支持，如果国际物流的发展无法跟上国际贸易发展的脚步，将会大大阻碍国际贸易的纵深发展。

国际物流业务的内容包括国际货物仓储、国际货物运输、报关报检、国际货物保险业务。

案例阅读与分析

联邦快递的“第一”

随着信息时代的到来，人们日常工作、学习和生活的节奏越来越快，形成了对快递业的旺盛需求，促使快递公司如雨后春笋般遍布世界各大洲，快递业是以速度求生存的产业，任何一个快递公司都面临着生存和发展的问题，联邦快递也不例外，他们是怎样在确保他们的速度优势的同时确保自己的龙头地位呢？联邦快递靠的是：四个第一。

联邦快递是第一个准时送达保证的公司，联邦快递利用全球庞大的网络，准时、安全、快捷地把货送达目的地，以赢得客户的信赖；联邦快递是第一个拥有公司专机运输的公司，并成为惟一一家拥有来往中国航权的美国全货运航空公司；第一个成为与中国海关联网、实行电子通关的国际速递公司；第一个与店合作业务。在柯达快速彩色店设立联邦快递“自助服务专柜”，顾客可以很方便地在指定的柯达快速彩色店，通过联邦快递发送国际快件。

当今社会，速度、效益的提高与科技进步有着密切联系，联邦快递深谙此道。每年，联邦快递都要拿出13亿美元来加强高科技功能，从而运用高科技来提高国际间的物流效率，减少物流成本。从成立之初起，就运用高科技的全自动操作来保证高效率、多功能的服务。他说，联邦快递每位快递员都配有无线扫描枪，用来扫描每份快件的条形码。每件货物至少要扫描6次，而每一次的扫描信息都会传递至美国总部的中枢系统中。客户可以随时通过访问联邦快递网站来查询运件的状态。

思考题

1. 联邦快递的“第一”，为该企业带来了什么好处？
2. 联邦快递使用了哪些高科技物流技术？

思考与练习

一、单项选择题

1. 物流过程具有高风险性不包括（　　）。

A. 政治风险　B. 汇率和利率风险　C. 自然风险　D. 一般风险
E. 特殊风险

2. 下列（　　）情形不属于国际物流形成的原因。

A. 区域化　B. 解除管制　C. 经济增长　D. 技术和信息的发展
E. 客户个性化需求　F. 供应链思想

3. 经济全球化有利于在全世界范围内建立统一的市场，而（　　）又是决定专业化程度高低的关键。

A. 生产专业化　B. 规模经济　C. 供应链　D. 市场规模

二、多项选择题

1. 促使国际物流形成的因素有很多，主要归纳为（　　）。

A. 经济增长　B. 供应链思想　C. 区域化　D. 技术和信息的发展
E. 解除管制

2. 根据跨国运送的商品特性可将国际物流分为（　　）。

A. 国际商品物流　B. 国际展品物流　C. 国际邮品物流　D. 国际军火物流
E. 国际逆向物流等

3. 国际贸易的发展不断对国际物流提出新的要求包括（　　）。

A. 质量要求　　B. 效率要求　　C. 安全要求　　D. 经济要求

三、问答题

1. 什么是国际物流，国际物流有哪些特点？

2. 为什么说高效的国际物流系统成为国际贸易持续发展的保障？结合实例进行分析。

本章参考资料

1. http：//534. 56885. net/

2. 骆念蓓．国际物流管理．北京：北京大学出版社，2008.

第十二章 冷链物流

学习目标

1. 懂得冷链物流在物流领域发展的地位和意义。
2. 掌握冷链物流适应的范围及其作用。
3. 了解冷链物流在中国的发展中所存在的问题及展望。
4. 理解食品冷藏链的价值构成及现代果品物流的冷链模式。

主要概念

冷链物流，食品冷藏链，预冷保鲜技术，果品贮藏方法，冷链运输技术

第一节 冷链物流的概念

一、冷链物流的概念

冷链物流是随着现代社会科学技术的进步、制冷技术的发展而建立起来的，是以冷冻工艺学为基础、以制冷技术为手段的低温物流过程；是需要特别装置，需要注意运送过程、时间掌控、运输型态、物流成本所占成本比例非常高的特殊物流形式。以食品为例，冷链物流泛指冷藏冷冻类食品在生产、贮藏、运输、销售，到消费前的各个环节中始终处于规定的低温环境下，以保证食品质量，减少食品损耗的一项系统工程。

冷链物流应遵循“3T 原则”：产品最终质量取决于在冷藏链中贮藏和流通时间(Time)、温度（Temperature）和产品耐藏性（Tolerance）。“3T 原则”指出了冷藏食品品质保持所允许的时间和产品温度之间存在的关系。由于冷藏食品在流通中因时间——温度的经历而引起的品质降低的累积和不可逆性，因此对不同的产品品种和不同的品质要求，有相应的产品温度控制和贮藏时间的技术经济指标。

二、食品冷藏链的价值构成

食品冷藏链主要包括生产、加工、贮藏、运输、配送和销售等环节。

(1) 产品生产：冷藏食品生产企业生产产品。

(2) 冷藏加工：包括肉类、鱼类的冷却与冻结；果蔬的预冷与各种速冻食品的加工等。

(3) 控温贮藏：包括食品的冷藏和冻藏，也包括果蔬的气调贮藏。主要涉及各类冷藏库、冷藏柜、冻结柜及家用冰箱等等。

(4) 冷藏运输及配送：包括冷藏食品的中、长途运输及区域配送等。主要涉及铁路冷藏车、冷藏汽车、冷藏船、冷藏集装箱等低温运输工具。在冷藏运输过程中，温度的波动是引起食品质量下降的主要原因之一，因此，运输工具必须具有良好的性能，不但要保持规定的低温，更切忌大的温度波动，长距离运输尤其如此。

(5) 冷藏销售：包括冷冻食品的批发及零售等，由生产厂家、批发商和零售商共同完成。早期，冷冻食品的销售主要由零售商的零售车及零售商店承担，近年来，城市中大量涌现的超市成为冷冻食品的主要销售渠道。

第二节 冷链物流适应的范围及其作用

一、冷链物流的适用范围

冷链物流的适用范围包括初级农产品、加工食品、特殊商品等。

(1) 初级农产品、如蔬菜、水果、肉、禽、蛋、水产品、花卉产品等。

(2) 加工食品：如：速冻食品、禽、肉、水产等包装熟食、冰淇淋、奶制品、快餐原料等。

(3) 特殊商品，如药品。

由于食品冷链是以保证易腐食品品质为目的，以保持低温环境为核心要求的供应链系统，所以它比一般常温物流系统的要求更高、更复杂，建设投资也要大很多，是一个庞大的系统工程。又由于易腐食品的时效性要求冷链各环节具有更高的组织协调性，所以，食品冷链的运作始终是和能耗成本相关联的，有效控制运作成本与食品冷链的发展密切相关。

二、冷链物流的意义

作为一个普通消费者，无论是在综合大卖场、超市还是在传统的菜场购买肉类、乳制品、冷冻的包装食品等一系列需要温度控制来保鲜的产品时，除考虑产品是否是货真价实，无造假、伪劣和质量可靠外，还要考虑到这些产品是如何从生产厂家配送到零售终端的。因为非常温产品在整个供应链中的质量保证是非常重要的，如果由于运输和储存中的问题而造成的不新鲜、变质，轻则影响营养和味道，严重的对人的身体健康产生影响。但是这些往往是广大的消费者所无法了解到的。

冷藏和冷冻食品需要一个完整的冷链物流对货物进行全程的温度控制（根据相关的规则），以确保食品的安全；这包括装卸货物时的封闭环境、储存和运输等等，每个环节都很重要；完整的冷藏食品供应链是食品安全不可或缺的元素，因此冷链物流的要求比较高，相应的管理和资金方面的投入也比普通的常温物流要大。

三、现代果品物流的冷链模式介绍

我国是世界水果生产大国，近十年的水果出口量占年总产量的比例一直维持在1.1%～4.1%之间。据来自农业部市场与经济信息司的统计数据显示，2007年我国出口水果477.3万吨，出口金额37.5亿美元，比2000年分别增长了251%和418%。①

截止2008年的十多年来，国家有关部门研究的一系列贮藏、保鲜技术与产品得到了普遍的推广和应用。主要果品初步形成了南北、东西大流通和"季产年销"的市场格局，以及产贮结合、产销结合的一体化企业型发展模式，使我国的果品贮藏保鲜业迈上了一个新台阶。但是，由于果品存在着易腐烂、受温度变化影响大、地域性生产和异地运输销售等特点，要保证果品品质在现代物流中降低最少，对果品实施冷藏链物流模式是果品产业发展的一个必然趋势。发展冷藏链是一项系统工程，涉及面广，相关因素多，必须得到许多相关产业的支持。为了保证质量，果品从采收直到消费者冰箱，冷藏链的预冷保鲜、运输、贮藏等各个环节，都需要特殊的果品冷藏链专业技术和先进的供应链综合管理技术给予支撑，使整个果品冷藏链完全保持在一个完整的低温链中。

（一）预冷保鲜技术

果品在田间采收后，虽然停止了促使其生长的光合作用，但是果品本身仍然是活的机体，呼吸作用成为新陈代谢的主导作用。果品的成熟和采摘期多在炎热高温的夏、秋季节进行，采摘后的果品蓄存大量的田间热量，这些田间热促进呼吸作用的增强，消耗大量有机物质，同时放出热量，加剧了微生物的繁殖和营养成分的消耗破坏，导致果品的衰老与死亡，降低了经济价值。因此，在果品采摘后，如何尽快消除田间热和控制呼吸强度是保鲜的关键步骤。

预冷概念是在1904年提出的，预冷就是对刚采收的果蔬在运输、贮藏、加工以前迅速除去田间热，冷却到预定温度的过程，是果蔬流通、贮藏、加工重要的前处理技术。预冷与流通冷链的有机结合，成为保持果蔬采后品质、扩大流通范围的重要技术保证。目前国际上比较先进的预冷保鲜技术主要有以下几大类：真空预冷技术、速冻技术和冰温技术等。

真空预冷是依据真空条件下可加快水分蒸发的特性，在短时间内将产品置于减压室或真空室进行减压处理，从而快速降低产品温度的预冷保鲜方法。真空预冷可以使产品预冷彻底、降低均匀、保鲜效果好，并且操作简单，产品不需要经过特殊处理就可以直接进行预冷处理。

速冻技术是指在－35℃～－40℃的环境中，在30分钟内快速通过－1℃～－5℃的最大冰结晶生成带（即在食品中心温度通过所需的时间不得超过30分钟），在40分钟内将食品95%以上的水分冻成冰，即食品中心温度达到－18℃以下。

冰温技术是指把产品放置在"冰温带"（0℃以下、冰点以上的温度区域）内进行加工

① 资料来源：第一食品网．http：//www．foodsl．com/．

和保鲜，此类产品称为冰温产品。

（二）运输技术

运输冷藏果品不同于普通货物，需要有构造精良的冷藏运输装备和专业的运输管理机制，才能有效保证货物的保鲜质量和运输的经济效益。冷藏链运输工具可分为三类：保温运输工具，即箱体隔热，能限制与外界的热交换，减少外温对车厢内温度的影响；非机械冷藏运输工具，箱体隔热，用非机械制冷的冷源降温，即用开放式冷媒（冰、干冰、液化气和共晶液）吸收箱内热量，把箱内温度降低并维持在控温仪确定的水平；机械冷藏运输工具，箱体隔热，装有制冷或吸热装置（封闭网络），可把箱内温度降低并维持在控温仪确定的水平。冷藏运输技术主要包括公路冷藏运输、铁路冷藏运输和冷藏集装箱多式联运等。

公路运输快捷灵活，装卸环节少，减少了装运中的损耗，可进行“门对门”的服务。目前我国公路冷藏运输的运量占总的冷藏运量的25%，我国现拥有各式冷藏汽车3万余辆，冷藏车年生产能力4 000余辆。我国冷藏车将朝着多品种、小批量和标准化、法规化的方向发展，节能和注重环保将是冷藏车技术发展的主要方向。

我国铁路运输在易腐品运输中占有最重要的地位，铁路易腐品运输的运量占总的易腐品运输量的55%左右。我国铁路冷藏车主要有以下三种车型：机冷车、冰冷车和冷板车。但铁路“门对门”的送达速度较慢，装卸接口过程中的质量保证体系也不完善，因此铁路冷藏运输很难保证冷藏品质量。国际上一些发达国家于20世纪70年代开始实行冷集箱与铁路冷藏车的配套使用，从而克服了铁路运输不能进行“门对门”服务的缺点，大大提高了铁路冷藏运输的质量。

冷藏集装箱多式联运是冷藏运输以后的发展方向，冷藏集装箱运输是一种可实现“门到门”的现代化运输方法，它具有两个“门到门”的服务优势：第一门是处于流通中间环节的冷库预冷间的“门”，第二门是处于流通末段环节的零售商冷库的“门”。冷藏集装箱多式联运还具备海运，内河运，公路运，铁路运等联网运输的适配通用性、独立性，实现从货源直至市场的无中间环节集装箱多式保鲜联运。我国在这一方面才刚刚起步。

（三）贮藏技术

果品必须从开始预冷到最后消费者冰箱都在严格的低温条件下贮藏，果品贮藏成为冷藏链过程中不可缺少的重要环节。果品贮藏方法主要有以下几类：简易贮藏法、冰窖贮藏法、土窑洞贮藏法、通风库贮藏法、机械冷藏库贮藏法、气调库贮藏法、自发气调贮藏法、减压贮藏法等。简易贮藏法又包括堆藏、窖藏和沟藏三种方法。以下为目前应用较为广泛的三种贮藏技术。

1. 通风库贮藏法

通风库是我国南北方果品贮藏保鲜的传统设施和贮存场所。通风库贮藏曾经是20世纪50年代至60年代我国商业系统贮藏果品的主要形式，但由于易受外界气候影响，只能保鲜大宗耐贮果品，每年利用率较低。通风库具有一定的温度、湿度调节能力，改良后的通风库，辅以轴流式风机强制通风，再应用相应的保鲜袋，防腐保鲜剂处理，用于苹果等果品贮藏保鲜，其保鲜效果几乎可以达到普通商业冷库的效果，库体与设备投资可节省60%，节能（电）90%，因此，即使在一些发达国家，尤其是自然冷源比较丰富的地区，出于节省能源和经济效益的考虑，通风库贮藏形式现在依然存在。

2. 机械冷藏库贮藏

机械冷藏库是在有良好隔热性能的库房中装置机械制冷设备，根据果品贮藏的要求，通过机械的作用，控制库内的温度及湿度。它的出现标志着现代化果蔬贮藏的开始，由此大大减少了果蔬损失。近20年来，我国果品蔬菜的机械冷藏发展非常迅速，据不完全统计，目前我国果品贮藏约1/3实现了机械冷藏。

3. 气调贮藏

气调贮藏是在20世纪60年代发展起来的一种水果保鲜方法。①

(1) 气调贮藏的原理。正常的空气中，一般含氧气21%，二氧化碳0.03%，其余为氮气和一些微量气体。鲜果采后仍是一个有生命的活体，在贮藏过程中仍然进行着正常的以呼吸作用为主导的新陈代谢活动，主要表现为果实消耗氧气，同时释放出一定量的二氧化碳和热量。在环境气体成分中，二氧化碳和由果实释放出的乙烯对果实的呼吸作用具有重大影响。降低贮藏环境中的氧气浓度和适当提高二氧化碳浓度，可以抑制果实的呼吸作用，从而延缓果实的成熟、衰老，达到延长果实贮藏期。较低的温度和低氧、高二氧化碳能够抑制果实乙烯的合成和削弱乙烯对果实成熟衰老的促进作用，从而减轻或避免某些生理病害的发生。另外，环境中一定浓度的低氧、高二氧化碳具有抑制真菌病害的滋生和扩展的作用。

(2) 气调贮藏的优点。

① 贮藏时间长。气调贮藏综合了低温（冷藏）和调节贮藏环境气体成分两方面的技术，使得果品贮藏期得以较大程度地延长。采用气调贮藏，苹果可以做到周年供应；鸭梨、长把梨、香梨等采用气调贮藏可储存8~9个月以上；气调库贮藏猕猴桃比冷藏贮藏期延长2~3个月以上。

② 保鲜效果好。多数中晚熟苹果及鸭梨、长把梨、香梨等水果经长期贮藏后，仍然色泽艳丽，果柄青绿、风味纯正、外观丰满，与刚采收时相差无几。以苹果为例，气调贮藏后果肉硬度、可滴定酸等指标明显高于同期冷藏的果实。

③“绿色”贮藏。在果品气调贮藏过程中，由于低温、低氧和相对较高的二氧化碳的相互作用，基本可以抑制侵染性病害的发生，贮藏过程中基本不用化学药物进行防腐处理。

目前，我国采用气调贮藏保鲜的果品有苹果、洋梨、香蕉、山楂等。随着科学技术的进步，气调贮藏主要有快速气调贮藏、超低氧气调贮藏、低乙烯气调贮藏、机动气调贮藏、双相变动气调贮藏、动态气调贮藏、CO气调贮藏、短期CO_2处理、短期高浓度O_2处理等方法。

(四) 冷藏链管理技术

冷藏链是一个跨行业、多部门有机结合的系统工程，需要各环节紧密配合协作。因此，要保证冷藏链的高效运作，除了各类冷藏专业技术之外，更需要有先进的冷藏链管理技术来进行有效管理。

---

① 邓汝春．冷链物流运营实务．北京：中国物资出版社，2007.

我国速冻食品从生产企业——零售商店——家庭的冷冻链已经形成，随着人民生活水平的提高，对食品的卫生、营养、新鲜、方便性等方面的要求也日益提高，冷藏链的发展前景将十分广阔。

第三节　冷链物流在中国的发展及对策

一、冷链物流在中国的发展中存在的问题

冷链物流的发展关系到人民生命安全和生活品质的提高。当前，我国冷链物流存在基础设施薄弱、标准缺失、监管缺位等突出问题。尤其是标准的缺失，越来越成为冷链物流的短板，使得冷链物流市场处于比较混乱的状态。为此，2008 年 3 月，国家标准化管理委员会批准筹备了国家冷链物流的标准化组织——全国物流标准化技术委员会冷链物流分技术委员会（简称冷标委），统一进行国家和行业标准的归口管理工作。

为了摸清我国冷链物流发展的实际状况和存在的问题，解决制约我国冷链物流发展的瓶颈，2008 年 9 月至 11 月底，冷标委联合我国冷链物流服务、食品、医药、商业流通、冷链物流技术装备等相关领域的政府部门、行业组织、媒体，组织了针对我国冷链物流行业发展现状暨冷链物流监管与信息服务需求情况的大型调查活动，为制定国家冷链物流标准发展规划、确定我国冷链物流标准体系以及明确国家当前急需制定的冷链物流标准项目提供依据。

经过调查，确定我国冷链物流存在以下现象：

（1）冷链物流服务标准、企业从业标准缺失，非冷藏车进行冷链物流服务业务，造成企业之间恶性价格竞争；

（2）政府机关、下游企业和终端消费者还没有产品的冷链物流意识，造成我国冷链物流市场有效规模小；

（3）冷链物流对比一般社会物流成本太高，而全社会还没有这种意识，没有给予合理的价格、作业待遇。

以上现象，究其原因，可以认为冷链物流在我国发展的社会基础非常薄弱。主要表现在：

（1）普通消费者乃至相关政府主管部门对冷链物流的概念还十分陌生，对冷链物流的意义认识比较肤浅，或不全面，目前主要是从减少浪费的角度进行考虑，对于完善冷链物流、保障人民生命安全，建立开放的冷链物流系统、保障消费知情权、提高生活品质等方面的意义认知较浅；对于冷链物流系统还涉及能源节约、需要系统合作等问题尚没有过多的考虑。

（2）冷链物流产业链终端企业极度缺乏冷链物流的意识。例如，医院、疾控中心、药店等单位了解冷链物流概念的比例非常低。在我国曾发生过的医药群体性事故中，医药生产企业、医院、疾控中心、药店等往往被迫分担了在物流环节发生的问题，他们可能是医药冷链物流系统不健全所造成事故的无辜受害者，但由于无法追踪冷链物流系统，造成相关责任无法分清。

从食品或初级农产品产业链来看，蔬菜、水果等腐烂比例太高，增加了超市的经营成本。但如果进入相对较好的冷链系统，商品的保质期可增加一倍以上，等于延长了商品在超市的可销售时间。若果蔬类易腐食品的保质期从一天延长到三天，超市的损失就可以减少30% ~50%。

从发达国家冷链物流发展的历史看，产业链终端作为冷链物流的受益者，应当是冷链物流积极的推动者。但我国还没有出现这种情况。因此，我国冷链物流的发展虽已起步，但未来的道路仍然很漫长。

二、促进冷链物流发展的对策

（一）宏观政策及政府的支持力度加强

目前多数城市还没有对冷链物流进行规划，企业发展缺乏正确引导，冷链物流发展未受足够的重视。

（二）冷链基础设施投资进一步加速

随着人们对食品、药品消费安全的日益重视，冷链物流也逐步进入发展的快车道。国内的冷链物流基础设施投资将继续加快。在冷库设施建设、冷库技术水平提高和冷藏车辆多元化发展等方面呈现出稳步发展势头。

从市场对冷库的需求趋势来看，我国现有的冷库容量还十分不足。目前冷库总容量700多万立方米，主要用于肉类、鱼类的冷冻储藏，当原材料不足或生产淡季时，冷库经常处于闲置耗能状态。[①] 在冷库建设中，重视肉类冷库，轻视果蔬冷库建设；重视城市经营式冷库，轻视产地加工冷库建设；重视大型冷库，轻视批发零售冷库建设，这些都影响了食品冷链的资源整合以及行业推动。

今后冷库的发展趋势主要表现在以下几个方面：冷库行业在各级政府有关部门的统一协调下，加强整体规划与协调，新建一批符合地区经济发展需要的现代化的冷藏库和冷链物流配送中心；适合农户建造使用的微型冷库将异军突起，自动化控制程度逐步提高；果品蔬菜恒温气调库发展迅速，低温库比例有所增加；在经济较发达的城市，将大力发展中型冷库，建立冷冻食品贮藏批发市场。

据统计，目前铁路冷藏列车运输的货物只占铁路调运的易腐货物总量的25%，冷藏列车数量仅占全国总运营车辆的1.34%。[②] 其中，陈旧机械式车辆较多，规范的保温冷藏车较缺乏。从铁路冷藏运输车辆发展趋势看，铁路冷藏车将定位于深冷、高品质货物的中长途运输及低附加值冷藏货物的长距离运输，铁路冷藏运输工具将重点发展下述车型：适应城际间能与客车连挂的快速冷藏车、能够适应货物品类多样化及长距离运输的冷藏集装箱、能满足小批量货物运输的单节及小组份机冷车、气调保鲜车和大批量运输的冷藏集装箱等。

从公路冷藏保温车发展来看，目前，我国冷藏汽车的需求量年均增长率约为7%，未来

① 北京中经纵横经济研究院．2006年中国冷库及冷水机投资与发展分析．http：//www.36021.com/.

② 合肥市场信息，2008（10）．http：//www.hefei.gov.cn/.

冷藏车市场将进一步整合，市场需求出现两极分化的趋势：一种是小吨位，针对短途和小批量的，如超市冷饮、牛奶、冰淇淋、冷藏药品等配送中心使用；另一种是大容量大吨位，一般是满足长途运输需要。从技术上看，要运用先进的冷藏技术替代现有老技术，降低成本，同时要进一步推广和改良现有的蓄冷柜（箱），使其发挥更大作用。

（三）加强冷链物流标准化工作，通过制定国家冷链物流标准来解决行业问题

尽快建立相关产品（尤其是医药、加工食品、果蔬花卉、水产品、生鲜肉类、乳制品、化工危险品）的冷链标准；制定如“冷链物流行业服务标准”和“冷链物流服务企业资质认证和诚信体系标准”等标准。通过国家标准来规范市场秩序，提高行业准入资格。尽快建立相关行业标准和行业准入标准，希望通过标准的制定提高冷链物流行业的准入门槛，规范现有行业秩序，提高服务水平。在标准的强制执行中，一些不符合规范的企业将被淘汰，冷链物流服务市场现有状况可以得到改善，市场上规范的企业将得到公平评价，使冷链物流行业良性、顺利发展。

（四）加强冷链物流信息化建设

信息化始终是物流发展的核心问题。通过冷链物流信息化来解决空载配货问题，对于物流服务企业内部优化调度和加强车、货、司机的管理问题起到很大作用。企业层面希望通过冷链物流信息化解决企业内部问题（空载、企业内部优化）、诚信问题。

目前企业家对企业间及企业与消费者间的关系的关心程度不够，也需改进。

（五）冷链物流监管现状存在的问题亟待解决

冷链物流是个大系统，政府部门是分段管理；产品从出厂到市场的终端环节，政府部门之间缺乏协调，由于缺乏冷链物流监管标准，无法执行。

我国冷链物流经常断链，其断链原因主要是冷链物流硬件水平问题，包括冷链系统设计处于空白，各种运输方式之间、车辆和物流节点之间没有衔接；还有冷链物流服务企业为了降低成本，经常采用中途停机甚至采用非冷藏车运输冷藏货物。反映从业人员素质和社会认知度不高。硬件建设也是制约我国冷链物流发展的首要问题。冷链物流服务企业为了节约成本，确实存在恶意断链和用非冷藏车运输产品的问题，他们的行为又进一步导致恶性竞争。因此，行业规范的必要性十分迫切。

（六）加强冷链物流人才的培养

中国冷链物流还是缺乏管理和人才的，毕竟现代冷链物流的发展在中国还是不太长，在物流里面也是一个附加值较高的领域。

本章小结

冷链物流泛指冷藏冷冻类食品在生产、贮藏、运输、销售，到消费前的各个环节中始终处于规定的低温环境下，以保证食品质量，减少食品损耗的一项系统工程。冷链物流的适用范围包括初级农产品、加工食品、药品和特殊商品等。

食品冷藏链主要包括生产、加工、贮藏、运输、配送和销售等环节。冷藏和冷冻食品需要一个完整的冷链物流对货物进行全程的温度控制（根据相关的规则），以确保食品的安全，其中还包括装卸货物时的封闭环境、储存和运输。

果品冷藏链须完全保持在一个完整的低温链中，其中，预冷保鲜、运输、贮藏环节是关键。预冷保鲜技术主要有以下几大类：真空预冷技术、速冻技术和冰温技术等。冷藏链运输工具可分为三类：保温运输工具、非机械冷藏运输工具、机械冷藏运输工具。冷藏运输技术主要包括公路冷藏运输、铁路冷藏运输和冷藏集装箱多式联运等。果品贮藏方法主要有：简易贮藏法、冰窖贮藏法、土窑洞贮藏法、通风库贮藏法、机械冷藏库贮藏法、气调库贮藏法、自发气调贮藏法、减压贮藏法等。

案例阅读与分析

◎ 案例一：

博科资讯的“冷链物流解决方案”

随着我国民众物质生活水平的提高和我国快速消费品市场的扩大，冷链物流急速扩大成为一个规模庞大的、设备专业性强、涉及行业广泛、从业人员众多的产业。当前，人们对食品质量要求越来越高，针对初级农产品、各类水产品、速冻食品、包装熟食、奶制品等食品的冷链物流运作也越来越受到关注。冷链物流行业标准越来越多，运营越来越复杂，利润越来越微薄，国内众多食品制造企业以及从事食品冷链物流的企业急需寻找新的利润源来迎接激烈的商业竞争。

目前行业现状是普遍存在劳动密集、从业人员数量大等特点，配送、营销等业务中车辆的在途管理存在“盲区”和“黑箱”。现代冷链物流属于控温型物流，为了实现冷链物流的信息处理及时化、配送流程优化、存取选拣自动化、物流管理智能化，冷链物流需要信息化技术作为辅助手段。

冷链物流一般遵循3T原则，即产品最终质量取决于在冷链中贮藏和流通时间（Time）、温度（Temperature）和产品耐藏性（Tolerance）。博科资讯冷链物流解决方案以3T原则为出发点，提供包含低温设备管理、温度湿度监控等冷链物流特殊功能在内的全套物流服务，支持RFID、GPS、GPRS和GIS的集成应用，为企业提供量身订制的冷链物流信息化服务。采用该解决方案，可实现客户和合作伙伴间业务的高度协同，增强物流服务的适应性、应变性和监控能力，实时应对瞬息万变的需求变化；可提高物流效率，降低成本，实现对物流运作的统一调度与监控，实现运输路线最优、库存质量最佳、货物组配最合理、物流成本最低的目标，为客户提供及时准确的冷链物流服务。

博科资讯冷链物流解决方案主要包括如下功能：

（1）订单协同功能。一体化处理客户的物流订单，进行任务的分解和分配。

（2）精细化仓储管理功能。通过设置相应的仓储策略，实现仓储管理的科学化、精细化。

(3) RFID 功能。支持 RFID 设备在物流过程中的应用，包括车门开闭报警、车内温度监控等。

(4) GPS/GIS 监控。通过 GPS、GPRS 和 GIS 的集成，对运输车辆进行实时监控。

(5) 业务流程同步。应用工作流管理理念，实现内部业务流程的高度协同。

(6) 低温设备管理。支持对低温设备的日常管理和维护。

(7) 温度湿度监控。实时监控物流过程中影响货物品质的湿度和温度，并设置预警机制。

(8) 快速入库功能。为特殊货物提供快速入库功能。

(9) 提示及事件管理。为系统使用者提供提示及事件管理功能。

(10) 车队优化。提升对运输车队的管理和控制。

(11) 运输计划执行管理。全过程的管理运输计划的执行情况。

(12) 绩效管理。通过采集各关键业务节点的信息，实现全员 KPI 管理。

(13) 决策支持。应用统计分析方法，实现对企业经营决策的支持。

（资料来源：物流设备在线 . http//info. 56eol. com/. ）

思考题

博科冷链物流解决方案主要完成哪些功能作用?

◎ 案例二:

夏晖冷链物流

夏晖物流作为麦当劳在中国的合作伙伴，为了满足麦当劳冷链物流的要求，夏晖公司在北京地区投资 5 500 多万元人民币，建立了一个占地面积达 12 000 平方米、拥有世界领先的多温度食品分发物流中心，其中干库容量为 2 000 吨，里面存放麦当劳餐厅用的各种纸杯、包装盒和包装袋等不必冷藏冷冻的货物；冻库容量为 1 100 吨，设定温度为零下 18 摄氏度，存储着派、薯条、肉饼等冷冻食品；冷藏库容量超过 300 吨，设定温度为 1 摄氏度 ~4 摄氏度，用于生菜、鸡蛋等需要冷藏的食品。冷藏和常温仓库设备都是从美国进口的设备，设计细致而精心，目的是为了最大限度地保鲜。在干库和冷藏库、冷藏库和冷冻库之间，均有一个隔离带，用自动门控制，以防止干库的热气和冷库的冷气互相干扰。干库中还设计了专用卸货平台，使运输车在装卸货物时能恰好封住对外开放的门，从而防止外面的灰尘进入库房。该物流中心并配有先进的装卸、储存、冷藏设施，5 到 20 吨多种温度控制运输车 40 余辆，中心还配有电脑调控设施用以控制所规定的温度，检查每一批进货的温度。

（资料来源：中国冷链物流网 . http//www. logistics56. com. cn/. ）

思考题

1. 夏晖物流中心都有哪些硬件设施?

2. 夏晖物流要保证冷链不断链，在管理方面还应如何操作？

思考与练习

一、多项选择题

1. 预冷保鲜技术主要有（　　）。

A. 真空预冷技术　B. 臭氧保鲜技术　C. 速冻技术　D. 冰温技术等。

2. 果品贮藏方法主要有（　　）。

A. 简易贮藏法　B. 冰窖贮藏法　C. 土窑洞贮藏法　D. 通风库贮藏法

E. 机械冷藏库贮藏法　F. 气调库贮藏法　G. 自发气调贮藏法

H. 减压贮藏法等。

二、填空题

1. 冷链物流的适用范围包括________、________、________等。

2. 食品冷藏链主要包括________、________、________、________、________、________等环节。

3. 冷藏和冷冻食品需要一个完整的冷链物流对货物进行全程的控制，以确保食品的安全，其中还包括装卸货物时的________、________和________。

三、问答题

1. 发展冷链物流有何意义？

2. 冷链物流应遵循“3T 原则”是指哪 3 个原则？

3. 促进冷链物流发展的对策有哪些？

本章参考资料

1. 邓汝春．冷链物流运营实务．北京：中国物资出版社，2007.

2. 北京中经纵横经济研究院．2006 年中国冷库及冷水机投资与发展分析．2008－09－12.

3. 合肥市场信息，2008（10）．http：//www. hefei. gov. cn/.

4. 曾桦．果品冷链的破局难题．中国储运，2008（7）

5. 中国冷链物流网．http：//www. logistics56. com. cn/.

6. http：//www. foodsl56. com.

7. http：//www. spjxcn. com/.

第十三章　绿色物流和回收物流

学习目标

1. 了解绿色物流的相关知识。

2. 理解绿色物流的发展对策。

3. 了解物流与环境的关系。

4. 熟悉回收物流（包括企业产品回收物流、零部件回收物流、包装物回收物流、物料回收物流）、废弃物物流管理作业特点及流程。

主要概念

绿色物流，回收物流，逆向物流，废弃物流

第一节　绿色物流的基本概念

近几年，绿色物流被频繁提起。这里以可持续发展的原则为指导，再根据现代物流的内涵，给出"绿色物流"的内涵。

一、绿色物流的概念和内涵

绿色物流是指以降低对环境的污染、减少资源消耗为目标，利用先进物流技术，规划和实施的运输、储存、包装、装卸、流通加工等物流活动。《中华人民共和国国家标准物流术语（GB/T 18354—2001）》中规定，绿色物流（Environmental Logistics）指，在物流过程中抑制物流对环境造成危害的同时，实现对物流环境的净化，使物流资源得到最充分利用。需要指出的是，这里所指的绿色物流包括正向物流和逆向物流中所有绿色物流活动。

绿色物流的行为主体主要是专业物流企业，同时也涉及有关生产企业和消费者。

绿色物流的目标不同于一般的物流活动。一般的物流活动主要是为了实现物流企业的盈利、满足顾客需求、扩大市场占有率等等，这些目标最终均是为了实现某一主体的经济利益。在上述经济利益目标之外，绿色物流还追求节约资源、保护环境这一既具经济属性、又具有社会属性的目标。尽管从宏观角度和长远利益看，节约资源、保护环境与经济利益的目标是一致的，但对某一特定的物流企业却是矛盾的。

绿色物流是一个多层次的概念，它既包括企业的绿色物流活动，又包括社会对绿色物流活动的管理、规范和控制。从绿色物流活动的范围来看，它既包括各个单项的绿色物流作业（如绿色运输、绿色包装、绿色流通加工等），还包括为实现资源再利用而进行的废弃物循环物流。

二、物流活动对环境的影响

物流活动与社会经济的发展相辅相成。一方面，现代物流是经济发展的支柱，另一方面，经济的发展又会引起物流总量的增加。物流活动的频繁以及物流管理的变革，会增加燃油消耗、加重空气污染和废弃物污染、浪费资源、引起城市交通堵塞等，因此，对社会经济的可持续发展产生了消极影响。物流活动对环境的影响主要表现在以下几个方面。

（一）货物运输对环境的影响

货物运输车辆的燃油消耗和燃油污染，是物流作业造成环境污染的主要原因。物流管理活动的变革，如集中库存和即时配送，也对运输和环境造成了影响。

（1）不合理的货运网点及配送中心布局，导致货物迂回运输，增加了车辆燃油消耗，加剧了废气污染和噪音污染；过多的在途车辆增加了对城市道路面积的需求，加剧了城市交通的阻塞。

（2）集中库存虽然能有效地降低企业的物流费用，但由于产生了较多的一次运输，从而增加了燃料消耗和对道路面积的需求。

（3）即时配送（JIT）强调无库存经营，从环境角度看，JIT 配送适合于近距离企业间的输送。如果供应商与生产商之间距离较远，要实施 JIT 就必须大量利用公路网，使货运从铁路转到公路，这样又增加了燃油消耗，带来空气污染、噪声等，从而使环境遭到破坏。

（二）包装对环境的影响

包装具有保持商品品质、美化产品、提高商品价值的作用。当今大部分商品的包装材料和包装方式，不仅造成资源的极大浪费，而且严重污染环境。

（1）目前市场上流行的塑料袋、玻璃瓶、易拉罐等包装品种，使用后会给自然界留下长久的污染物。

（2）相当一部分工业品特别是消费品的包装都是一次性使用，且越来越复杂。这些包装材料不仅消耗了有限的自然资源，废弃的包装材料还是城市垃圾的重要组成部分，处理这些废弃物要花费大量人力、财力。

（3）不少包装材料是不可降解的，它们长期留在自然界中，会对自然环境造成严重影响。

（三）流通加工的影响

流通加工是指为完善使用价值和降低物流成本，对流通领域的商品进行的简单加工。流通加工具有较强的生产性，会造成一定的物流停滞，增加了管理费用，不合理的流通加工方式会对环境造成负面影响。

（1）由消费者分散进行的流通加工，资源利用率低下，浪费能源，如餐饮服务企业对食品的分散加工，既浪费资源，又污染了空气。

（2）分散流通加工产生的边角废料，难以集中和有效再利用，造成废弃物污染。

（3）流通加工中心选址不合理，也会造成费用增加和有效资源的浪费，还会因增加了运输量而产生新的污染。

（四）保管对环境的影响

（1）商品保管中心必须对之进行养护，一些化学方法，如喷洒杀虫剂，对周边生态环境会造成污染。

（2）一些商品，如易燃、易爆、化学危险品，由于保管不当，爆炸或泄漏也对周边环境造成污染和破坏。

（五）装卸对环境的影响

（1）装卸方法

如装卸粮食、煤炭、油料等物料时，散装散卸是提高效率的作业方法，但它们的装卸都有一定的条件、地点、设施等技术要求的，当其中的某项条件不具备时，装卸会对环境产生污染；即使是在一定的条件下，也会对环境有影响。所以，为了减少物料对环境的粉尘污染，可设置通风除尘系统。油料装卸过程中的泄漏也会对环境造成影响。

（2）商品包装的损坏

由于装卸过程中产生的碰撞、包装物破损毁坏，发生物料的泄漏，会对环境造成污染。

（六）信息对环境的影响

信息活动是通过收集与物流活动相关的信息，使物流活动能有效、顺利的进行。信息流对环境几乎无损害或无直接的损害。

三、现代绿色物流管理的理论基础

现代绿色物流管理的理论基础有可持续发展理论、生态经济学理论、生态伦理学理论。以下简要介绍三个理论的要点。

（一）可持续发展理论

（1）发展是重点。

（2）发展经济与环保，使之构成一个有机整体。

（3）建立一个合理有效的经济和政治运行机制。

（4）人们的自身发展需要与资源、环境的发展相适应。

（5）树立全新的现代文化观念。

（二）生态经济学理论

（1）物流架起了经济效益与生态环境效益之间彼此联系的桥梁。

（2）所谓生态经济学是指研究再生产过程中，经济系统与生态系统之间的物流循环、能量转化和价值增值规律及其应用的科学。

（3）经济效益与环境效益是对立统一的。后者是前者的自然基础和物质源泉，而前者是后者的经济表现形式。

（三）生态伦理学理论

（1）人类所面临的生态危机，促使了生态伦理学的产生和发展。

（2）生态学提示的自然与人相互作用的规律性，以道德为手段，从整体上协调人与自然环境的关系。

（3）生态伦理迫使人们对物流中的环境问题进行深刻反思，从而产生了一种强烈的责任心和义务感。

四、建立绿色物流的必要性

（1）绿色物流适应了世界社会发展的潮流，是全球经济一体化和可持续发展的必然要求。

（2）物流绿色也是物流不断发展壮大的根本保障。

（3）绿色物流还是最大限度降低经营成本的必由之路。

（4）绿色物流的建立，更有利于全面满足人民不断提高的物质和文化生活的需要。

五、中国物流绿色化与世界的差距

绿色物流刚刚兴起，人们对它的认识还非常有限。我国是一个发展中国家，物流与发达国家尚有较大差距，绿色物流就更知之甚少了。因此我国物流绿色化还有相当漫长的一段路途。

（一）绿色物流思想距离

（1）领导和政府的观念仍未转变，绿色物流的思想还没确立。

（2）经营者和消费者对绿色经营消费理念仍非常淡薄，绿色物流的思想几乎为零。

（二）绿色物流导向距离

（1）绿色物流是绿色生产和绿色消费的中介。

（2）绿色物流面对的仍是高效节能，健康环保的问题。

（3）如何以最少的投入，取得最大的绩效？

（4）如何多快好省，安全环保地进行产销的有效衔接？

（三）绿色物流操作距离

（1）运输装卸方面的及时安全性。

（2）保管加工方面的保质保鲜性。

（3）包装信息处理方面的健康环保性。

（4）以上任何一环的无损毁而造成二次污染。

（四）绿色物流技术距离

同国际上物流技术先进的国家相比，我国在绿色物流的观念、政策以及技术方面均存在较大的差距。

1. 观念上的差距

现代物流在经济中的重要作用已得到各级政府的认可，但是，绿色物流的理念尚未完全建立。经营者和消费者对绿色经营和绿色消费的理念还很缺乏，绿色物流的理念更是无从谈起。如有些企业认为绿色物流只是一种环保理念，是不切实际的幻想，不能为企业带来任何经济效益，还会增加物流成本，也有些企业认为绿色物流是政府的事情，和企业无关。绿色物流是绿色产品与绿色消费之间的绿色通道，必须将绿色物流上升到经济可持续发展战略的高度来认识，这也是现代物流发展的最终目标。

2. 政策上的差距

绿色物流对社会经济的持续发展和人类生活质量的持续提高具有重要的意义。这说明，绿色物流的实施不只是物流企业的事情，还涉及政府、制造企业及消费者对绿色物流的重视程度。一些发达国家的政府在绿色物流的政策性引导上，制订了诸如控制污染发生源，对清洁燃料的使用予以税收优惠，限制交通量和控制交通流的相关政策和法规，对物流包装废弃物和产品废弃物的回收、重用也作出了规定。这些法规对企业物流的绿色化实施具有重要的指导作用。

我国自 20 世纪 90 年代以来，一直不断地致力于环境污染方面的政策和法规改进，但针对物流行业的法规还不是很多。如目前有些大城市已开始对污染严重的货车限制行车时间和路线。但是，总的来讲，我国还缺乏相关的政策法规，缺乏对现有的物流体制进行强制性环境管理的能力；另外，由于物流的发展涉及多个行业和部门，由于部门间的独立运作和缺乏沟通，致使物流基地重复建设，也导致物流资源的巨大浪费和社会物流系统运作的不经济，进一步加重了物流过程对环境的影响。

3. 技术上的差距

绿色物流的贯彻实施，不仅依赖于绿色物流理念的建立和政策的制订，还离不开绿色技术的支撑。与发达国家相比，我国的物流技术离绿色化要求还有较大的差距。例如，在物流系统规划方面，缺乏全局性的统一规划；在物流设备方面，设备的省力化、清洁化技术水平还需要进一步提高；绿色物流是循环型物流，在包装材料及包装方式的处理上，与绿色物流倡导的可重用性、可降解性也存在较大的差距，目前我国物流材料的再降解利用和重复利用技术都不过硬；高水平的信息化水平是绿色物流发展的必备条件，可是我国一些物流企业开发的软件，性能比较低，即使有些软件比较适用，但有时又与客户系统不相融。许多新兴的信息技术也没有得到很好的利用。

以上差距说明，我国企业的物流绿色化工作任重而道远。随着经济的全球化，我国企业的物流绿色化将成为参与全球竞争的重要基础。因此，建立和完善我国物流绿色化的政策和理论体系，对物流系统目标、物流设施设备和物流活动组织等进行改进与调整，实现物流系统经济效益和环境效益的整体最优化，将有利于我国物流管理水平的提高，对于经济的可持续发展具有重大意义。

六、绿色物流的发展对策

绿色物流是经济可持续发展的必然结果，对社会经济的不断发展和人类生活质量的提高具有重要意义。要实施和发展绿色物流，首先必须从政府政策的角度，对现有物流体制进行管理，构筑绿色物流发展框架；其次，物流企业必须将其经营战略与环境保护有机联系起来；最后，由整个供应链上的企业协同建立广泛的废弃物循环物流。

（一）制订政策法规

借鉴发达国家的实践经验，政府可以从以下三个方面制订政策法规，在宏观上对物流体制进行管理控制：

1. 控制物流活动中的污染发生源

物流活动引起环境污染的主要原因在于货车运输量的增加。政府应该采取有效措施，从源头上控制物流企业的发展造成的环境污染。例如，治理车辆的废气排放、限制城区货车行驶路线、发挥经济杠杆作用，收取车辆排污费、促进低公害车的普及，等等。

2. 限制交通量

通过政府指导作用，促进企业选择合适的运输方式，发展共同配送，统筹建立现代化的物流中心，最终通过有限的交通量来提高物流效率。

3. 控制交通流

通过道路与铁路的立体交叉发展、建立都市中心环状道路、制订道路停车规则以及实现交通管制系统的现代化等措施，减少交通阻塞，提高配送效率。

（二）企业经营战略与环境保护结合

物流企业从保护环境的角度制订其经营管理战略，对于推进绿色物流，具有非常重要的作用。

1. 选择绿色运输策略

通过有效利用车辆，降低车辆运行、提高配送效率，如合理规划网点及配送中心、优化配送路线、提倡共同配送、提高往返载货率等；改变运输方式，由公路运输转向铁路运输或海上运输；使用“绿色”运输工具，降低废气排放量等。

2. 提倡绿色包装

采用可降解的包装材料，设计简易包装，减少一次性包装，提高包装废弃物的回收再生利用率，加强绿色包装宣传等。

3. 开展绿色流通加工

由分散加工转向专业集中加工，以规模作业方式提高资源利用率，减少环境污染；集中处理流通加工中产生的边角废料，减少废弃物污染。

（三）建立废弃物循环物流

大量生产大量流通大量消费的结果必然导致大量的废弃物，废弃物处理困难，会引发社会资源的枯竭及自然环境的恶化。现代物流必须从系统构筑的角度，建立废弃物的回收再利用系统。企业不仅仅要考虑自身的物流效率，还必须与供应链上的其他关联者协同起来，从整个供应链的视野来组织物流，最终在整个经济社会建立起包括生产商、批发商、零售商和消费者在内的循环物流系统。这是绿色物流亟待解决的重大问题。

第二节　回收物流概述

根据中华人民共和国国家标准《物流术语》规定，所谓回收物流（Returned Logistics）是指不合格物品的返修、退货以及周转使用的包装容器从需方返回至供方所形成的物品实体流动。广义的回收物流（Reverse Logistics）除了包括狭义回收物流的内容以外，还包括废弃物物流。

一、回收物流的分类与特点

回收物流根据分类的依据和标准的不同，可以分为不同的类别。

（一）按照回收物品的渠道来分

按照回收物品的渠道可分为退货逆向物流和回收逆向物流两部分，如图 13 - 1 所示，退货逆向物流（图中虚线所示）是指下游顾客将不符合订单要求的产品退回给上游供应商，其流程与常规产品流向（正向物流）相反。回收逆向物流（实线箭头）是指将最终顾客所持有的废旧物品回收到供应链上各节点企业，它包括五种物资流：直接再售产品流（回收、检验、配送）；再加工产品流（回收、检验、再加工）；再加工零部件流（回收、检验、分拆、再加工）；报废产品流（回收、检验、处理）；报废零部件流（回收、检验、分拆、处理）。

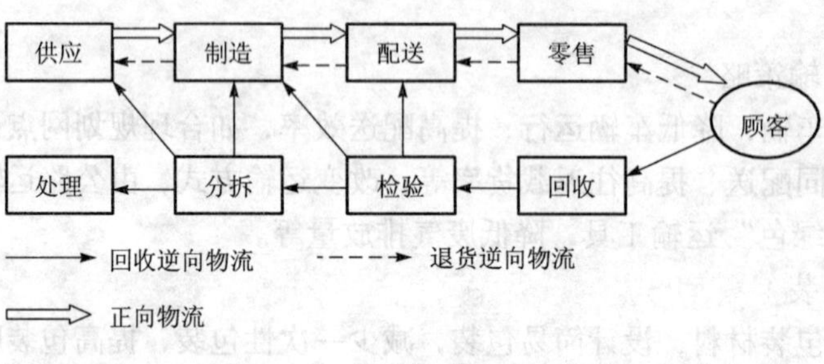

图 13 - 1　逆向物流网络示意图

回收逆向物流主要包括以下几个环节：

（1）回收。回收是将顾客所持有的产品通过有偿或无偿的方式返回销售方。这里的销售方可能是供应链上任何一个节点，如来自顾客的产品可能返回到上游的供应商、制造商，也可能是下游的配送商、零售商。

（2）检验与处理决策。该环节是对回收品的功能进行测试分析，并根据产品结构特点以及产品和各零部件的性能确定可行的处理方案，包括直接再销售、再加工后销售、分拆后零部件再利用和产品或零部件报废处理等。然后，对各方案进行成本效益分析，确定最优处理方案。

（3）分拆。按产品结构的特点将产品分拆成零部件。

（4）再加工。对回收产品或分拆后的零部件进行加工，恢复其价值。

（5）报废处理。对那些没有经济价值或严重危害环境的回收品或零部件，通过机械处理、地下掩埋或焚烧等方式进行销毁。西方国家对环保要求越来越高，而后两种方式会对环境带来一些不利影响，如占用土地、污染空气等。目前西方国家主要采取机械处理的方式。

（二）按照回收物流材料的物理属性分

按照回收物流材料的物理属性可分为钢铁和有色金属制品回收物流、橡胶制品回收物流、木制品回收物流、玻璃制品回收物流等。

（三）按成因、途径和处置方式及其产业形态来分

根据成因、途径和处置方式的不同，回收物流可分为投诉退货、终端使用退回、商业退回、维修退回、生产报废与副品，以及包装六大类别。表 13 – 1 中列出了六类典型的回收物流。这六类典型的回收物流普遍存在于企业的经营活动中，涉及采购、配送、仓储、生产、营销、财务等部门。

表 13 – 1　　按成因、途径和处置方式划分的回收物流分类

类　别	周期	驱动因素	处理方式	例　证
投诉退货 运输短少、偷盗、质量问题、重复运输等	短期	市场营销客户满意服务	确认检查、退换货补货	电子消费品，如手机、DVD 机、录音笔等
终端使用退回 经完全使用后需处理的产品	长期	经济、市场营销	再生产、再循环	电子设备的再生产、地毯循环、轮胎修复
		法规条例	再循环	白色和黑色家用电器
		资产恢复	再生产、再循环、处理	电脑组件、打印硒鼓
商业退回 未使用商品退回还款	短到中期	市场营销	再使用、再生产、再循环、处理	零售商积压库存、时装、化妆品
维修退回 缺陷或损坏产品	中期	市场营销、法规条例	维修处理	有缺陷的家电、零部件、手机等

续表 13－1

类　别	周期	驱动因素	处理方式	例　证
生产报废和副品 生产过程废品和副品	较短期	经济法规条例	再生产、再循环	药品行业、钢铁业
包装 包装材料和产品载体	短期	经济	再使用	托盘、条板箱、器皿
		法规条例	再循环	包装袋

资料来源：孙明贵．回收物流管理．北京：中国社会科学出版社，2005.

由上可知，回收物流具有分散性、缓慢性、混杂性、多变性及具有相对高昂的成本等特点。

二、回收物流的功能和原则

（一）回收物流的功能

1. 回收物流中的通道功能

回收物流与正向物流有很大的不同，但回收物流系统中仍然是由运输、储存、装卸搬运、包装、流通加工和物流信息管理等物流功能要素构成的，不过具体而言，回收物流过程中上述物流功能要素反映的侧重点不同。尽管由于回收物流的类型不同回收物流的具体流程会有所不同；但是一般而言，回收物流系统的目标要通过包括图 13－2 中所示的共同物流功能来实现。

2. 回收物流中的信息管理功能

（1）关于产品组成成分的相关信息。

（2）关于产品回收数量以及不确定性的信息。

（3）关于再制造产品、零件以及物料的市场需求信息。

（4）关于产品回收处理以及废弃物处置的作业信息。

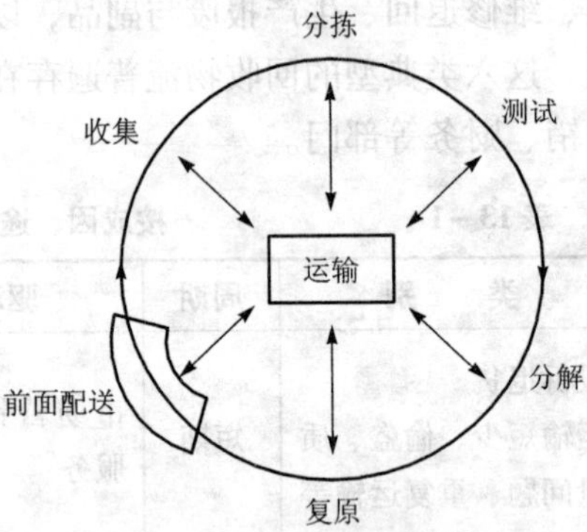

图 13－2　回收通道功能

这些信息的难得性和分散性，使得回收物流在管理上比正向物流复杂得多，而究其原因在于回收物流比正向物流增加了许多复杂性和不确定性。恰恰是这些不确定性和复杂性往往会使整个回收物流的绩效变差。因而，加强对回收物流信息管理方面的物流功能是回收物流系统有效运作的前提和保证。

（二）回收物流的原则

1. “事前防范重于事后处理”原则

回收物流实施过程中的基本原则是“事前防范重于事后处理”即“预防为主、防治结合”的原则。因为对回收的各种物料进行处理往往给企业带来许多额外的处理成本，这势必增加供应链的总物流成本，与物流管理的总目标相违背。因而，对生产企业来说要做好回收物流一定要注意遵循“事前防范重于事后处理”的基本原则。

2. 绿色原则

绿色原则即将环境保护的思想观念融入企业物流管理过程中。这一思想即为“5R”原则：即研究（Research）、重复使用（Reuse）、减量化（Reduce）、再循环（Recycle）、挽救（Rescue）。

① 研究：重视研究企业的环境对策，如循环经济、清洁生产等绿色技术的研究与推广应用。

② 重复使用：如用已使用过的纸张背面来印名片等都体现了这一原则。

③ 减量化：减少或消除有害废弃物的排放，如减少进入回收流通的商品及包装材料，在产品和生产过程的设计中充分考虑回收物流的需要，使其方便于将来的回收和利用等。严格控制退货政策也可以达到减少退货量的目的，这一方法在目前我国的消费品市场上最常见。

④ 再循环：对废旧产品进行回收处理，再利用。如纯净水桶、酸奶瓶等的回收物流。

⑤ 挽救：对已产生的废旧产品或废弃物进行修复以使其可再用或将其对回收物流对社会的损害降到最小。

3. 效益原则

回收物流的实施，节约了资源型原材料的开采、生产和依赖，节约了资料，提高了社会效益和企业效益。

4. 信息化原则

现代物流的管理很大程度上依赖于物流信息管理，各个物流信息平台的利用，便于回收物流信息的收集，回收物流的实施、操作和管理。

5. 法制化原则

通过立法来规范企业、个人对可再生资源的回收利用的重视程度以及行为。

6. 社会化原则

回收物流的实施者应该是个人、企业和政府管理部门。

三、回收物流的目的与任务

（一）回收物流的目的

1. 物流系统的目标

物流系统的目标体现为：

（1）优质服务（Service）：无缺货，无损伤和丢失现象，且费用便宜。

（2）迅速及时（Speed）：按用户指定的时间和地点迅速送达。

（3）节约空间（Space Saving）：发展立体设施和有关的物流机械，以充分利用空间和面积，缓解城市土地紧缺的问题。

（4）规模适当（Scale Optimization）：物流网点的优化布局，合理的物流设施规模、自动化和机械化程度。

（5）合理库存（Stock Control）：合理的库存策略，合理控制库存量。

2. 回收物流系统的目标

目标具体而言就是如何在产品的整个生命周期过程中实现“5R”，即研究（Research）、重复使用（Reuse）、减量化（Reduce）、再循环（Recycle）、挽救（Rescue）的目标。

（二）回收物流的任务

在回收物流方面，国外跨国企业比国内企业先行一步。国外跨国企业对回收物流的管理任务主要侧重于四个方面：退回检验控制、恢复链流程确立、管理信息系统整合、集中退货中心管理。这四方面在实际运作中，往往是相互关联的，任何一个因素出现异常，都会影响到其他因素，进而影响到整个回收物流系统的绩效。

第三节　企业产品回收物流

一、产品回收管理的概念

“产品回收管理”（Product Recovery Management，PRM），可描述为“按照法律、合同要求或者责任义务，生产企业对所有弃置产品、零部件和材料的管理”。

二、产品回收管理的内容

在当前的买方市场下，许多企业不得不面对弃置品或回收品，许多全新的管理问题也应运而生，有待人们去解决。其中关于产品回收管理的主要问题有：

（1）产品设计必须考虑拆卸方便、处理效果好，修复后质量可靠。

（2）次级市场必须充分开发。

（3）产品回收要保证足够的数量和质量。

（4）决策时要能得到相应的信息。

（5）必须有对回收品的修复策略。

一定类型的回收品被消费者弃置，在有限数量的回收点予以回收，即从供应地点到回收物流系统。每种产品都通过一定的修复战略进行处理，这种策略要给出关于拆卸或处理选项（再用、循环、弃置）的策略规则，确定所要执行的程序及步骤。

产品回收管理的目的是以最小的成本恢复产品最大的经济价值，同时满足技术、生态与法律的限制。

三、企业开展产品回收物流的动机

一般来讲，开展产品回收物流的主要动机有：

（一）环境管制

在20世纪后半叶以后，随着环境问题的加剧，世界各国政府都更加重视环境保护政策法律的修订，也制定了诸多关于产品回收的新环境政策。

（二）经济利益

产品回收物流的经济动因主要有：

(1) 废弃物处理成本增加太快，填埋成本相对较高，循环再用减少了废物数量。

(2) 修复的产品可以在其他地方出售或者应用于生产中，节省了新部件或新材料的成本。

(3) 利用回收的产品加以改造往往可以节约新产品的研发周期从而大大缩短交货提前期，提高顾客满意度水平，实现企业基于时间的战略竞争优势。

（三）商业考虑

一般来讲，厂商回收其产品的商业动机有：

(1) 制造商想通过回收产品分析该产品缺陷的本质，找出它的原因，以便在之后的生产中避免这样的缺陷，并可据此估计缺陷品的数量。另外，通过检测回收物品，制造商能收集帮助选择处理方案的管理系统，甚至可以把这些商品当作新产品出售。

(2) 制造商回收其产品可防止有缺陷商品进入其他的处理通道，从而影响顾客对该商品的需求。为了保护品牌的形象，制造商主动加强产品回收物流的管理。

四、产品回收物流的分类与特点

（一）根据回流产品的来源来划分

产品的回收来源主要是消费者和中间分销商。

1. 来自消费者的回收物流

来自消费者的回收物流主要有：

① 消费者退还新产品，如退还不合格产品。

② 消费者退还用过的产品，如回收汽车的发动机、水泵等都可以从中取得零件。

③ 消费者退还可重用的产品，如啤酒瓶等的回收等。

2. 来自中间商（批发商、代理商、经销商、零售商等）的产品回收物流

中间商会因为商品缺陷、营销回流、商品过时或过量库存而把商品退回给制造商。

（二）根据回收产品的处理去向来划分

收到返回的物资和产品之后，企业可以按照下面可能的六种方法之一——再制造、维修、再利用、再销售、进行回收或者作为废品处理对其进行处理。

五、零部件回收物流概述

（一）零部件的概念与类型

零部件是零件和部件的总称，一般是针对加工装配型产品而言的，是组成产品的各种构

件的统称。其中，零件是用来装配成机器、工具等产品的单个制件；部件由若干零件构成，是机器、工具等产品的一个组成部分。零部件按不同的标准可分为不同的类型。如按可拆卸性分，零部件可分为：可拆卸性零部件和不可拆卸性零部件；按零部件的通用性分，可分为：通用零部件和专用零部件。

（二）零部件回收物流的概念

所谓零部件回收物流就是指对回收的零部件经过分拣、测试后，把有价值的零部件拆解、修复或再加工后重新用于产品的装配中或者用于修理失效部件或弃之不用的回收过程。现在，飞机引擎、汽车引擎、家具、家电、复印机和打印机等的零部件都开始越来越多地进入回收物流过程中。

（三）零部件回收的业务流程

零部件回收物流一般包括收集、分拣、运输、测试、拆卸/装配、复原/再制造等业务流程。

（四）零部件回收物流的分类

1. 返回制造商的零部件回收物流

这类零部件回收物流的原因与操作和产品回收物流中返回制造商的原因与操作基本相同。

2. 选择出售的零部件回收物流

（1）作为新产品出售。

（2）“批发商店”销售。

（3）卖给二级市场。

3. 再制造或整修的零部件回收物流

一般来说，有缺陷的零部件会被送到零部件的制造商服务网络，进行整理、擦洗、加工后会重新组装成产品在二级市场打折出售。

4. 循环利用的零部件回收物流

由于某些原因，企业可能被禁止把回流物品卖给市场，也不能被丢弃，那么最后只好对其处理销毁了。

（五）零部件回收物流的特点

1. 零部件回收物流中的起始点控制需要工作人员的专业性、技术性较强

为了改善“起始点控制”，第一线雇员需要更准确的信息，以决定哪些零部件进入回收物流系统，这种起始点控制所需的技术更为专业。零部件回收企业要提高回收系统的效率就必须努力克服这些矛盾，提高认识，增强薪酬管理，加强培训，使从事起始点控制的雇员拥有更多的经验和技术，加强操作的标准化。

2. 零部件回收物流的物流成本较产品回收物流和物料回收物流低

零部件回收的物流成本是指零部件在空间位移（含静止）过程中所耗费的各种劳动和物化劳动的货币表现。具体地说，是零部件在实物运动过程中如包装、拆卸、运输、储存、

流通等各个活动中所支付的人力、财力和物力的总和。

零部件回收物流成本的计算由三方面因素决定：

① 起止范围，即零部件回收物流系统应是企业活动的重要组成部分。

② 物流活动环节，即按收集、分拣、运输、测试、拆卸、修复等活动。

③ 费用性质。有的费用是由企业内部支出，有的是向企业外部支出。

第四节　包装物回收物流

一、包装的概念

包装是在物流过程中保护产品、方便储运、促进销售，按一定技术方法采用容器、材料及辅助物等将物品包封并予以适当的装潢和标志的工作总称。简言之，包装是包装物和包装操作的总称。

二、包装的特性和功能

包装具有三大特性，即保护性、单位集中性及便利性。其中包装的单位集中性就是使包装具有单元化的功能。一般而言，包装的三大特性具有保护商品、方便物流、促进销售、方便消费的四大功能。随着市场的变迁，包装的功能也不断变迁。

三、包装物的分类

根据分类标准的不同，包装也可以划分为不同的类别。如按包装在流通中的作用分，可以分为起保护商品、方便运输、装卸和储运作用的工业包装（也称运输包装）和以促销为主要目的的商业包装（也称销售包装）；按包装的适用范围分，则可以分为专用包装和通用包装；按包装的使用次数分，可以分为一次用包装、多次用包装和周转用包装；按包装层次的不同，可以分为个包装、中包装和外包装；按包装容器软硬程度分，可以分为硬包装、半硬包装和软包装。

四、包装回收物流

所有再用回收品中最重要的是可再用包装，包括玻璃、塑料瓶、纸箱、托盘和集装箱等。可再用包装回收的主要物流活动有：

（一）包装物回收物流设计

包装物回收物流设计要解决的问题主要有：

① 如何按预期的要求设定集装箱供箱和收箱点。

② 确定集装箱的需求量及每次运箱的合理费用。

③ 回收中心的场站定位和整个线路规划。

（二）可再用包装回收物流的业务流程

1. 预处理：清洗、检测、归集和分类

无论回收物流中的货物是来自最终用户还是来自分销中心中的其他成员，也不管最终包装物的目的地在何处，回收物流中所有的包装物在送至下一目的地之前都应先进行预处理，包括清洗、检测、归集和分类等工作。

2. 运输

运输是包装回收物流中主要的成本项，正因为如此，回收站的设置往往很分散且接近客户，这也是提高回收物流的有效性和服务水平所要求的。

3. 最终处理

企业必须为进入回收物流的包装物决定他们的最终目的地。包装物回收物流的最终处理途径有：重新利用、整修、回收物料、循环利用、贱卖等形式。

第五节　物料回收物流

一、物料回收物流的概念

在人类的生产、流通和消费过程中必然要排放各种排放物（或称废料），其中可回收再生利用的部分称为再生资源，基本上或完全失去再利用价值的废料称为废弃物。当然这二者之间的界限在现实生活中并非泾渭分明的，它们之间由于科学技术进步和生产工艺的改进会相互转化。这里所说的物料就是再生资源中以材料形式回收的部分。

二、组织物料回收物流的意义

（一）使社会资源量相对增加

物料资源总是有限的，回收利用废旧物料，相当于利用了社会资源的潜在资源，从而可以在一定程度上缓和资源的紧张状况。

（二）回收利用废旧物料比原始性开发具有更好的经济效益

由于废旧物资收购价格低，来源充足，对这些产品进行回收加工可以大幅度降低企业的物料成本，增加企业效益。

（三）可以节约能源

废旧物品的重复使用，可以节约生产同种产品的各种能源的消耗，达到节约能源的目的。

（四）减少废旧物料对环境的破坏污染

随着人们生活水平和文化素质的提高，环境意识日益增强，消费观念发生了巨大的变化，顾客对环境的期望越来越高，回收物流可以有效地保障生活环境不被破坏和污染。

（五）缩短产品的制造周期和提前期

如：废钢材的回收利用，使得钢铁企业对矿山铁矿石的依赖变小，缩短产品的生产制造周期。

三、物料回收物流的分类

（一）根据物料的物理属性分

1. 金属材料回收物流

金属材料主要包括黑色金属、有色金属。其中黑色金属又包括板材（主要是薄钢板、镀锌板、钢板、马口铁等）、带材（钢带、铁丝、圆钉），有色金属又包括铝材、合金铝板、铝箔、合金铝箔。金属材料有良好的延伸性，不易破碎，容易加工，易于再生使用。

2. 玻璃材料回收物流

玻璃材料主要有钠、钙硅酸盐玻璃、中性玻璃、石英玻璃、微晶玻璃，着色玻璃、玻璃钢等。玻璃化学程度性高、耐风化、不变形、耐热/耐酸、耐磨、无毒、无气味、易于加工、易于复用，易于回收、便于洗刷、消毒、灭菌，能保持良好的清洁状态。

3. 木材材料回收物流

木材材料主要有天然木材，包括红松、落叶松、白松、马尾松、冷杉等软质木材和杨木、桦木、榆木、柞木等硬质木材，另外，还有人造木材即纤维板、刨花板、木丝板和三夹板、五夹板等。木材易于吸收水分，易于变形开裂、易腐败，易受白蚁蛀蚀，还常有异味。木材是一种天然材料，因树种不同、生长环境不同、树干部位不同而在性质上产生很大差异，因此在处理时应有所区别。

4. 纸材料回收物流

纸材料折叠性优良，容易达到卫生要求，本身重量轻，质地细腻、均匀，耐摩擦、耐冲击、容易黏合，不受温度影响，无毒、无味、易于加工，废弃物容易处理，可回收复用和再生，不造成公害，节约资源。

5. 塑料材料回收物流

塑料有一定强度、弹性，耐折叠、耐摩擦、耐酸碱、耐化学试剂、耐油脂、防锈蚀、无毒，加工简单、回收利用性强，可经过吹塑、挤压、铸塑等环节再利用。

（二）根据物料的来源分配

1. 工业企业产生的废旧物料

（1）生产过程产生的废旧物料。包括报废成品、半成品，加工产生的边角废料、钢渣、炉底，炉中损坏报废的机械设备，由于设计变动或产品更新换代而不再用的呆滞物料等。

（2）流通过程中产生的废弃物流。包括各种原材料和设备的包装物，流通中因长期使用而损坏的设备工具，产品更新中因标识改变而废弃的物料，保管中因储存时间太长而丧失部分或全部使用价值的物料。

（3）由于精神损耗而产生的废旧物料是指由于生产力水平的提高、科学技术的进步而造成某些物料继续使用不经济的现象。尤其是机器产品，更新换代很快，老的产品只能作为废旧物料被淘汰。

2. 来自于消费者

主要是一些过期产品、破损的废铜烂铁及产品的包装物皮纸废旧塑料、饮料瓶等。往往以城市垃圾或专门收购方式集中起来。生活垃圾的物流特点是垃圾本身对环境卫生有很大影响，有污染、有异味、有细菌传播和蚊蝇滋生，而且数量大，是经常性排放物，需用防止散漏的半密封物流器具储存和运输，而且需要专用，因而物流费用较高。

在整个物料的回收物流中，来自于消费者的物料主要以生活垃圾为主，回收在整个物料回收物流中比重较小。

（三）按行业来分

1. 钢铁冶炼工业企业

这类企业的主体物料回收是废金属和废渣。

2. 煤炭工业企业

这类企业的主体物料回收是煤矸石。煤矸石的物流特点是装运量大、占地面积大、物流成本高，回收利用的关键是降低成本。

3. 电力工业企业

这类企业的主体物料回收是粉煤灰。粉煤灰形态特殊，污染严重，一般不能利用社会回收物流来完成。粉煤灰的排放量大都是连续排放，电力企业内部也难以消化。这类回收物料常采用专用物流管道排放或输送到利用粉煤灰的其他企业，形成稳定的、专用的物流线。

4. 林产、木材加工业企业

这类企业的主体物料回收是木屑和木材下脚料。林产业的主体物料回收是林木采伐、加工中产生的枝条、树皮、刨花和碎木等；木材加工业的主体物料回收主要是木屑（包括锯木、刨花、碎木等），这类回收物料主要是企业内部复用或企业内部设立再利用生产线，一般不进入社会物流领域。

5. 机械加工业企业

此类企业的主体物料回收是金属废屑、边角头残余和机械加工废品等。这些物料回收物流的特点是装运难度大、体积不规则且容量低。因此，这些回收物料往往经过压块的流通加工后再运输，利用社会公共物流设施送至有需要的单位。也有的企业内部设熔炼设备，再生成原始状态后重新使用。

6. 粮食加工业企业

此类企业的主体物料回收是谷、壳和糠等。这些回收物料的利用主要是企业再生加工成饲料和其他产品，也可以利用社会物流运输出厂，供其他企业使用。

7. 化工工业企业

此类企业的主体物料回收有化工原料、材料、化肥、日用化工、火工产品及这些企业生产的排放物（电石废渣、废油脂、废碱、废酸等）。这些回收物料主要是企业内部综合利用或提供给相关企业。

8. 畜牧屠宰业企业

此类企业的主体物料回收有废毛、角壳、骨等。这些回收物料主要是参与社会物流综合加工利用。

四、物料回收物流的特点

（一）种类繁多

企业物料回收种类繁多是由以下三个因素决定的：

（1）几乎所有的生产企业都可能产生物料回收，企业类型不同产生的物料回收也不同。

（2）几乎每个生产企业的每一个工序、每一个阶段的生产过程都会产生物料回收。

（3）社会各行各业，几乎所有人类的物质成果，最终都可能转化为物料回收。

（二）数量大

企业物料回收数量较大，这不仅是总量大，而且许多种类物料回收单独处理数量较大。这就决定了物料回收物流要消耗很大的物化劳动及活劳动，需要有一个庞大的物流系统来支撑。

（三）粗放运作

企业回收物料中除少数特别有价值，绝大多数是低价值。一般经过一次生产或消费之后，主要使用价值已耗尽，因而在纯度、精度、质量、外观等方面都很差，这就决定了采取粗放的物流方式处理企业物料回收。这样，可以使物料回收在重新使用形成新的价值中，物流成本不至于太高。

（四）路程较短

企业物料回收物流的路程一般都较短，这是由于企业在处理物料回收时，承受的物流费用较高，企业一般都尽可能在企业内部解决或相关企业消化。企业回收物料的主要使用价值已丧失，新的使用价值需要承受的物流费用和研究费用等，决定了就近利用的性质，因而企业物料回收的物流路程不会太长。

第六节　废弃物物流

一、废弃物物流的分类与特点

国家标准《物流术语》中将废弃物物流（Waste Material Logistics）定义为：将经济活动

中失去原有使用价值的物品，根据实际需要进行收集、分类、加工、包装、搬运、储存等，并分送到专门处理场所时所形成的物品实体流动。可以这么说，废弃物物流的作用不在于创造多少经济价值，而在于创造社会效益，即从环境保护出发，将废弃物焚化、进行化学处理或运到特定地点堆放、掩埋。

二、废弃物物流

（一）废弃物物流作业概述

1. 物流作业概念

物流作业就是实现物流功能时所进行的具体操作活动，包括运输、储存、装卸、包装、分拣、加工、配送等物流活动。

2. 废弃物物流作业的主要目的

废弃物物流作业是为了对废弃物进行处理，以防污染环境，危害社会。因此，在具体操作时，某些活动的步骤和方式可能就和企业其他物流活动不同，尤其是在危险性废弃物物流作业中。

3. 危险性废弃物物流作业概念

危险性废弃物物流作业是指在处理危险性废弃物的过程中所进行的具体物流作业活动，它与平常的物流作业的不同之处就在于“危险性”。进行危险性废弃物物流作业存在潜在的危险，如果具体操作不规范或步骤不合理，就可能发生危及生命安全的危险。所以说，如何保证安全是危险性废弃物物流作业的第一要素。

（二）危险性废弃物物流作业的特点

l. 较大的危险性

进行废弃物物流作业的原因最主要的就是因为废弃物存在危险性，而危险性废弃物就更是危险之中的危险物了。因此，进行危险性废弃物物流作业就千万要注意安全。

2. 很强的针对性

各种物质都有自已的某些特殊性质，比如汽油易挥发，冰块易融化，磷易自燃。所以在处理各种不同物质时就得针对它们的不同特点来区别对待，而不能对所有物质都使用同一种手段，处理危险性废弃物时尤其要注意。

3. 极强的技术性

由于危险性废弃物物流作业的危险性，安全物流就被放在了首要的位置，而要保证安全，处理过程中的专业技术就必不可少。

（三）危险性废弃物物流业务流程分析

在日常生产、消费活动中，包括工、农、商业部门及家庭生活，都会产生危险性废弃物，这一类的废弃物具有化学反应性、毒性、易燃易爆性、腐蚀性或其他特性，这些属性都会对人类健康或环境产生危害。所以，在这类废弃物质的收集、储存、运输和处理等物流过程中必须采取与一般废弃物不同的特殊管理。

1. 收集

危险性废弃物的收集是危险性废弃物物流的第一个流程。根据成本最小化原则，危险性废弃物的收集方案有两种：一种是直接将废弃物运往收集中心或回收站；另一种是通过专用运输车按规定的路线运往指定的地点贮存或作进一步处理。

现行的收集方法主要有混合收集和分类收集两种。所谓混合收集就是指收集未经任何处理的原生废弃物的收集方式，它的优点是比较简单易行，收集费用低。但在混合收集过程中，各种物质相互混杂，降低了废弃物中有用物质的纯度和再利用价值，同时增加了处理的难度，提高了预处理的费用。分类收集是指按废弃物的不同物理化学性质分组收集的方法，这种方法可以提高回收物质的纯度和数量，减少预处理的费用。分类收集优点很多，它是降低废弃物处理成本、简化处理工艺、实现综合治理的前提。然而，分类收集的组织工作非常复杂。在危险性废弃物物流过程中，将具有不同性质的危险物品分类收集，可以极大地降低处理费用，并减少危险事故发生的可能性。因此，分类收集方式是危险性废弃物收集的主要方式。

2. 预处理

废弃物的预处理是指采用物理、化学或生物的方法，将废弃物转变为便于运输、贮存、回收、利用和处理的形态。常用的预处理技术主要有压实、破碎、分拣、固化和包装等。

3. 运输

在所有的物流活动中，运输都是一个必不可少的重要环节。同样，在危险性废弃物物流作业中，运输发挥着重要的作用。从收集开始到最终处理完毕，运输是中心环节之一。物流过程中的运输能力、运输反应速度，在很大程度上制约了废弃物的物流效率。

运输的主要方式有公路运输、铁路运输、水路运输、航空运输和管道运输。

4. 最终处理

危险性废弃物物流作业的最终处理阶段要根据各种废弃物的不同状态、性质而采取不同的处理方法，从而使处理效果达到最佳。

对固体危险性废弃物的最终处理方法有：安全掩埋、焚烧、贮藏等。

对液体危险性废弃物的最终处理方法有：物理法、化学法、物理化学法和生物法。物理法主要是利用物理作用分离或回收液态危险性废弃物中的悬浮物质，尤其是有害物质。化学法主要是利用化学反应作用处理或回收液态危险性废弃物中的危险性溶解物质。物理化学法是运用物理和化学的综合作用使液态危险性废弃物得到净化的方法。生物法是利用微生物的净化作用来处理液态危险性废弃物。

对气体危险性废弃物的最终处理方法主要有两种：一种是直接利用烟囱对有害物质进行高空排放，通过扩散、稀释等作用，减少污染。另一种是局部有害物质的治理技术，通过在产生危险性气体的地点将有害物质收集起来，利用净化设备和装置把有害物质处理后，再经烟囱排放到大气中。

本章小结

绿色物流是以降低对环境的污染、减少资源消耗为目标，利用先进物流技术，规划和实施的运输、储存、包装、装卸、流通加工等物流活动，它是一个多层次的概念，既包括企业的绿色物流活动，又包括社会对绿色物流活动的管理、规范和控制。

现代绿色物流管理的理论基础有可持续发展理论、生态经济学理论、生态伦理学理论。

开展企业产品回收物流、零部件回收物流、包装回收物流、物料回收物流、废弃物物流等作业对减少量费、开发企业利润源、环境保护有现实的、迫切的、积极的意义。

案例阅读与分析

雅诗兰黛的逆向物流管理系统

与在聚光灯下的正向物流相比，逆向物流仿佛一直都埋首于黑暗的后台。

全球知名的化妆品品牌雅诗兰黛（Estee Launder）一年的销售额高达40亿美元，而其每年因为退货、过量生产、报废和损坏的商品也很惊人——竟达1.9亿美元，约占销售额的4.75%。这个巨大的数字反映的只是一个品牌为退货承受的损失。

企业想通过建立有效的逆向物流系统，以挖掘新的利润源、增强客户满意度绝非易事，它需要强大的信息系统和运营管理系统的支持才能奏效。有效的逆向物流带给企业的回报也是非常丰厚的。

3年前，面对由于忽视逆向物流造成的巨额利润流失，雅诗兰黛公司痛下决心，决定改善其逆向物流管理系统。它投资130万美元购买用于逆向物流的扫描系统、商业智能工具和甲骨文数据库，取得显著成效。在该系统运转的第一年，就为雅诗兰黛带来了以前只有通过裁员和降低管理费用才能产生的成本价值。其后，逆向物流系统通过对雅诗兰黛24%以上的退货进行评估，发现可以再次分销的退货居然是真正需要退回的1.5倍。于是，每年又为雅诗兰黛节省了一笔人力成本。与此同时，系统对超过保质期的产品识别精度也大大提高。雅诗兰黛因为超过保质期，销毁了27%的退货。而在1998年，这个比例是37%。据雅诗兰黛逆向物流部门的主管经理预计，今后几年只要信息系统和营运系统能够基于更严格的退货时间识别出过保质期的产品，产品销毁率完全可能降到15%以下。

（资料来源：王自勤．物流管理概念．北京：电子工业出版社，2007：231~232.）

思考题

1. 雅诗兰黛为退货承受的损失有多大？
2. 雅诗兰黛建立的逆向物流管理系统成效如何？
3. 该案例给你的启发是什么？

思考与练习

一、判断题

1. 绿色物流是一个多层次的概念，它既包括企业的绿色物流活动，又包括社会对绿色

物流活动的管理、规范和控制。（　）

2. 绿色物流面对的仍是高效节能，健康环保的问题。（　）

3. 产品回收管理的目的是以最小的成本恢复产品最大的经济价值，同时满足技术、生态与法律的限制。（　）

4. 危险性废弃物的收集是危险性废弃物物流的第一个流程。（　）

5. 废弃物物流的作用不仅在于创造多少经济价值，还在于创造社会效益。（　）

6. 零部件回收物流一般包括收集、分拣、运输、测试、拆卸/装配、复原/再制造等业务流程。（　）

二、多项选择题

1. 现代绿色物流管理的理论基础是（　）。

A. 可持续发展理论　B. 生态经济学理论

C. 生态伦理学理论　D. 科学发展观

2. 回收逆向物流主要包括的环节有（　）。

A. 回收　B 检验与处理决策　C. 分拆　D. 再加工

E . 填埋　F. 报废处理

3. 开展产品回收物流的主要动机有（　）。

A. 环境管制　B. 商业考虑　C. 经济利益　D. 社会效益

三、填空题

1. 在人类的生产、流通和消费过程中必然要排放各种排放物，其中可回收再生利用的部分称为________，基本上或完全失去再利用价值的废料称为________。它们之间由于科学技术进步和生产工艺的改进会________。

2. 回收物流系统的目标是________、________、________、________、挽救的目标。

四、问答题

1. 简述我国绿色物流的发展对策。

2. 企业产品逆向物流是怎么产生的?

3. 零部件回收物流有何特点?

本章参考资料

1. 李文静 . 政府在绿色物流发展中的作用 . 北方经贸，2006（1）.
2. 孙明贵 . 回收物流管理 . 北京：中国社会科学出版社，2005.
3. 龚英 . 加速循环经济中的企业逆向物流建设 . 中国流通经济，2006（6）.
4. 胡延松，赵玉国 . 现代物流概念 . 武汉：武汉理工出版社，2007.
5. 王自勤 . 物流管理概念 . 北京：电子工业出版社，2007.
6. http：//www. lunwentianxia. com/
7. http：//tech. it168. com/